U0923507

人类正义问题的开山之作

西方哲学的源头　西方智者的思想圣经

[古希腊] 柏拉图 | 著　范晓潮 | 译

THE REPUBLIC

理想国

震古烁今的经典巨著

中国出版集团有限公司
China Publishing Group Co., Ltd.
研究出版社

图书在版编目 (CIP) 数据

《理想国》/（古希腊）柏拉图著；范晓潮译. -- 北京：研究出版社, 2018.3（2024 年 1 月重印）

ISBN 978-7-5199-0365-7

Ⅰ. ①理… Ⅱ. ①柏… ②范… Ⅲ. ①古希腊罗马哲学 Ⅳ. ①B502.232

中国版本图书馆CIP数据核字(2018)第052983号

出 品 人：赵卜慧
责任编辑：寇颖丹

《理想国》
LIXIANGGUO
（古希腊）柏拉图 著 范晓潮 译
研究出版社 出版发行
（100006 北京市东城区灯市口大街100号华腾商务楼）
三河市元兴印务有限公司
2018年3月第1版 2024年1月第3次印刷
开本：710毫米×1000毫米 1/16 印张：24
字数：227千字
ISBN 978-7-5199-0365-7 定价：45.80元
电话（010）64217619 64217612（发行部）

前　言

《理想国》又译作《国家篇》《共和国》等，是柏拉图的一部重要对话录，涉及哲学、政治、伦理、教育、心理、社会、家庭、宗教、艺术等诸多问题，是围绕“什么是正义”这个主题而展开的。与柏拉图大多数著作一样，以苏格拉底为主角，用对话体写成，共分10卷，其篇幅之长仅次于《法律篇》。一般认为，《理想国》属于柏拉图中期的作品，是世界哲学发展史上的经典之作，代表了古希腊理性思维所及的广度和深度，奠定了西方正义学说的基础。

实际上，《理想国》是一门关于人的综合学，其中包含着各门学科的经典理论。全书讨论的大多数问题都和日常生活密切相关，比如优生学问题、节育问题、家庭解体问题、婚姻自由问题、独身问题、宗教问题、道德问题、文艺问题、教育问题（包括托儿所、幼儿园、小学、中学、大学研究院以及工、农、航海、医学等职业教育）、男女平权、男女参政、男女参军等问题，这几乎都是普通人一生中会遇到的各种问题。

《理想国》主题十分丰富，语言颇富文学色彩，充满了思辨哲理，细细品味，余香四溢。现代人们要研究西方文化，一定要追溯到希腊去寻找其渊源，因而有“言必称希腊”之说。同样，西方哲学和各门社会科学，几乎都可以在“理想国”中找到一些最初的经典表达形式。

《理想国》中的主要人物虽然是苏格拉底，但是真正表达意见的却是柏拉图。柏拉图在苏格拉底理论的基础上，针对当时希腊统治者和贵族的观点和想法提出抨击。在其中，柏拉图讨论了国家的起源、性质和结构等根本问题，还区分了不同的政体，比较它们的优劣得失，寻找它们的历史发展规律。更为重要的是，柏拉图设计了一套政治蓝图，既带有乌托邦的理想色彩，又有阶级国家的痕迹，构成了以后各种作为社会政治理想而提出的乌托邦方案的开端，对西方政治思想具有难以估量的影响。

目　录
Contents

第七卷

第八卷

第九卷

第十卷

第一卷

一　苏格拉底来到比雷埃夫斯港

苏格拉底：有一天，阿里斯通的儿子格劳孔和我一起去比雷埃夫斯港[①]参加当地的女神[②]献祭活动，还在现场观看了赛会。当地居民在赛会活动中热情特别高，这也许是因为第一次在这样的节日举行这样的赛会的缘故，不过我觉得，比色雷斯人的赛会活动好得多。我们参加完献祭活动和看完表演以后，正打算回城的时候，克法卢斯的儿子玻列马邱斯正巧在远处看见了我们俩，便打发家奴先追上来挽留我们。家奴拉住我的披风，喘着气说："我家主人请两位留步。"我转身问道："你家主人在哪里呢？"家奴回答："两位稍稍等会儿，主人马上就到。"听罢，格劳孔说："好吧，我们就等等他！"

过了不大一会儿，玻列马邱斯赶了上来，同行的还有其他几位，有格劳孔的弟弟阿得曼托斯、尼客阿斯的儿子尼克拉托斯和几个陌生的朋友，很显然，他们也都是刚刚看完表演赶过来的。

---

① 比雷埃夫斯港：是距离雅典西南7公里的重要港口。

② 女神：这里指的是色雷斯地方的猎神朋迪斯。

玻列马邱斯：苏格拉底，我猜你和你的同伴这是要回城了。

苏格拉底：正有此意！

玻列马邱斯：你看看，我们这儿有好多人呢。

苏格拉底：是的，看见了。

玻列马邱斯：那这样吧，要么你们留下来，要么就和我们较量一下。

苏格拉底：难道就确实没有比这更好的办法了吗？我婉言劝说你们让我们回去，岂不是皆大欢喜？

玻列马邱斯：假如我们不想听你们的，你们能说服我们吗？

格劳孔：我们自然是没有这么大的能耐。

玻列马邱斯：那我就奉劝你们尽早放弃说服我们的想法，我们可不是那么好说服的人！

阿得曼托斯：难道没有人告诉你们，为了向女神致敬，今晚有骑马传递火炬的比赛吗？

苏格拉底：骑马吗？这听起来确实挺有意思的，骑在马上手持火炬接力，还是指其他的什么新鲜玩意儿？

玻列马邱斯：就是你说的那个，比赛完还有庆祝活动，值得留下来看看。吃完晚饭我们还可以一块去逛街，还能和这里的年轻人会会面，我们也可以好好聊聊。就这么着了，留下吧！

格劳孔：既然你们这么坚持，看来不留下的确是不行了。

苏格拉底：既然这样，那么我们只好留下了。

二　克法卢斯谈老年及临终的亏欠

（说罢，玻列马邱斯带着我们俩到了他的家里，在那里我们见到了他的兄弟吕西阿斯①和欧绪德谟，还有卡克冬地方的特拉叙马霍斯②，派尼亚地方的哈曼提得斯，阿里斯托纽摩斯的儿子克莱托丰。我们还拜见了玻列马邱斯的父亲克法卢斯。由于好长时间没见过克法卢斯了，现在的他看起来苍老了好多。那天他头戴花圈，静静地坐在带靠垫的椅子上，他看见我走过来，马上向我打招呼。）

克法卢斯：亲爱的苏格拉底，你真是稀客啊，怎么不常来比雷埃夫斯港看我们呢？假如我还能走动去看你，就不会请你到我这儿来了，一定会常进城看你的。可惜你看我现在的样子，只好拜托你过来了。我这年纪大了，物质享受方面的要求降低了，目前，我更热衷和别人机智地清谈，且越来越喜欢了，因此你应该经常来我这儿。别见外，就在这儿和年轻人交交朋友，聊聊天。我们是老朋友了，和我们待在一起你会很自在的。

苏格拉底：克法卢斯，我非常感激有你们这样上了年纪的人愿意和我聊天，因为你们才是有着丰富人生阅历的人。而这条长长的路，我们才走了一小段，未来路崎岖与否，我们应该虚心向你们请教才是。您看，您的年纪已经到了诗人所描绘的“老年之门”，我想问问您晚年的生活对您来说是什么感受呢？

---

① 吕西阿斯（约前445—前380）：著名的演说家。

② 特拉叙马霍斯：古希腊著名的诡辩派哲学家。。

克法卢斯：我非常乐意告诉你我的感受，苏格拉底。常言‘物以类聚，人以群分’，我们这个年纪的人就应该经常聚在一起。晤面时，我相识的那帮人，他们长吁短叹的不外乎是自己吃不动了，不能喝了，年轻和爱情的乐趣都已经没有了。过去的光景已逝，生活再也不是生活！有的人抱怨家人对他们的疏忽怠慢。他们会伤心地对别人倾诉，由于他们的年纪而带来了多少坏事。不过就我来看，苏格拉底，这些发牢骚的人所抱怨的东西并没有什么错。要是年纪是原因，我也老了，还有其他老人，都应该和他们的感觉一样吗？很显然这不是我的想法，我所知道的人也并非如此。事实上，我见过很多并没有这样想法的人，譬如诗人索福克勒斯[①]。有一次我和他在一起的时候，正巧碰上别人问他："年老了还怎么恋爱呢？索福克勒斯，你还是过去的你吗？""平静些吧，"他不紧不慢地回答道，"我早就摆脱掉你说的那种事情，别提多舒心了。感觉就好比是从一个狂躁的主人那里逃了出来。"从那之后，我时常想起他说的话。当年我觉得他说的对，现在依然如此。人到老来无疑会深感平静和自由。每当激情放松了它们的控制时，就正如索福克勒斯所说，我们摆脱的就不止一个而是一群疯狂主人的摆布。苏格拉底，那些叹息，其实还有对亲人的抱怨，都可以归结为一个原因，这个原因不是年纪而是人的性格和心境。假如一个人天生平静、快乐，那么他几乎感受不到年老的压力。可假如一个人天性正相反，那么不管年轻还是年老都同样是一种负担。

（听完克法卢斯的话以后，我深受启发。不过，我还想让他再多讲讲，于是我就有意刺激了他一下。）

苏格拉底：那么，亲爱的克法卢斯，我想绝大多数人听了你的话以后会不以为然的。在他们看来，你尽享天伦之乐，完全是由于你家资雄厚，和你的性格关系不大，他们会告诉你，钱可以给人痛苦的生活好多安慰。

克法卢斯：他们说得也对。他们有他们的不同看法，我可以理解。

---

① 索福克勒斯（前495年—前406年）：古希腊三大悲剧诗人之一。

但是，事情并不完全如他们想象的那样。我或许可以像席米斯托克利[①]回答瑟利夫安人那样回答他们。那个瑟利夫安人辱骂他，说他之所以出名并不是因为他显赫的功绩，而是因为他是雅典人。席米斯托克利回答道：“固然我生在你的城邦不会出名，但你生在雅典也一定不会。”对那些没有钱又受不了年老的人而言，可以用同样的方式来回答他们。因为一个善良的穷人老时固然不会轻松，但一个为富不仁的人，老了也不可能安宁。

苏格拉底：那么，我能否冒昧地问一下，您那富足的财产是通过自己努力获得的还是继承获得的？

克法卢斯：自己挣的呀！不过说实话，我自己赚的钱确实不如我的祖父，但比我的父亲挣得多。话又说回来，我的祖父克法卢斯，他也继承了和我差不多数量的财产，不过这些财产在他的手里又翻了好几番。然而到了我的父亲吕萨洛斯时，他所有的财产已经减了好多，甚至还没有我现在的多呢。对我而言，能够留给我的后代的家产只要比我当时继承的财产，哪怕是稍多一点点，我就心满意足了。

苏格拉底：我之所以现在问你这个问题，是因为我看到你对钱并不在乎，这更像是继承财富的人的特征，并非像是挣钱人的特征。由于钱的用处和可以生利，人无论贫富，都天生爱钱。但是，富人对钱还有第二种爱，仿佛钱就是他们所生的；就像作者对他们自己的诗作，或者父母对孩子的爱。所以，他们成为一群让人生厌的人，因为他们除了赞美财富就没有别的。

克法卢斯：不错，你说得确有道理。

苏格拉底：另外，我还有一个问题想请教一下您，以您的经验，假如一个人拥有丰厚的家资，那么他从中获益最大的是什么？

克法卢斯：说到获益，可能大多数人不愿意相信这一点。让我告诉你吧，苏格拉底。你设想一下，一个人的生命即将走到尽头时，自然而然地

---

① 席米斯托克利（约前524—约前460）：希波战争中雅典方的著名将军。

就有一种前所未有的恐惧感。尽管年轻时并不相信任何的鬼神、地狱之说或是阴阳轮回报应的传说等，但到了这个阶段，只要一想起来都会感到莫名地害怕，并渐渐变得不安起来，慢慢会相信这一切可能是真的。这想法之所以让他备受折磨：要么是因为年老体衰，要么是因为他距离另一个地方更近，对这些事情看得更清楚了。他满怀疑虑和忧惧，开始反省和思考他是不是干过对别人不利的事情。当他发现他罪过太多，就会如同一个小孩子一样，每每从梦中惊醒，心里充满不良的预感。但是，对于一个问心无愧的人来说，犹如品达[①]那美妙的说法，甜蜜的希望是他晚年和蔼的保姆：希望是晚年的保姆，看护那正义与纯洁人的灵魂，伴他走完旅程。希望是如此的强韧，支配那不安的灵魂。他的话说得实在是太好了！财富的最大好处是他再也不必像过去那样撒谎骗人，不管有意还是无意；当他起程前往下界，既不用因亏欠神的祭品而恐慌，也不用为欠人债务而担忧。当然，我的话并非是说给任何人听的，而是说给好人听的。心灵能得安宁，拥有财富是非常重要的原因。所以，在我看来，财富所给予的许多好处里面，要列出不同的一条来的话，我说对于一个明理的人而言，这就是最大的好处。

苏格拉底：克法卢斯，您说得确实是太精彩了。那么正义呢，什么才能称作为正义？欠债还钱就能算是正义吗？以这样的标准定义正义是否准确，会不会有的时候做到实话实说或是欠债还钱也仍然是不正义的呢？就比如，您向一个朋友借了一把锋利的武器，那时候他思维清晰，一切正常，不久后他疯了，这时他找你要回那件武器，你周围的朋友都不同意你将武器还给他，而你还是坚持还给了他，对一个疯子而言也算不上是正义吧？

克法卢斯：你说得没错。

苏格拉底：您的意思是，仅仅实话实说、有借有还还不完全算得上是正义。

---

① 品达（约前522—约前438）：希腊著名的抒情诗人。

玻列马邱斯突然插话说：那是绝对不会错的，假如西摩尼得斯[1]可信的话！

克法卢斯：太好了，这个话题就交给你们俩了，这会儿我该去给女神献祭上供了。

苏格拉底：那我就把玻列马邱斯当作是您的人喽！

克法卢斯：没问题，当然可以。（克法卢斯笑着离开去献祭了。）

三 有关正义的定义

苏格拉底：我们继续谈吧，玻列马邱斯，你刚才说西摩尼得斯的话，那他关于正义的定义到底是什么？

玻列马邱斯：西摩尼得斯说过“欠债还债就是正义”。我觉得他说的是对的！

苏格拉底：质疑这样一位智慧大师的话，我表示非常的抱歉。但是，他的意思也许对于你来说是非常清楚的，但对于我而言却并不清楚。因为，他说的意思肯定不是像我们现在所说的，只要某人想要回他寄存的武器或别的什么，即使他当时神经错乱，我也应该还给他。可是，寄存很显然也是一种债务。

玻列马邱斯：确实是这样！

苏格拉底：依你所言，西摩尼得斯的这句话，应该是另有他意。

玻列马邱斯：嗯，这的确另有所指。他的原意应该是指朋友之间相处

① 西摩尼得斯（约前556—约前468）：希腊著名抒情诗人。

的时候，要善待他人，勿与人为恶。

苏格拉底：我明白了，他的意思就是双方是朋友的情况下，假如还债或是还物会对其中的任何一方产生危害，那都不能算是真正意义上的还债了，是吗？你看，这样的说法和西摩尼得斯的说法是不是一致？

玻列马邱斯：是的。

苏格拉底：再问一个问题，那欠敌人的钱或物也是要归还的，是吗？

玻列马邱斯：当然是要还的。我认为欠敌人什么就还什么，这与人的心灵善无关，这样才符合常理。

苏格拉底：事实上，西摩尼得斯也和大多数诗人一样，在正义的定义上界限模糊不清。他所说的正义本意，应该是指给予不同的人不同分量的报答。这才是他所谓的“欠债还钱”的真正含义吧。

玻列马邱斯：那应该就是他的意思。

苏格拉底：好吧！你说假如我们这样问西摩尼得斯：医术是给予什么的报答呢？这报答应该给予什么人，具体给什么呢？你想想他会给出什么样的答案呢？

玻列马邱斯：他的回答自然是，医术给予人药品、食品和饮品，等等。

苏格拉底：同样，我再问你，烹饪术给予的是什么？又给了谁？

玻列马邱斯：自然是将美味给予食物啊！

苏格拉底：那么，正义又是给予什么的报答呢？给予的是什么，给予了谁？

玻列马邱斯：苏格拉底，按此前我们的逻辑，正义就是给予友人善，同时给予敌人善和恶。

苏格拉底：这是西摩尼得斯的本意吗？

玻列马邱斯：我认为是。

苏格拉底：好，那有人生病的时候，什么人才是最能给予朋友善又给予敌人恶的人呢？

玻列马邱斯：是医生。

苏格拉底：航海过程中，遭遇风险的时候呢？

玻列马邱斯：舵手。

苏格拉底：那照你的说法，在何种目的下，做何种活动时，一个拥有正义的人最能损敌利友呢？

玻列马邱斯：向敌人宣战，在战争中与友人联盟攻敌的时候。

苏格拉底：好的，亲爱的玻列马邱斯，那我能不能说，假如所有人都不生病的话，医生也就百无一用了？

玻列马邱斯：是的。

苏格拉底：人们不航海的话，舵手同样也就不需要了吧？

玻列马邱斯：没错。

苏格拉底：那就是说，一旦不打仗，正义的人们不是也一样没有一点儿用处？

玻列马邱斯：不是。

苏格拉底：你认为，正义在除战争以外的时间也有它的用处？

玻列马邱斯：没错。

苏格拉底：种田也是有用的，是吗？

玻列马邱斯：是的。

苏格拉底：种田是为了收获庄稼，是吗？

玻列马邱斯：对。

苏格拉底：鞋匠做鞋也有用，对吗？

玻列马邱斯：对。

苏格拉底：或者说，就像要有鞋子穿，就必须制鞋？你说的是那意思吧？

玻列马邱斯：那是自然。

苏格拉底：好的，那你再说说，正义平时又是在哪些事情上，满足哪些需要才是有用的？

玻列马邱斯：在订立契约合同这事上，正义是有用的，苏格拉底。

苏格拉底：你是说订立合同中的合伙关系，还是指别的？

玻列马邱斯：当然说的是合同中的合伙关系。

苏格拉底：但是，在下棋的时候，你怎么定义一个优秀且有用的伙伴呢？是所谓的正义的人还是下棋高手？

玻列马邱斯：自然是下棋高手。

苏格拉底：还有，在砌砖砌瓦这些工作上，找什么样的人当工作搭档更好更有帮助呢？选正义的人是不是比瓦匠更合适？

玻列马邱斯：不是。

苏格拉底：在弹奏竖琴的时候，与正义的人相比，竖琴师很显然是更好的伙伴。那么，在什么样的伙伴关系中，与竖琴师相比，正义的人是更好的伙伴呢？

玻列马邱斯：恐怕是在金钱关系上。

苏格拉底：好，玻列马邱斯，我们先不考虑怎么花钱的问题。再比方说，马匹交易时，马贩子也应该是较好的合作伙伴吧？

玻列马邱斯：是这样。

苏格拉底：那在船舶买卖的时候，和造船的工匠或是舵手合作更好吧？

玻列马邱斯：确实是这样。

苏格拉底：那与他人合伙发生金钱关系的话，究竟何时正义的人才会更合适呢？

玻列马邱斯：那自然是当你需要妥善保管钱财的时候。

苏格拉底：照你这样说，不是花钱的时候，而是存钱的时候，对吗？

玻列马邱斯：没错。

苏格拉底：你的意思是，用不到钱的时候正义才有其真正的用武之地？

玻列马邱斯：似乎是这样的。

苏格拉底：那么，当你在保管修枝刀的时候，正义无论于公于私都是有用武之地的，而当你用它来修剪树枝的时候，正义的作用就不如花匠的技术来得重要了，是这个意思吧？

玻列马邱斯：是的。

苏格拉底：那么，是不是可以说武器和琴在保管的时候，正义的人是有用处的，而当它们被使用的时候，军人和琴师的功效就更明显了。

玻列马邱斯：当然了。

苏格拉底：这么说，世上差不多所有事物都是这样，当它们被使用时，正义就显得毫无用处，只有他们不被使用的时候，正义才发挥它的效用，是吗？

玻列马邱斯：听起来似乎就是这样。

苏格拉底：亲爱的玻列马邱斯，如果在你看来，正义只针对无用的事物才能发挥功用的话，那正义也就没有什么特殊的价值了。让我们换个角度，再来思考这个问题吧。两人打架，不管是赤手空拳对打还是拿家伙对打，是不是善攻的人都善守？

玻列马邱斯：那是当然。

苏格拉底：同样的道理，是否可以说擅长预防疾病的人也同样最容易患病？

玻列马邱斯：我认为是这样。

苏格拉底：战争中，不管敌方布局再怎么周全巧妙，只要是善于守住我方阵地的人就是擅长偷袭对方的人，是吗？

玻列马邱斯：是的。

苏格拉底：好，那我能不能说一个很会管钱的人也就善于偷钱？

玻列马邱斯：可以这么说。

苏格拉底：就这么推理，正义的人居然可以变成小偷。我猜想，你肯定是从荷马那里学过这样的经典：他提到奥托吕科斯——奥德修斯[①]的外公——他最喜欢的人时，称‘他在盗窃和背信弃义上举世无双’。因此，你、荷马和西摩尼得斯都同意，正义也是一种盗窃技艺。不过，因为‘对朋友有利，

---

① 奥德修斯：《荷马史诗》里的主要英雄人物之一，《奥德赛》的主人公。

对敌人有害’，盗窃受到了赞扬。你说的是这个意思吧？

玻列马邱斯：我的天！我会是这个意思吗？不是的。我已经被你说得弄不清楚自己在说什么了。但是，不管怎么样，我还是认定了损敌利友的行为的确是正义的行为。

苏格拉底：你提到的朋友究竟是那些外表看上去正人君子的人，还是真心好的那些人呢？还有你提到的敌人是否也是那些外表看上去很坏的人，还是看上去很和善而实际上坏透了的人呢？

玻列马邱斯：这还用问吗？一般情况下，爱自己的人会被认同为好人，反之，恨自己的就是坏人啦！

苏格拉底：通常情况下，大家都不会认错好人和坏人了是吗？

玻列马邱斯：也不全是，把好人坏人认错的情况也时有发生。

苏格拉底：那这样说来，就是拿好人当敌人了，而坏人却成了朋友了，是这样吗？

玻列马邱斯：是这样的。

苏格拉底：好吧，那正义不免就要成了善待坏人，损害好人了。

玻列马邱斯：似乎是这样。

苏格拉底：但是，好人总是正义的人啊，他们从不干不正义的事情。

玻列马邱斯：没错。

苏格拉底：可照你这样说的话，正义就成了伤害那些不干不正义事情的人了。

玻列马邱斯：不是的，并非如此。苏格拉底，你这样说就不对了。

苏格拉底：善待坏人，损害好人的行为还能不能算是正义？

玻列马邱斯：你这么说要比刚才的说法听起来似乎更合理一些。

苏格拉底：玻列马邱斯，对于分不清好歹的人来说，正义反倒是伤害朋友，帮助敌人，只因为他们有些朋友是坏人，有些敌人却是好人。从而我们得到的观点正好与西摩尼得斯的说法背道而驰。

玻列马邱斯：真的吗？结论果真是这样吗？那我们还是重新来一次，

兴许是我们对敌人和朋友的定义还不够准确。

苏格拉底：不过我们刚才哪里错了呢？

玻列马邱斯：错就错在我们把所谓可靠的人全部定义为好人了。

苏格拉底：那现在我们该如何更准确地定义敌人和朋友这两个词呢？

玻列马邱斯：所谓朋友，指的是那些外表和本质都可靠的人。有些人看上去可靠，但不一定就真心可靠，这样的人一般只能作为表面上的朋友，算不上真正的朋友。同样的道理，敌人的定义也应该是这样。

苏格拉底：你重新给出的定义是说，好人才是朋友，坏人就都是敌人了？

玻列马邱斯：是的。

苏格拉底：我继续说下去吧，刚开始的时候，我们说到正义就是以善待友，以恶报敌。看来，现在还需要补充一条，当朋友是好人时，善待之；敌人是坏人的人，当报之以恶。这样才算得上是正义的完整定义，是吧？

玻列马邱斯：是的，我认为这样的解释才是完整的定义。

苏格拉底：你先不要急于作出结论，我再问你，正义的人可以伤害其他人吗？

玻列马邱斯：为什么不可以？对于敌人，他同样可以抵抗。

苏格拉底：让我举个例子来说吧，比如，一匹受过伤的马，你说它的状况是改善了，还是恶化了？

玻列马邱斯：恶化了。

苏格拉底：这是因为马的那些好品质被破坏了，而不是狗的？

玻列马邱斯：当然是马。

苏格拉底：换言之，受伤的狗，也是因为狗之所以为狗而非马，是吗？

玻列马邱斯：这还用说吗，道理一样啊！

苏格拉底：好，那顺着你的逻辑，我们能不能说，人受伤了以后，也因人之所以为人而变坏，是人的品德性情变坏了？

玻列马邱斯：可以这样说。

苏格拉底：那正义算不算人的品德的一种呢？

玻列马邱斯：毫无疑问。

苏格拉底：玻列马邱斯，既然如此，人受到伤害后，由于品德变坏了，因此也就难免会变得不正义了，是吧？

玻列马邱斯：应该是这样的。

苏格拉底：那么，再举个例子，音乐家能用他们的技巧谱出使人们不能理解的音乐吗？

玻列马邱斯：不能。

苏格拉底：骑手能不能使他人变成不会骑马的人？

玻列马邱斯：也不能。

苏格拉底：以此类推，玻列马邱斯，正义的人能不能用他的正义让他人变得不正义呢？也就是说，好人用自己的美德使人变坏，有这可能吗？

玻列马邱斯：当然不可能。

苏格拉底：我认为，使物体变冷不是热的功效，反而应该是相反的功效才是。

玻列马邱斯：是的。

苏格拉底：同样，湿气也不是干燥的功效，而是与之相反的功效。

玻列马邱斯：当然。

苏格拉底：那么，伤害朋友或其他任何人也不应该是好人能做的，而应该是坏人所做的事情。

玻列马邱斯：应该没错。

苏格拉底：不是说正义的人都是好人吗？

玻列马邱斯：当然是啊！

苏格拉底：玻列马邱斯，伤害朋友也好，伤害任何人都好，都不是正义者做的事情，而应该是非正义的人的所作所为。

玻列马邱斯：苏格拉底，你的分析很透彻。

苏格拉底：那么，假设有人说，正义是欠债还债，那这还债的行为就是利友损敌的行为，我总认为这样的说法不够智慧，不论伤害什么人都应该是一种不正义的做法。

玻列马邱斯：我同意你的看法。

苏格拉底：假如他们认为他们的观点来自于西摩尼得斯，或是毕阿斯[①]，或是皮塔科斯[②]，或是其他圣贤的理论，那么我认为咱们有必要联合起来反对这种主张了。

玻列马邱斯：我会准备好参加战斗的。

苏格拉底：正义就是利友损敌，你知道这样的说法究竟是何人的观点吗？你猜猜看，我会认为是谁的？

玻列马邱斯：你说是谁呢？

苏格拉底：我认为应该是佩里安德罗，或是佩狄卡，也可能是泽尔泽斯，或是忒拜人伊斯梅尼阿，或是另外一些更有钱并自认为有势的人的主张。

玻列马邱斯：你说得实在是太对了！

苏格拉底：嗯，那既然这个定义已经被证明不成立了，那谁还能给出更为准确的定义呢？

四 特拉叙马霍斯论强者利益即正义

（在辩论中，特拉叙马霍斯多次想把话题抢过去，但都被旁听者给按住了，因为他们想听出个究竟。但是，当玻列马邱斯和我说完上面的话停

---

① 毕阿斯（生卒年不详，约为公元前6世纪中叶人）：古希腊“七贤”之一。

② 皮塔科斯（生年不详，公元前569年卒）：古希腊“七贤”之一。

下来之时，他再也按捺不住了，一跃而起，像一只要吞掉我们的野兽一样冲了过来，那样子实在是让我们大为惊恐。）

随即，特拉叙马霍斯大声地说：见鬼了，苏格拉底，你们到底在谈些什么玩意儿，两个人你吹我捧的。苏格拉底，你简直是精明得过分了！你要真想知道正义是什么，就不要用这种一边向他人提问题一边又驳倒别人的回答的方式，这算是什么本事。任何人都知道，提出问题要远远比回答问题容易得多，要不然你也来回答看看，到底什么是正义？说什么正义是责任感，权宜之计，或者是好处利益，还或许是得到的报酬什么的，这统统是扯淡。我们不想听你再多啰唆了，你就直截了当地告诉我们，正义到底是什么？

（他一连串的话，弄得我惊慌失措，使我不由得发抖地望着他。说句实在话，假如不是此前我曾注视过他，这会儿我早已哑口无言。但是，我看到他怒火中燃，于是先看了他一眼，便开口回答他。）

苏格拉底：亲爱的特拉叙马霍斯，你的话至少应该给我们个台阶下吧。我俩刚才讨论了多个回合，不免有些差错，但我们都绝非有意。我们是绝不会因为互相吹捧而忘记讨论最初的目的，如果那样的话就因小失大了。我们需要关于正义的答案，我们怎么可能忍心仅仅为了互相讨好对方就放弃追求这么有价值的东西呢？我的朋友，请相信我们的诚意，尽管我们有些力不从心，但我俩都已经尽力在寻找答案了。像你这般有智慧的人怎么会如此苛刻地批评我们呢？

（特拉叙马霍斯听了我的解释之后，突然一阵大笑。）

特拉叙马霍斯：赫拉克勒斯[①]可以为我作证！这是多么典型的苏格拉底式的反语风格呀，不过，这方法我领教过，也跟在场的诸位介绍过，你从不会轻易答复别人抛给你的问题，反而用讥讽或是藏拙的办法，避免正面回答他人的问题。

---

① 赫拉克勒斯：古希腊神话中的英雄。

苏格拉底：我亲爱的特拉叙马霍斯，你是个哲学家。你很清楚，假如你问一个人，12 这个数字是由哪几种数字算出来的，同时你又有意地禁止他回答 2 乘 6、3 乘 4 或 6 乘 2，‘这类废话对我没用’。假如这就是你提出问题的方式，那么，毫无疑问，没人能回答你。但是，假设他反问你：“特拉叙马霍斯，你这是什么意思？假如在这些你禁止用来回答的数字中有一个是问题的正确答案，我是不是该虚伪地说出另外某个并非正确的数字呢？”请问，你会怎样回答他？

特拉叙马霍斯：它们是一回事吗？

苏格拉底：你凭什么说它们是两码事。即便它们是两码事，被提问的人如果认为你说的当中有正确答案，我们就堵住他的嘴不让他说吗？

特拉叙马霍斯：你真准备这么干吗？你一定要在我禁止回答的答案里挑一个来回答吗？

苏格拉底：我这么做有必要值得大惊小怪的吗？只要我认为我的确应该这么做，我就会去做的。

特拉叙马霍斯：那好。我也给你一个更高明、更不同的正义的定义，看看你会不会受到什么惩罚。

苏格拉底：不用说，无知自然是要接受惩罚啦！不过，接受这惩罚能使我受益，我可以从中向智者学习啊！

特拉叙马霍斯：你真的非常天真，的确是需要好好学习一下。我重申一下，钱还是要罚的。

苏格拉底：有钱的话我甘愿受罚！

格劳孔：放心吧，特拉叙马霍斯，至于罚他钱的事情你不用操心，我们愿意帮苏格拉底一起分担。

特拉叙马霍斯：看看，苏格拉底他又玩这一套把戏了。自己不回答问题，别人回答了，他还来驳斥。

苏格拉底：我的朋友，特拉叙马霍斯，如果一个人一无所知，并且承认他一无所知，你说这种情况下，该如何回答？此外，他想说的话也让另一个比他更有权威的人用话给拦住了，他又该如何回答呢？再自然不过的是，你来讲比我讲合适得多。毕竟你说了你懂，还很肯定地说有答案，那务必请你不吝赐教，对我们这些人多多指教，我更是感激不尽。

（我说到这里时，格劳孔和在场的其他人也纷纷请求特拉叙马霍斯给大家再说说。他原本就跃跃欲试，胸有成竹的模样，但却一直要求我先讲，直到在场所有人极力邀请，最后才肯先说。）

特拉叙马霍斯：苏格拉底实在是太精明了，自己不但不愿意教别人，还到处跟人学，学完却连一声谢谢都不愿意说。

苏格拉底：特拉叙马霍斯，你说我向别人学习，这倒不假。不过，你说我不心存感激，则完全不对。我是多么愿意赞扬我认为回答得好的人啊！当你回答时，马上就会发现这一点。因为，我觉得你会做出不错的回答。

特拉叙马霍斯：那你就仔细听着，我所认为的正义不是别的什么东西，而是强者的利益。这个时候，你怎么还不拍手叫好呢？你是不愿意吧！

苏格拉底：不是的。最起码我要明白你所说的意思才能发表意见啊，只可惜我现在依然是一头雾水。你说的正义是对强者有利吗？我亲爱的特拉叙马霍斯，你这到底是什么意思呢？难道说因浦吕达马斯是运动员，比我们都强壮，且他发现天天吃牛肉对他身体有益处，就说这是正义吗？而我们大家因为不够强壮，是弱者，因此吃牛肉就不算是正义吗？

特拉叙马霍斯：苏格拉底你真让人生厌，你是故意的吧，故意在我们的辩论中捣乱。

苏格拉底：我绝对没这意思，特拉叙马霍斯，我就是在试着理解你说的话，想让你把你的意思说得更清楚一点罢了。

特拉叙马霍斯：你难道从来没有听说过各国的统治者里既有平民也有贵族吗？

苏格拉底：我当然知道。

特拉叙马霍斯：政府是某一国家或城邦的统治者，是吧？

苏格拉底：没错。

特拉叙马霍斯：实际上，为了维护各自的利益，不同的政府制订了不同的法律，有民主制的，有贵族制的，有僭主制的。它们为了自己的利益制订了这些法律，这些法律就是它们给自己臣民提供的正义。假如有人违反了这些法律，那么它们就会把他当作法律的破坏者和不正义者加以惩罚。这便是我要说的意思：每一个城邦都遵循同样的关于正义的原则，这个原则就是政府的利益。由于政府必须拥有权力，那么合理的结论只能是，不管什么地方的正义原则，这个原则就是强者的利益。

苏格拉底：我现在终于听明白你所说的话是什么意思了，不过并不太准确，我还需要好好研究一下。特拉叙马霍斯，照你刚才自己所说，正义就是利益，可是你却不让我这么说，只不过因为你在“利益”前面加上了“强者”两个字。

特拉叙马霍斯：这不是个十分必要的条件。

苏格拉底：是不是必要姑且不论，毫无疑问的是，我们更应该讨论一下你说的是不是正确。尽人皆知正义是利益，这一观点我也同意。只是你加上了“强者”这个条件后，我就颇感困惑了。对此添加我不太确定，需要多考虑一下。

特拉叙马霍斯：你可以好好再想想！

苏格拉底：你刚才说过，服从统治者意志的就是正义，是吗？

特拉叙马霍斯：是的。

苏格拉底：任何一个统治者的做法一贯正确呢，还是有时候也难免犯错呢？

特拉叙马霍斯：那自然免不了犯些错误。

苏格拉底：那好，他们所制定的法律，是不是也都是正确的，还是偶尔也有错？

特拉叙马霍斯：我想这也是在所难免的。

苏格拉底：也就是说，他们制订的法律，对的法是有利于他们的自身利益的，反之所谓立错了的法是对他们不利的，你说是吗？

特拉叙马霍斯：是的。

苏格拉底：那么，他们不管制定出什么样的法律，人民都必须遵守，这是你刚才阐述的正义的解释，是不是？

特拉叙马霍斯：没错。

苏格拉底：好，那就照你这样说，人民不论是遵守对统治者利益有利的法律还是不利的法律都是正义喽？

特拉叙马霍斯：你这样说是什么意思？

苏格拉底：我可以确信的是，我只不过是重复了你说的话。但是，让我们细想一下：我们是否已经承认，当统治者发号施令的时候，他们也许在关乎自己的利益方面犯错了，但服从号令就是正义？我们难道没有承认那一点吗？

特拉叙马霍斯：是的。

苏格拉底：那么，你肯定也已经承认，当统治者无意间下令做了一些会伤害他们自己的事情时，正义没有维护强者的利益。因为，如果按照你的观点理解的话，正义就是国民对统治者的号令的服从，那么在这种情况下，所有人中最聪明的人啊，我们是不是会不可避免地得出如下结论，即弱者按照命令要做的事情，就不是为了维护强者利益，而是为了伤害强者？

玻列马邱斯：苏格拉底，你解释得非常清晰。

克莱托丰这时插嘴说：玻列马邱斯，既然这样，你在这里干脆做个见证好了。

玻列马邱斯：有这个必要吗？特拉叙马霍斯自己都承认，统治者制定的法律中难免有损害自己利益的部分，而且正义就是命令百姓遵守这些法律啊。

克莱托丰：我亲爱的玻列马邱斯啊！特拉叙马霍斯他只说过，正义是遵从统治者的意志。

玻列马邱斯：说的没错，克莱托丰。不过，他还说，正义就是强者的利益。此外，在承认这两种看法的同时，他还进一步承认，强者有可能命令他统治的弱者做一些不符合他自己利益的事情。由此我们完全可以推导出，正义既是强者的利益，也是对强者的伤害。

克莱托丰：特拉叙马霍斯说的强者的利益，是那些强者认为对自己有利的，也是弱者必须遵从的意志。

玻列马邱斯：他好像没这么说过吧。

苏格拉底：没事。假如特拉叙马霍斯现在这么说，我们就姑且当是他的本意。特拉叙马霍斯，你说的正义应该是强者自我认定的利益吧，不管你刚才是否说过，能不能认为这就是你的观点呢?

特拉叙马霍斯：绝对不能，你认为我会把会犯错且正在犯错的人称为强者吗?

苏格拉底：可是，我怎么觉得你就是这么想的，毕竟你已经承认统治者并不在任何时候都正确，有时也会犯错误，您的这一观点就包含了这个意思。

特拉叙马霍斯：苏格拉底，你的确是个诡辩家！举例来说明吧，你是不是想说，看错了病的医生就他看错病这一点才被称为医生，犯下错误的数学家、语法家在他们犯下错误的时候才是数学家、语法家?确实，我们说医生、数学家、语法家也犯错，但这仅仅只是一种说法。因为事实上，实事求是地说，不管语法家还是其他任何有技能的人，都永远不会犯错。除非他们的技能辜负了他们，否则他们就不会犯错，而那时他们也不能被称为技艺大师了。没有哪一个艺术家、圣贤或立法者在他们犯错时还能符合那些名义，无论他们时常会不会犯错，我采用的也是一般的说法。但是，既然你那么喜欢准确，那么为了准确，我们应该说，一个真正的统治者通常是不犯错的，而由于他不犯错，他下令做的事情就始终是符合他们自己利益的事情，并要求臣民执行他的命令。因此，就像我刚开始所说的，我现在再重复一遍，正义是强者的利益。

苏格拉底：很好，特拉叙马霍斯，在你看来我就是个诡辩者，是吗?

特拉叙马霍斯：的确是太像了。

苏格拉底：在你看来，我之所以问那些问题只是想有意为难你，对吗？

特拉叙马霍斯：苏格拉底，我现在已经彻底看透你了，你别想糊弄我、劝服我，从我这儿你捞不到任何好处的。

苏格拉底：我的天，我怎么会干那种事。不过为了避免你和我将来不必要的误解，你还是解释得更明确一点吧。你所说的弱者维护强者利益中的强者，或统治者，到底是一般意义上的强者或统治者，还是你刚刚所说的严格意义上的？

特拉叙马霍斯：是最严格意义上的。任凭你再要什么心思诡辩，你都不会成功的。

苏格拉底：你是不是认为我简直是疯了？我怎么敢斗胆班门弄斧，在你特拉叙马霍斯面前诡辩呢？

特拉叙马霍斯：你刚才企图这么做，只不过是后来失败了而已！

苏格拉底：不啰嗦这些了。我还是问你个问题吧。你明确地告诉我，根据你说的最严格的定义，所谓医生到底是挣钱的人，还是治病的人？请听清楚，我现在所问的是真正严格意义上的医生？

特拉叙马霍斯：医生自然是治病的人。

苏格拉底：好，那舵手呢？严格意义上的舵手，究竟是水手的领袖还是普通的水手？

特拉叙马霍斯：水手领袖。

苏格拉底：我们称一个人为舵手，并不考虑他此时是不是就在水上，并不只因为他在船上才称其为舵手。之所以叫他舵手，是因为他航海的技能，能够在航海的过程中领导船上的水手，而不仅仅因为他在船上。你认为我这样说没错吧？

特拉叙马霍斯：这话没错。

苏格拉底：那么，每一项技能都有属于自己的利益，是吧？

特拉叙马霍斯：是的。

苏格拉底：掌握每一项技能就是为了追求这些利益。

特拉叙马霍斯：是的，技艺的目的就在于此。

苏格拉底：那所谓的技能的利益是不是只要求它本身尽可能的完美，除此以外还有别的要求吗？

特拉叙马霍斯：什么意思？

苏格拉底：我用身体的例子反证我想说的。就好比你问我，人的身体是不是就仅仅作为身体独立存在，还是有求于其他事物？我会回答说，当然是有求于其他事物。就比如医术的起源，是因为人的身体往往是不那么尽善尽美的，仅仅靠身体并没有办法保证身体全方位的利益，因此才产生了医术，你说我说得对吧？

特拉叙马霍斯：很对。

苏格拉底：任何技艺包括医术都在其特性中存在某种缺陷？就好比眼睛也许存在视力缺陷，耳朵存在听力缺陷，需要其他的技艺来提供看或听的帮助？我想说的是，技艺本身是不是都存在类似的缺陷、不能自足，以至于每一种技艺都需要其他的技艺做补充为其服务，而那又需要其他的补充，就这样没完没了？或者，各种技艺只寻求他们自身的利益？又或者，它们既不需要它们自身，也不需要其他的技艺——只要它们没有缺陷，它们就不需要通过训练它们自己或其他的技艺的运用来纠正自己，它们只需考虑它们的对象的问题。因为当一种技艺是它自己、完整无损时，将是自足和无缺陷的。现在，请你用你严谨的头脑来衡量一下我说的话，告诉我，我说的对不对。毕竟我们都是根据你提出的严格意义上的角度来考虑问题的。

特拉叙马霍斯：应该是这样。

苏格拉底：照这样说来，医术寻求的应该是它的对象人体的利益，而不是它自己本身的利益。

特拉叙马霍斯：是的。

苏格拉底：骑术也应该是为了马的利益，而不是其本身。那可以说，因为技能对别的事物没有诉求，所以任何一项技能都只为它的对象服务，而并非它本身。

特拉叙马霍斯：看起来应该是这样的。

苏格拉底：不过，特拉叙马霍斯，技能通常是在支配它的对象，统治它的对象。

（特拉叙马霍斯很勉强地表示了同意。）

苏格拉底：我想，不会有哪门科学或是哪种技能只顾它所支配的强者的利益，而舍弃其中弱者的利益。

（关于这一点，特拉叙马霍斯尽管一开始想辩驳，但还是同意了。）

苏格拉底：医生，只要他还是医生，他在开处方时，所追求的利益是病人的还是他自己的呢？事实上，我们前面已经提到，严格意义上的医生应该是支配人体的，而不是只图钱财。这个观点我们是不是达成一致了？

特拉叙马霍斯：是的。

苏格拉底：舵手与普通的水手有所区别，他应该是水手们的领导，对吧？

特拉叙马霍斯：对的。

苏格拉底：那舵手作为领导，他所要追求的利益就应该是他的部下的，也就是说是水手们的，也不是他自己的利益吧。

（特拉叙马霍斯依然非常勉强，但还是同意了。）

苏格拉底：亲爱的特拉叙马霍斯！不管什么样的政府，一个统治者，当他是统治者的时候，他如果只想着自己的利益，而不顾百姓死活的话，那他的每一项举措还能都是为了百姓的利益吗？

（当我们辩论进行到这一点的时候，在场的人一下子都明白了，原来正义的定义已经反过来了。此时，特拉叙马霍斯不但不回答，还向我问道。）

五　特拉叙马霍斯论极端不正义

特拉叙马霍斯：那请你告诉我，苏格拉底，你有奶妈吗？

苏格拉底：真是奇怪！你不回答你该回答的问题，怎么突然问了个风马牛不相及的问题了呢？

特拉叙马霍斯：因为你流鼻涕了她也不管，也不帮你擤鼻涕，任由你哭泣，还不告诉你羊和牧羊人的区别。

苏格拉底：你怎么突然说这种话？

特拉叙马霍斯：因为在你的观念里，你幻想牧羊人或牧牛人照顾羊牛、养肥它们是为了它们好，而不是为了他自己或他的主人的利益；你还想象，假如城邦的统治者是真正的统治者，他从不把他的臣民当羊看，不会没日没夜地盯着自己的利益。事实是你错了，有关正义的人和不正义的人，你的看法完全误入歧途！你好像甚至不知道，正义和正义的人其实就是不正义和不正义者的好处，换句话说，是统治者和强者的利益、被统治的臣民的损失。至于不正义，则恰恰相反。因为不正义的人是凌驾于那些头脑简单的家伙和正义者之上的统治者——他们是强者。他的臣民服务于他的利益，侍候着他的幸福，而绝对不是他们自己的利益和幸福。还是仔细想想吧，愚笨的苏格拉底，在不正义的人面前，正义的人总是失败的！先说私人契约，只要不正义的人与正义的人合伙，你就会发现，合作终止之时，不正义的人得到的始终是更多的，而正义的人所得始终是更少的。其次，在城邦事务中，在有所得税的地方，一样的收入，正义的人缴的多，不正义的人缴的少；在将要有所收益时，正义的人两手空空，不正义的人满载而归。你再看看他们担任公职时又会怎样吧！正义的人无暇顾及自己的私事，说不定还有其他损失，但他从公众那里什么好处也得不到，因为他是正义的。他还会开罪他的朋友和熟人，因为他拒绝用不法的方式为他们效劳。但是，不正义的人的情况处处相反。我是说，像先前说的，在大规模不正义的情况下，不正义者的优势将完全暴露出来。假如我们展现一下不正义的最高形式，我的意思就再清楚不过了：罪犯恰是最幸福的人，而受迫害者或拒绝不义的人则极为悲惨——这就是僭主、暴君，他用诈术和暴力剥夺他人财产，并非一点点地，而是席卷豪夺；不管神圣还是世俗，不管私人的还是公众的，囊括无遗。要是谁犯下一项罪行而被查出，他将会受到惩罚并招来巨大的耻辱，他错就错在犯下特殊的罪，而被称作神庙强盗、人贩子、夜盗、骗子、小偷；但是，当另一个人夺走了每一个公民的全部财富，还将他们变为奴隶，那么他不但不会背上恶名，还会被公民和每一个得知其爬到不义顶点的人称作是有福和受神保佑的人。人类之所以谴责非正义，并不是他们不敢干，而是害怕成为它的牺牲品。所以，正像我已经指出的一样，苏格拉底，当不正义足够充分时，它比正义拥有更多的力量、自由和优势。并且，就像我一开始所说的，正义是强者的利益，不正义则是一个人自己的好处和利益。

（特拉叙马霍斯就这样滔滔不绝，像澡堂里的伙计，他的话突然劈头盖脸地往我们身上浇下来。他说完以后，就想离开了。但在座的都不希望他离开，要求他继续为他的观点辩护。我也恳求他留下来。）

苏格拉底：多么高明的特拉叙马霍斯啊！你的话对我们太有启发性了。不过，你的意见是不是准确，你还没证明，我们也还没辩驳，你就这么打算离开了吗？你刚才说的那些你觉得是区区小事吗？它已经涉及普通人的人生方向的问题了，究竟选择做哪种人更有利？

特拉叙马霍斯：你以为我不知道它的重要性吗？

苏格拉底：特拉叙马霍斯，你看上去一点儿也不关心我们。不管我们生活得好，或因不了解你所说、所知的而活得糟糕，对于你来说都无关紧要。朋友，恳求你不要隐藏你的知识。我们人很多，你给我们的任何好处都会得到丰厚的回报的。就我自己而言，我公开宣布：我并没有被说服。在我看来，即使是在不受控制、任其自由的情况下，不正义也不会比正义更好。即使有不正义的人，通过欺诈与强权能行不义，也依然不能让我相信不正义高于正义。在那样的绝境中或许有人能与我站在一起。或许我们错了，假如是这样的话，你这个聪明人应该说服我们，让我们相信在更倾向于正义而非不正义这一点上，我们错了。

特拉叙马霍斯：如果我刚才说的话还不能说服你，你说我该怎么说服你，我的话你一句都没听进去。你准备叫我怎么做，把我的理论强加给你吗？

六　论正义的目的与报酬

苏格拉底：不，绝无此事。我只是希望你不要偷换概念，就算是要换，也需光明正大地说出来。特拉叙马霍斯，只要你再回忆一下你以前说过的话，你就会发现最初你对严格意义上的医生下了定义，但紧接着在说到牧羊人时，你却没有从严格意义上定义牧羊人。你说牧羊人不用考虑羊群本身，他们只需要喂饱羊群，然后像个贪食鬼一样，一门心思地想着羊肉的美味，或者像个贪财者绞尽脑汁思考如何从羊身上赚取更多的钱。当然我也认为，放牧的技能还是在于怎么样最大可能地让羊群获得利益，毕竟追求技能的日臻完善就是为了让其为对象提供更多的利益。然而在我看来，我们有必要认同如下这样的一个观点：不管怎样的统治者在他统治时期，无论是公事还是私事，他势必都要考虑一下他的子民们的利益，我想这应该是一个标尺。你认为，真正在统治国家的人他们会干这种事吗？

特拉叙马霍斯：自然是不愿意啦，这点我知道。

苏格拉底：那为什么人们会在‘他们将为他人而不是自己谋好处’的想法下去担任公职，而通常不愿意无偿地担任低级别的公职？现在你来回答我：各种技艺之所以不同，难道不是因为它们各自不同的功能？亲爱的朋友，请说出你的心里话，只有这样我们才能取得一点儿进展。

特拉叙马霍斯：是的，技能的区别就在于此。

苏格拉底：那是否就因为它们向我们提供了不一样的利益需求呢？比如，医术给予我们健康，而航海术给予我们航程安全，等等。

特拉叙马霍斯：当然是的。

苏格拉底：那么，挣钱技能的特殊功能就理应是给予我们钱，是吗？还有就是，能不能把医术和航海术视为同类的技能呢？因为依据你所言，严格地说，一个舵手因为航海而变得更加健康了，那这个时候能否把航海术也视为医术呢？

特拉叙马霍斯：那当然不行。

苏格拉底：再比如一个人因为赚钱身体变得健康了，那我想你也不同意把这赚钱的技能称作医术吧。

特拉叙马霍斯：当然不会。

苏格拉底：那如果有个人通过行医而得到报酬，你会把他的医术视为是一种挣钱技能吗？

特拉叙马霍斯：不会的。

苏格拉底：那好。毫无疑问，我们已经意见一致了，不是吗？每种技能的利益都是各不相同的，对吗？

特拉叙马霍斯：是的。

苏格拉底：如果大家都在享受来自某种技能的同一样利益的话，那只可能是这些不同的匠人使用的都是同一种技能，不可能是通过他们各自特有的技能获得的。

特拉叙马霍斯：好像是这样。

苏格拉底：那我们就可以这么说，匠人获取的报酬，实际上是在他们运用各自特殊技能以外，还使用了相同的赚钱技能才获得的。

（特拉叙马霍斯还是非常勉强地同意了。）

苏格拉底：严格而言，任何技能并不能通过自身获得报酬，而是通过获得报酬的技能来获得。就好比尽管医术能使人健康，可只有赚钱的技能才能让医生获得报酬，其他行业也统统如此，各项技能在生活工作中各司其职，让其受施的对象从中获益。要是不运用赚钱的技能，匠人们的本职技能能不能也让他们从中获得利益呢？

特拉叙马霍斯：看来不能。

苏格拉底：没有报酬的工作对匠人们而言，岂不是就没有实际的利益可言了？

特拉叙马霍斯：的确没有利益。

苏格拉底：特拉叙马霍斯，这个问题终于弄清楚了。任何技能包括统治术都像我们刚才提到那样，一切运用部署只谋求其受施对象（弱者）的利益，而并不是为了他们本身的利益，也就是说不是为了强者的利益。因此，我才会说，自愿做一个统治他人还兜揽他人是非的人始终是不多的。作为统治者，他必须获得报酬，因为他在运用统治术时，仅仅是靠这种技能来为他所统治的对象服务，他的全部努力并不是为自己。那么，要是什么人愿意担任这份工作，不论名还是利，就该给相应的报酬；要是什么人不愿意干，他得到的报酬就是惩罚。

格劳孔：苏格拉底，你说的是什么意思？我只知道有名利的报酬，还从来没听说过惩罚也算是一种报酬。

苏格拉底：难道你真的就不知道把惩罚作为报酬可以为领导职务选拔出最优秀的人才吗？贪图名利的人往往会被视为可耻之人，难道你不知道这样的人事实上真的很可耻吗？

格劳孔：我知道。

苏格拉底：正是由于这个原因，才使得金钱和荣誉对他们没有了吸引力。好人不愿意为实施统治公开索取报酬并因此获得为金钱而工作之名，不愿意因为暗中损公肥私而获得窃贼之名。除此之外，由于没有野心，他们也不在乎荣誉，因此，必须给他们施加某种东西，必须促使他们因为害怕受到惩罚而提供服务。在我看来，不待强迫就热衷担任公职之所以被认为是无耻的，原因就在于此。现在，最糟糕的惩罚是，假如好人拒绝实施统治，那么他就有可能被一个比他坏的人统治。我认为，促使好人担任公职的，正是对这种情况的恐惧。他们之所以担任公职，并不是因为他们愿意担任公职，而是因为他们无法逃避担任公职。他们之所以担任公职，不是因为他们想为他们自己获得利益或享乐，而是因为他们必须担任，也是因为他们找不到更好的或同样好的人以托付统治的责任。所以说，我有理由认为，假如一个城邦中全都是好人，人们会争着不担任公职，就如同现在人们争着担任公职那样。那时，我们就会有充分的证据证明，就天性来说，真正的统治者并不准备关心他自己的利益，而是打算关心他的臣民的利益。明白这一点的人，都宁可受惠于人，也不愿意承担加惠于人的麻烦。到此刻为止，我不同意特拉叙马霍斯的‘正义是强者的利益’的说法。眼下，这个问题尚不需要做进一步的讨论。不过，我始终认为，特拉叙马霍斯的‘不正义的人的生活比正义的人的生活更有利’的说法，倒是一个更诚实的说法。我们俩到底谁说的对呢？格劳孔，你更愿意过哪一种生活呢？

格劳孔：我觉得正义的人生活得更有意义。

苏格拉底：你难道刚才没有听到特拉叙马霍斯说的种种关于非正义的优势吗？

格劳孔：我听是听到了，不过我并不相信。

苏格拉底：那么，我们再找个办法来说服他好了，也让他认识到自己是不对的。

格劳孔：好的。

七　对比正义者与不正义者

苏格拉底：我们方才的辩论，自己既是辩论的人又是最终裁定的人，彼此互相承认对方的观点，这样下去，势必讨论不出什么结果来。但假如当特拉叙马霍斯说完了以后，我们再跟他一样先正面提出主张，接着补充论证正义的有利之处，让他来回答，我们进行辩驳，然后双方都把自己说的有利方面总结一下，相互比较，找一个公正的公证人做出裁定，你看这样的方法怎么样？

格劳孔：你说得没错。

苏格拉底：你更倾向哪一种方式辩论？

格劳孔：第二种。

苏格拉底：好，特拉叙马霍斯，请你再从头回答我的问题。你刚才说过，极致的非正义要好过正义，是吗？

特拉叙马霍斯：我是这么说过，我还给你讲了我的理由。

苏格拉底：你在这个问题上的观点到底是什么？你该不会认为正义和非正义之分就是善恶之分吧。

特拉叙马霍斯：这个道理是极其显而易见啊。

苏格拉底：照你这样说来，正义是善，非正义就是恶了？

特拉叙马霍斯：你的心肠真好啊，我的朋友！我既然说了非正义比正义更有利，那我会这么认为吗？

苏格拉底：那你会怎么说呢？

特拉叙马霍斯：正好相反。

苏格拉底：也就是说，正义才是恶？

特拉叙马霍斯：也不是。我认为，正义应该是天性善良敦厚，单纯天真才是。

苏格拉底：那你的意思就是，非正义就是天性阴险刻薄吗？

特拉叙马霍斯：不是。非正义应该是精明。

苏格拉底：特拉叙马霍斯，你还是始终觉得非正义的人既聪明又能获利吗？

特拉叙马霍斯：那是自然。至少那些窃国的极端非正义者的确是这样。难道你认为我说的非正义者就是所谓的鸡鸣狗盗之徒吗？不过，即便是这些个小偷小摸的人，虽不能和大窃国贼的利益相比，但只要不被发现，也会有相应的利益不是？

苏格拉底：我不认为我误解了你的意思。让我吃惊的是你居然把非正义算进了美德的范畴，而正义恰好相反。

特拉叙马霍斯：我的确是这么分类的。

苏格拉底：我的朋友，你把话都说到这种不留余地的地步了，我还怎么跟你再继续说下去呢！假使你还能跟大家一样承认非正义是一种恶，尽管它能够谋利，兴许我们的讨论还能继续下去。但你现在极力主张非正义是美德的一种，而且居然还把非正义划入道德的范畴中，我们实在无法认同你把我们以往认为是正义的属性都让给了非正义。

特拉叙马霍斯：你的感觉的确是太敏感了。

苏格拉底：随便你怎么说都成。只要你确实是由衷地说这些话，我也不会躲躲闪闪，我还会同你继续辩论下去。特拉叙马霍斯，看得出你说的不是玩笑，的确是自己的真实想法。

特拉叙马霍斯：我是否由衷地说这些话，和你有关系吗？你现在要做的就是推翻这个观点？

苏格拉底：话虽如此，不过你是否愿意屈尊再回答我一个问题，你觉得一个正义者，他有没有胜过他人的想法？

特拉叙马霍斯：当然没有，要不然正义者就不能算是单纯的好人了。

苏格拉底：那他有没有胜过别的正义行为的想法？

特拉叙马霍斯：没有。

苏格拉底：他会不会有胜过非正义的想法，还会不会自行认定某种行为是正义的呢？

特拉叙马霍斯：会的，他还会尽自己的努力去做，然而可惜的是他成功不了。

苏格拉底：我正好想问你他能不能成功的问题。我想问你，所谓正义者是不是只想胜过非正义者，而不是胜过其他的正义者？

特拉叙马霍斯：是的。

苏格拉底：反过来，非正义者呢？他是否也想胜过正义者和正义的行为呢？

特拉叙马霍斯：当然。你要知道，非正义者可是什么都想战胜的呢！

苏格拉底：那他是否还需要胜过别的非正义者和非正义行为，从而让自己获益最大？

特拉叙马霍斯：需要。

苏格拉底：好，那我们就能得出这样一条结论：正义者只求胜过异类，不求胜过同类；而非正义者则想战胜一切同类和异类。

特拉叙马霍斯：说得实在是太对了。

苏格拉底：因此，说非正义者很有智慧，正义者却是又坏又笨的人了。

特拉叙马霍斯：也没错。

苏格拉底：那我能不能说，非正义者和聪明的好人同属一类，正义者则不属于这个范畴？

特拉叙马霍斯：是啊。质同则同类，质不同则异类。

苏格拉底：同类的人都同质是吗？

特拉叙马霍斯：难道不是这样吗？

苏格拉底：很好！特拉叙马霍斯，你能说有些人“是音乐的”，而另一部分人是“不是音乐的”吗？

特拉叙马霍斯：可以啊。

苏格拉底：哪一类人是“聪明的”，哪一类人是“不聪明的”呢？

特拉叙马霍斯：那些有“音乐的”就是“聪明的”，“不是音乐的”就是“不聪明的”。

苏格拉底：那你的意思是说，一个人聪明的地方就是优点，不聪明的地方就是缺点吗？

特拉叙马霍斯：是的。

苏格拉底：医生这个职业也是这样吗？

特拉叙马霍斯：是的。

苏格拉底：在你看来，有哪个音乐家在调弦定音时会比其他音乐家更在意琴弦的松紧吗？

特拉叙马霍斯：这倒未必。

苏格拉底：那他有心在这方面胜过一个不是音乐家的人，对吗？

特拉叙马霍斯：那是一定的。

苏格拉底：医生呢？是否也有医生想在规定病人饮食方面胜过其他的医生和他们的医术呢？

特拉叙马霍斯：当然没有。

苏格拉底：可是他却想胜过一个不是医生的人，是吧？

特拉叙马霍斯：那当然。

苏格拉底：让我们把刚才的讨论一起整理一下吧。你觉得有知识的人，到底是想在一言一行各方面超过其他有知识的人，还是会彼此之间趋同呢？

特拉叙马霍斯：那肯定会彼此相似。

苏格拉底：那没有知识的人呢？他不会想既超过聪明人又赢过比较笨的人吧？

特拉叙马霍斯：我想会的。

苏格拉底：那有知识的人比较聪明吗？

特拉叙马霍斯：是的。

苏格拉底：聪明的人就是好人吗？

特拉叙马霍斯：是的。

苏格拉底：一个聪明的好人是不愿胜过与自己同类型的人，却一直愿意胜过与自己不同类且相反类别的人，是吗？

特拉叙马霍斯：是的。

苏格拉底：相反，一个不聪明的坏人他想的是胜过所有人，包括同类和不同类，是吗？

特拉叙马霍斯：是的。

苏格拉底：特拉叙马霍斯，你刚才是不是提到过非正义的人也一样想超越所有人？

特拉叙马霍斯：我是这样说过。

苏格拉底：你还说过正义的人只求胜过异类而非同类，是吗？

特拉叙马霍斯：是的。

苏格拉底：还有，正义的人和聪明的好人类似，非正义的人与又笨又坏的人类似，是吧？

特拉叙马霍斯：似乎确是如此。

苏格拉底：好的，我们刚才好像认同了一个观点，相类似的人是同质的，是吧？

特拉叙马霍斯：是的，意见一致了。

苏格拉底：那现在一切都明朗了——正义者是聪明的好人，又笨又坏的就是非正义者了。

（其实，在赞同上述论点时，特拉叙马霍斯并没有像我复述得那样爽快，而是极不情愿。当时正值盛夏，他大汗淋漓。接下来，他的脸红了。我之前从没见过他脸红呢！由于我们现在已经同意，正义是美德和智慧，不正义是邪恶和无知，于是我就继续说了下去。）

苏格拉底：这个问题解决了。不过特拉叙马霍斯你还记得我们刚才还说过，非正义是强有力的。

特拉叙马霍斯：我当然记得。可我还是不怎么赞同你的说法，我有自己的说法。不过只要我一说，你必定说我大放厥词。现在，要么我就按我的意思说，要么就你来发问，你一直希望我来回答问题嘛。如此的话，我就敷衍得像老太婆一样，无论你问什么都点头或者摇头说好。

苏格拉底：我可从不勉强你认同你不想认同的观点。

特拉叙马霍斯：既然你不许我主动发表意见，那就悉听尊便了，你还有什么要求吗？

苏格拉底：没有了。如果你已经决定要回答问题，那我就继续提问了。

特拉叙马霍斯：你继续问吧。

苏格拉底：那么，为了合乎原则地继续我们关于正义和不正义的相对性质的考察，我将对我之前问过的一个问题再问一次。我们以前说，不正义比正义更强、更有力量，但既然现在正义已经被确定为智慧和美德，不正义被确定为无知，那么就非常容易证明，正义比不正义要强大。任何人也不会再质疑这一点了。但是，特拉叙马霍斯，对于这个问题我想换一种方式来考察。你会不会否认，一个城邦也可能是不正义的，会妄图用不正义的手段奴役别的城邦，有的也许已经奴役了别的城邦，或让它们臣服在自己脚下？

特拉叙马霍斯：非正义到了极致的城邦最喜欢做这种事情，不可否认的是它也是最好的城邦。

苏格拉底：我知道，这一观点是你的理论。不过我现在想弄明白的问题是，这样的城邦在征服他国的势力到底源于正义还是非正义呢？

特拉叙马霍斯：就按照你说的正义是善良智慧，那它的势力势必要依靠正义，但假如是我说的，那需要的就是非正义了。

苏格拉底：特拉叙马霍斯，我非常庆幸，你不只是敷衍着点头摇头，还很好地回答了我的问题。

特拉叙马霍斯：这么做是图你开心。

苏格拉底：你的情我心领了，不过还得屈尊你回答个问题，权当叫我再高兴一次吧。一座城邦，一支军队，或者一伙盗贼，任何一种相类似的组织，假使他们不但在相处当中缺乏正义，还一同做非正义的事情，他们有可能会成功吗？

特拉叙马霍斯：成功不了。

苏格拉底：那他们采用正义的方式彼此相处的话，会不会好一点？

特拉叙马霍斯：当然。

苏格拉底：特拉叙马霍斯，是不是正义让他们团结友好，非正义却做不了，它只会使他们内部分裂、彼此仇恨？

特拉叙马霍斯：我不想和你争吵，就姑且这么说吧！

苏格拉底：感激之至。你可不可以告诉我，是不是不管自由人还是奴隶他们都会因为非正义方式的相处而导致仇恨、分裂、对立而无法统一行动呢？

特拉叙马霍斯：当然！

苏格拉底：再比如，两人彼此之间存在非正义，那他们就会吵架对立，并成为正义的公敌，是这样吗？

特拉叙马霍斯：是的。

苏格拉底：高明的朋友啊！你认为假如非正义存在于个人身上，那这种非正义的能力是会保留还是会丧失呢？

特拉叙马霍斯：姑且算是保留着吧！

苏格拉底：看来非正义的作用似乎是，它先让任何一个城邦、军队、家庭以及别的各种团体里的人无法行动统一，随后，它再让各个成员内部彼此仇视、对立，与自己的对立面为敌，还与正义者为敌。是不是这样呢？

特拉叙马霍斯：的确是这样。

苏格拉底：我认为，非正义存在个人身上是不是也会同样发挥他的作用呢？比如，首先，他本人内部冲突，矛盾让他拿不定主意，无法执行行动，随后，使他与己为敌，最终与正义为敌，是这样吗？

特拉叙马霍斯：是的。

苏格拉底：我的朋友，诸神是正义的吗？

特拉叙马霍斯：算是吧。

苏格拉底：特拉叙马霍斯，那诸神的朋友就只能是正义者，而非正义者就是他们的敌人了。

特拉叙马霍斯：就算是吧，我不会扫大家兴地与你辩驳的。

苏格拉底：那好，请接头回答，好让我把我剩下的筵席吃完。因为，我们已经证明，正义的人比不正义的人更聪明、更好、更有才能，不正义的人无法采取共同行动，但说邪恶的人在什么时候都不可能坚强一致地行动，严格地说并不完全对，因为如果他们完全邪恶，他们就会互相伤害。但是，很明显的是他们还残存着一点儿正义，让他们能够团结起来。假如他们一点儿正义也没有了，那么他们就不只会伤及那些受害者，还会自相残害。在他们的事业中他们算是半个恶棍，因为假如他们完全是恶棍，绝对不正义，他们就会根本没办法采取行动。我觉得，这才是真相，而不是你起初所说的那样。至于正义的人是否能够比不正义的人生活得更好、更快乐则是另外一个问题。我们也准备讨论这个问题。我觉得，根据我们已经给出的理由，他们拥有更好、更快乐的生活。但是，我还是想做进一步的考察，因为即使小问题也不能模糊不清，更别提人类生活的准则了。

特拉叙马霍斯：请便！

苏格拉底：我还在思考当中。请你先回答我，你会认为马有马的功能？

特拉叙马霍斯：有。

苏格拉底：所谓马的功能，或者其他任何事物的功能，能不能认为是非它不可，非它不能的一种特性，是吧？

特拉叙马霍斯：这个我不明白。

苏格拉底：那好我问你，没有眼睛你看得见东西吗？

特拉叙马霍斯：不能。

苏格拉底：没有耳朵你能听吗？

特拉叙马霍斯：不行。

苏格拉底：那我们就能够认为，看和听就是眼睛和耳朵的功能了，是吗？

特拉叙马霍斯：是的。

苏格拉底：我们剪葡萄藤的时候，可以用短刀或凿子或别的工具吗？

特拉叙马霍斯：为什么不可以呢？

苏格拉底：可是我总觉得还是专门修剪树枝的剪刀来得更便利些。

特拉叙马霍斯：也对。

苏格拉底：那我还可不可以说剪刀的功能就是剪葡萄枝呢？

特拉叙马霍斯：可以啊。

苏格拉底：我想，我问你这个问题的目的就在于问你，任何一件事物的功能是否就是那个事物专有的性能，你现在应该知道了吧？

特拉叙马霍斯：我知道了，我赞同你的说法。

苏格拉底：好的。那在你看来，但凡每一种有功能的事物都必须有属于它自身的特性？就拿刚才的例子来说吧，眼睛是有功能的是吧？

特拉叙马霍斯：是的。

苏格拉底：那眼睛也有它自己的特性吧？

特拉叙马霍斯：有。

苏格拉底：那耳朵呢，它也有功能吧？

特拉叙马霍斯：有。

苏格拉底：那它也有自己的特性？

特拉叙马霍斯：有。

苏格拉底：所有的事物都是如此吗？

特拉叙马霍斯：是的。

苏格拉底：那好，我再问你如果眼睛有的不是特性而是特殊的缺陷的话，那眼睛它还能正常发挥它的功用吗？

特拉叙马霍斯：怎么会有这种情况呢？你想说的是看不见而不是看得见，是吧？

苏格拉底：我们现在暂时不考虑广义上的特性问题。我只想问，事物发挥其功用是不是因为它具有的特性使然，反之事物特有的缺陷是不是影响其功用的发挥呢？

特拉叙马霍斯：你说得是对的。

苏格拉底：就好比耳朵失去了自己特有的属性后，就没办法发挥自己的功用了，是吧？

特拉叙马霍斯：是的。

苏格拉底：这个结论适用于别的事物吗？

特拉叙马霍斯：应该适用。

苏格拉底：那再考虑一个问题，心灵是不是也有属于它自身不可替代的特性？比方说管理、指挥、计划等。能不能说管理就是心灵所独有的特性，也只有心灵可以发挥这种特有的功能呢？

特拉叙马霍斯：是的。

苏格拉底：那生命呢？它是否也是心灵所发挥的功能吗？

特拉叙马霍斯：当然是的。

苏格拉底：人的心灵有特性吧？

特拉叙马霍斯：有。

苏格拉底：特拉叙马霍斯，如果心灵要完整地发挥自己的功用，是否一定不能失去它的特性？

特拉叙马霍斯：不能。

苏格拉底：好的心灵的指挥管理功能一定好，反之坏的心灵的这些功能就一定差，是这样吗？

特拉叙马霍斯：应该是这样。

苏格拉底：我们不是早就一致同意，正义是心灵的特性，那非正义也是吗？

特拉叙马霍斯：是的。

苏格拉底：正义的心灵让正义者获得幸福的生活，非正义也让非正义者过得不好，是不是？

特拉叙马霍斯：依你的观点而言，是这样。

苏格拉底：那生活过得幸福的人一定快乐，生活过得不幸福的人就一定不快乐。

特拉叙马霍斯：确实是这样。

苏格拉底：因此正义者是快乐的，而非正义者是痛苦的。

特拉叙马霍斯：先这么说吧！

苏格拉底：相较于痛苦，快乐才是利益吧！

特拉叙马霍斯：是的。

苏格拉底：高明的特拉叙马霍斯啊！就这么说的话，非正义怎么可能会比正义更有利呢？

特拉叙马霍斯：苏格拉底，你就当是享受了一场朋迪斯节的盛宴吧！

苏格拉底：我还是满怀感激你的，特拉叙马霍斯，因为你已经不对我发脾气让我难堪了。我只能怪我自己没能好好享受你给我的这场盛宴，所有这与你无关。我始终心猿意马，眼前的美味还没来得及品尝就急着去抢新上的菜品，就犹如馋鬼一般。刚才的讨论就是这样，辩论当中在最初提出的关于正义的定义这一问题上我们渐行渐远，一直没有最终的结论，反倒是去考虑正义是智慧还是愚昧的问题，随后非正义和正义谁更有利的问题又出现了，我又忍不住辩驳了一番。回过头想想，至于讨论的结果，就是我一无所知。因为我不知道什么是正义，所以我不大可能知道它是不是美德，也不能指出正义的人是幸福的还是不幸的。

第二卷

一　格劳孔论契约正义

（当我说完这些话后，我以为我终于可以从争辩之中解脱了。但事实证明这仅仅只是一个开始。因为，格劳孔向来见义勇为，对什么都穷追不舍，对特拉叙马霍斯的退出深感不满，于是这位斗士展开了他的攻击。）

格劳孔：你刚才说正义在各个方面都比不义强，苏格拉底，你是真心实意想说服我们呢，还是只不过想在表面上说服我们呢?

苏格拉底：假如这取决于我的话，我甘愿选择真正地说服你们。

格劳孔：可是，苏格拉底。事实上，你只是这么想，可并没有这么做。你就如实告诉我，是不是存在着一种善，我们乐意要它，但只是要它本身，而不是要它的后果。如像欢乐，它是无害的，而且也不担负任何的后果，除了乐趣，还是快乐而已。

苏格拉底：是的，依我看，的确存在这样的一种善。

格劳孔：那么是否还有另外一种善，我们之所以爱它既为了它本身，也为了它的后果。比如明白事理，视力好，身体健康。我认为，我们欢迎这些东西，是为了两个方面。

苏格拉底：是的。

格劳孔：那么，你承认不承认还有第三种形式的善？如体育锻炼啦，害了病要求医，因此就有医术啦，总而言之，就是赚钱之术，都属这一类。说起来这些事都应该算是单调的苦事，但是对于我们来说是有好处的。因此我们爱它们并不是为了它们本身，而是为了报酬，以及其他种种随之而来的利益。

苏格拉底：嗯，没错，是有第三种，不过你想说明什么？

格劳孔：那你说正义到底属于第几种？

苏格拉底：我觉得正义属于最好的一种。一个人要想快乐，就得爱它——既因为它本身，又因为它的后果。

格劳孔：不过，多数人可不是这样想的，他们认为正义是一件苦事。他们拼着命去干，图的是它的名和利。至于正义本身，人们是害怕的，也是想尽量回避的。

苏格拉底：我也知道这是他们的思考方式。特拉叙马霍斯正是因为把所有这些看透了，所以才干脆贬低正义而赞颂不正义的。不过，我只能怪自己太笨拙，要想学他学不起来。

格劳孔：让我再说两句，看你能不能同意。因为，我觉得，特拉叙马霍斯就像一条蛇，过早地被你的声音降伏，而他本不该这么快屈服。但是我还没有思考正义和不正义的本性。抛开报偿和后果，我想知道它们本身究竟是什么，想知道它们在灵魂内部是怎样工作的。如果你知道，请告诉我。接下来，我将重述特拉叙马霍斯的论证。第一，我将根据对它们的普遍看法，谈谈正义的性质和起源。第二，我将证明，所有实践正义的人都是违心为之，是迫不得已，而不是将其作为一种善。第三，我想说这种观点并非没有理由，毕竟不正义的人要比正义的人生活得好得多。苏格拉底，尽管我自己并不认同他们的看法，但假如他们说的是真的呢？不过，我不得不承认，当我听到特拉叙马霍斯的看法时，当无数的鼓噪在我耳中的时候我感到了困惑。此外，我还从来没有听过有人以一种令人满意的方式捍卫过正义之于不正义的优越性。我想听到正义因其自身受到赞美，那时我就会满意了。我认为，我最有可能从你这里听到这种赞美。因此，我将尽我所能来赞美不正义的生活，而我的说话方式将显示我希望听到你用同样的方式来赞美正义、谴责不正义。你赞不赞同我的提议？

苏格拉底：没有什么能够更令我感到高兴的了。还有哪个主题是一个有头脑的人愿意去讲了又讲，听了又听的呢？

格劳孔：听你这么说，我很高兴。那就先听我来谈刚才提出的第一点——正义的本质和起源。人们说：做不正义事是利，遭受不正义是害。遭受不正义所得的害超过于不正义所得的利。因此人们在相互交往中既尝到过于不正义的甜头，又尝到过遭受不正义的苦头。两种味道都尝到了之后，那些不能专尝甜头不吃苦头的人，觉得最好大家订立契约：既不要得不正义之惠，也不要吃不正义之亏。就这样，从那时候起，他们中间才开始订法律立契约。他们把守法践约叫合法的、正义的。这就是正义的本质与起源。

正义的本质就是最好与最坏的折中，即所谓的最好，就是干了坏事而不受罚；所谓最坏，就是受了罪而没法报复。人们说，既然正义是两者之折衷，它之所以被大家所接受和赞成，不是因为它本身真正善，而是因为这些人没有力量去干不正义，任何一个真正有力量作恶的人绝不会愿意和别人订什么契约，答应既不害人也不受害——除非他疯了。所以，苏格拉底啊，他们说，正义的本质和起源就是如此。

那些做正义事的人并不是出于心甘情愿，而只是因为没有本事作恶而已。如果我们做个假设，这一点就会最清晰地呈现出来。假定我们这样设想：眼前有两个人，一个正义，一个不正义，我们给他们各自随心所欲做事的权力，然后冷眼旁观，看看各人的欲望把他们引到什么地方去。我们当场就能发现，正义的人也在那儿干不正义的事。人不为己，天诛地灭嘛！人都是在法律的强迫之下，才走到正义这条路上来的。

我所讲的随心所欲，指的是像吕底亚人古阿斯[①]的祖先所有的那样一

① 古阿斯：古希腊神话中的百手巨人。

种权力。相传，他是一个牧羊人，在当时吕底亚的统治者手下当差。有一天，暴风雨之后，紧接着又是地震，在他放羊的地方，地壳裂开了，下有一道深渊。他虽然很惊恐，但还是走了下去。在那里，他看到了很多稀奇古怪的东西。他还看到了一匹中空的铜马，马身上有门。他停下来，往里面看，看到了一具尸体。他觉得，那具尸体个头比人大，除了手上戴着一枚金戒指外，身上再什么也没有。他把戒指从死者的手指上取下来，然后就从深渊里出来了。

根据牧羊人的习惯每个月要聚会一次，以便把羊群的情况报告给国王。又到了牧羊人聚会的时候，他戴着那枚戒指去了。他坐在他们中间，碰巧把戒指上的宝石转向了手心，结果周围人马上看不到他了。于是在场的他们开始谈论起他来，就好像他不在一样。他感到非常吃惊，就又去碰那枚戒指。他把宝石转向外面，结果又现身了。他试了几次，情况都一样。当他把宝石转到里面时，他就不可见了。当他把宝石转到外面时，他就又现身了。发现了戒指这一魔力后，他就利用其魔力让自己当上被派往宫廷的信使。他一到宫廷就勾引了王后。他在王后的帮助下，谋反并杀死了国王，夺取了王国。

现在假设有两枚这样的魔戒，正义的人戴一枚，不正义的人也戴一枚。在这种情况之下，可以想象，他们中没有一个能坚如磐石、坚守正义，没有一个会坚持不拿不属于他的东西。他能安全地从市场里拿走他喜欢的东西，能穿门入户与任何他喜欢的人睡在一起，能杀掉他想杀的每一个人，能从监狱里放出他想放的人。他在任何方面都像一个万能的神。到那时，正义的人的行为将与不正义的人行为一样，他们最终会殊途同归。我们可以确凿无误地断言，这是一个有力的证据，证明没有人把正义当成是对自己有利的事且心甘情愿去实行，做正义事只是不得已而为之。

也就是说，在任何场合之下，一个人只要能干坏事，他总会去干的。大家一目了然，从不正义那里比从正义那里个人能得到更多的利益。任何相信这点的人总能振振有词，说出一大套道理来。假如什么人有了权而不为非作歹，不夺人钱财，那他就要被人当成天下第一号的傻瓜，虽然当着他的面人家还是称赞他——人们因为怕吃亏，老是这么互相欺骗着。对于这一点，暂且说到这里。

现在，假如我们把最正义的生活跟最不正义的生活作一番对照，那我们就能够对这两种生活做出正确的评价。怎样才能清楚地对照呢？我的做法是：我们不从不正义者身上减少不正义，也不从正义者身上减少正义，而让他们各行其是，各尽其能。我们先来让不正义之人像个有专门技术的人，比如最好的舵手或最好的医生那样行动，在他的技术范围之内，他能辨别出什么是可能的，什么是不可能的，取其可能而弃其不可能。即使偶尔出了差错，他也能补救。不正义之人他会把坏事干得不漏一点儿痕迹，谁也不能发觉。假如他被人抓住，我们就必须把他看作一个蹩脚的货色。不正义的最高境界就是嘴上仁义道德，肚子里男盗女娼。因此我们对一个根本不正义的人应该给他彻底的不正义，一点儿不能打折扣；我们还要给坏事做绝的人最最正义的好名声；即便他出了破绽，也要给他补救的能力。假如他干的坏事遭到谴责，让他能鼓起如簧之舌，说服人家。假如需要动武，他有的是勇气和实力，也有的是财势和朋党。

在这个不正义者的旁边，让我们按照理论树立一个正义者的形象：朴素正直，就像诗人埃斯库罗斯所说的“一个不是看上去好，而是真正好的人”。因此我们必须把他的这个“看上去”去掉。因为，假如大家把他看作正义的人，他就因此有名有利。在这种情况下，我们就搞不清楚他到底是为正义而正义，还是为名利而正义了。因此我们必须排除他身上的所有表象，光剩下正义本身，来跟前面说过的那个假好人真坏人对立起来。让他不做坏事而有大逆不道之名，这样正义本身才可以受到考验。尽管国人皆曰可杀，他仍正义凛然，鞠躬殉道，死而后已；他甘冒天下之大不韪，坚持正义，终生不渝。这样让正义和不正义各趋极端，我们就好判别两者之中哪一种更幸福了。

苏格拉底：老天爷保佑！我亲爱的格劳孔，你的精力真充沛，你把这两个人修饰得太好了！它们就像是参加比赛的一对雕塑艺术品一样。

格劳孔：我只是尽自己所能罢了。我想，现在我们知道了他们是什么样的人，我们也就不难弄明白他们各自将面对什么样的生活。接下来，我的描述你可能会认为有些残酷，但请你好好想想下面这些话并不是我说的：让我把它们放入不正义者的颂词吧，他们会告诉你，那正义的人会被视为不义，遭到鞭笞、架在刑台上拉肢，捆绑后灼瞎双目，受尽各种痛苦折磨后被钉在十字架上。直到那个时候，他才会明白，他应该做一个表面上正义的人，而不是真正正义的人。埃斯库罗斯的这些诗说得更适用于不正义的人，而非正义的人。因为，不正义的人追求的是真实，而不是带着对表象的看法生活——他要成为真不义，而不是假不义：他的头脑中有一块深深的沃土，那里长出他精明的忠告。最初的时候，他被认定是一位正义者，而拥有了统治城邦的权力。他迎娶了他喜欢的人，把子女婚配给他的中意者。他始终依照自己的利益，在自己想要的价码上达成交易，而根本不用担心不正义。在每一场竞技中，不管公共的还是私人的，他总会赢取他的对手，将他们的钱财收入囊中。他富有，能将余财让给朋友，以刺伤敌人。而且，他献给神的牺牲和祭礼丰厚而慷慨。他能荣耀他想荣耀的任何神或人，采用的礼仪也比那些正义的人好得多。所以，诸神珍爱他们胜于正义的人。苏格拉底，正因为这样，有人说神与人联合了起来，以让不正义的人生活强过正义的人。

二　阿得曼托斯论对不义之人的帮助

（格劳孔说完了，我心里正思忖说些什么话，但他的兄弟阿得曼托斯插了进来。）

阿得曼托斯：苏格拉底，你不会认为这个问题已经说透彻了吧！

苏格拉底：还有什么要讲的吗？

阿得曼托斯：最重要的论点偏偏还只字未提呢。

苏格拉底：我明白了。就像谚语说的那样："每个人都应该站在自己兄弟的旁边。"他漏了什么，你就帮他补上。虽然对我而言，他所讲的已经足够把我打倒在地，使我想要支援正义也爱莫能助了。

阿得曼托斯：废话少说，还是让我说些更有用的吧。关于正义和不正义的赞美和谴责，格劳孔的辩护还有另外一个方面也是同样重要的，它呈现了我所认为的他的意思。父母一直对儿子讲，老师也总是告诉学生要做正义的人。但那到底是为的什么呢？他们这么讲并非为了正义，而是为了声望。谁只要获得了正义之名，谁就有希望获得职位、满意的婚姻等，以及格劳孔列举的不正义的人可以从正义之名中猎取的种种。这类人比一般人话说得更大，因为，他们援引诸神的美意对你说，诸神赐予虔诚者的好处就像阵雨倾盆。关于好名声的问题，人们还讲了许多话。

比如他们把人的好名声跟诸神联系起来，说诸神会把一大堆好东西赏赐给虔诚的人们。现在以诗人赫西俄德[①]和荷马的话为例，前者说诸神使橡树为正义的人开花结实。

树梢结橡子，树腰蜜蜂鸣。
树下皆绵羊，羊群似白云。

他说正义者还有其他诸如此类的赏心乐事。荷马说的不约而同：

英明君王，敬畏诸神，高举正义，五谷丰登，
大地肥沃，果枝沉沉，海多鱼类，羊群繁殖[②]。

穆塞厄斯和他的儿子在诗歌中歌颂诸神赐福正义的人，说得更妙。

他们说诸神引导正义的人们来到冥界，设筵款待，请他们斜倚长榻，头戴花冠，一觞一咏，以消永日。

好像美德最好的报酬，就是醉酒作乐而已。还有其他的人说，上苍对美德的恩赐荫及后代。他们说虔信诸神和信守誓言的人儿孙满堂，绵延百代。他们把渎神和不正义的人埋在阴间的泥土中，还迫使他们用篮取水：劳而无功；使不正义的人在世的时候，就得到恶名，遭受到格劳孔所列举的，当一个正义者被看成不正义者时所受的同样的惩罚。

关于不正义之人，诗人所讲的只此而已，再无其他的。关于对正义者与不正义者的赞扬和非难之论，就说这么多吧！

除此之外，苏格拉底呀！请你考虑诗人和作家关于正义和不正义的另一种说法。人们众口一词说正义和节制尽管可贵，但艰辛苦累；而放纵和不正义却让人轻松愉快，虽然后者受到礼法和舆论的谴责。他们说，不诚

---

① 赫西俄德：公元前8世纪的古希腊诗人，古希腊教诲诗之父，有《神谱》和《工作与时日》传世。

② 出自荷马作品《奥德赛》第9卷。

实往往比诚实更有利。他们情愿称恶人是有福的。当这些人富有或有某些影响力的时候，不管公开或是私下，他们都会对那些人尊敬有加；而对穷人弱者，他们则会轻视慢待，虽然他们承认后者比别的人更好。但最不寻常的是他们对于美德和诸神的说法：他们说诸神给好多善人降下厄运，而给恶人带来好事与幸福。行乞的预言家走进富人家门，让富人相信他们拥有神赐的能力，用献祭和魔法，通过狂欢和豪宴，为人和他的祖先赎洗罪过。他们承诺，只需花一点儿小钱，就能帮着他们打击任何敌人，不管正义还是不正义的人。他们说，他们还会用魔法和驱使神灵的咒语，来实现富人的意愿。诗人是他们求助的权威，现在就让我们用赫西俄德的诗句来修平邪恶的道路和一条让人倦乏的上坡路：邪恶来得毫不费力，通向它的道路很平坦，它的居所不需远行。但通往美德的路，诸神安排下痛苦。还有人引用荷马诗来证明凡人诱惑诸神，因为荷马说过：

> 众人获罪莫担心，逢年过节来祭神，香烟缭绕牺牲供，诸神开颜保太平。

他们还发行一大堆穆塞厄斯与俄耳浦斯的书籍。按他们所说，穆塞厄斯与俄耳浦斯是月神和文艺之神的后裔。他们用这些书里规定的仪式祭祀祓除，让国家和私人都相信，假如犯下了罪孽，可以用祭享和赛会为生者赎罪，能够用特有的仪式使死者在阴间得到赦免。谁如果轻忽祭祀享神，那就永世不得超生。

亲爱的苏格拉底呀！他们所讲的关于神和人共同关心的善恶的种种宏旨高论，对于听者，尤其是对那些比较聪明，能够从道听途说中进行推理的年轻人，对他们的心灵会有什么影响呢？他们能从这些高论中得出结论，知道走什么样路，做什么样人，才能让自己的人生过得最有意义？这种年轻人多半会用品达的问题来问他们自己：“是用堂堂正义，还是靠阴谋诡计来步步高升，安身立命，度过一生？”要做一个正义的人，除非我只是徒有正义之名，否则就是自我苦吃。反之，假如我并不正义，却已因挣得正义者之名，就能有天大的福气！既然智者们告诉我，“貌似”远胜“真是”，而且是幸福的关键，那我何不全力以赴追求假象。

有人说，干坏事而不被发觉是非常不容易的。啊！普天之下，又有哪一件伟大的事情是容易的呢？不管怎样，想要幸福只此一途。因为所有论证的结果都是指向这条道路。为了一切保密，我们拉宗派、搞集团；有辩论大师教我们讲话的艺术，向议会法庭作演说，软硬兼施，如此的话，我们可以尽得好处而不受惩罚。

有人说，对于诸神，既不能骗，又不能逼。为什么不能？假如说没有神，或者有神而神不关心人间的事情，那么做了坏事被神发觉也无所谓。假如说有神，神又的确关心我们，那我们所知道的关于神的一切，也都是从故事和诗人们描述的神谱里来的。而那里也同时告诉我们，祭祀、祷告、奉献祭品，就可以把诸神收买过来。对于诗人们言论，要么全信，要么全不信。假如我们信了，那我们就放手去干坏事，然后拿出一部分不义之财来设祭献神。假如我们是正义的，诸神当然不会惩罚我们，不过我们得拒绝不正义的利益。假如我们是不正义的，我们保住既得利益，犯罪以后向诸神祷告求情，最后还是安然无恙。

有人说：确实没错，不过到来世还是恶有恶报，报应在自己身上，或者在子孙身上。但是精明会算的先生们这样说：没关系，我们这里有灵验的特种仪式和一心赦罪的诸神，威名远扬的城邦都是这样宣布的。我们还有诸神之子，就是诗人和神的代言人，所有关于真理的消息都是这些智者透露给我们的。

那么，我们还有什么理由去选择正义，而不选择极端的不正义呢？假如我们把正义只拿来装装门面，做出道貌岸然的样子，我们生前死后，对人对神就会左右逢源，无往而不利。这个道理，大众和最有权威的作家都是这么说的。所以，根据上面说的这些，苏格拉底呀，怎么可能说服一个有聪明才智、有财富、有体力、有门第的人，叫他来尊重正义？这种人对于任何赞扬正义的说法，都只会嘲笑而已。照这样说来，如果有人指出我们所说过的所有都是不对的，如果有人真是心悦诚服地相信正义的确最善，那么他对于不正义者也会认为情有可原。他不会恼怒他们。因为他知道，没有一个人真正心甘情愿实践正义的。除非那种生性刚正、嫉恶如仇，或者获得真理知识的人，才懂得为什么要存善去恶。否则就是因为怯懦、老迈或者其他缺点使他反对作恶，因为他实在没有力量作恶。

这种人哪个首先掌权，哪个就最先尽量作恶，唯一的原因就是我跟我的朋友刚开始所讲的。苏格拉底呀！这事说来也怪，你们自命为正义的歌颂者。可是，从古代载入史册的英雄起，一直到近代的普通人，事实上就没有一个人真正歌颂正义，谴责不正义，就是肯歌颂正义或谴责不正义，也不外乎是从名声、荣誉、利禄这些方面来说的。至于正义或不正义本身究竟是什么？它们本身的力量何在？它们在人的心灵上，当神所不知、人所不见的时候，起什么作用？在诗歌里，或者私下谈话里，都没有人很好地描写过，没有人曾经指出过，不正义是心灵本身最大的丑恶，正义是最大的美德。如果一上来大家就这么说，从我们年轻时候起，就这样来说服我们，我们就用不着彼此间提防，每个人就都是自己最好的守卫者了。因为每个人都怕干坏事，怕在自己身上出现最大的丑恶。

苏格拉底呀！关于正义和不正义，特拉叙马霍斯和其他的人很显然是会说这些话的，甚至还要过头一点呢！这种说法，我觉得其实是把正义和不正义的真实价值颠倒过来了。至于我个人，实事求是地说，为了想听听你的反驳，我已经尽我所能，把问题尽量说得更为明白。你可别仅仅论证一下正义高于不正义就算了事，你一定得讲清楚，正义和不正义本身对它的所有者，好处是什么，坏处是什么。所有这正如格劳孔所提出的，把两者的名丢掉。因为假如你不把双方真的名声去掉，而加上假的名声，我们就要说你所称赞的不是正义而是正义的外表。你所谴责的并非不正义，而是不正义的外表。你不过是劝不正义者不要让人发觉而已。我们就会认为你和特拉叙马霍斯的想法一致。正义是别人的好处，强者的利益，而不正义是对自己的利益，对弱者的祸害。

你认为正义是至善之一，是世上最好的东西之一。那些所谓最好的东西，就是指不仅它们的结果好，特别是指它们本身好，如视力、听力、智力、健康，以及其他德性。所有这靠的是自己的本质而不是靠虚名，我要你赞扬的正义就是指这个——正义本身赐福于其所有者，不正义本身则贻祸于其所有者。尽管让别人去赞扬浮名实利吧。我可以从别人那里，但不能从你这里接受这种颂扬正义，谴责不正义的说法，接受这种赞美或嘲笑名誉、报酬的说法，除非你命令我这样做，因为毕竟你是毕生专心致志研究这个问题的人。

我请求你赞美正义时只考虑一点：正义与不正义给善者与恶者带来的实质的好与坏。让其他人为了回报和荣誉而去赞美或谴责正义或不正义吧！这种辩护我可以容忍，但你所说出的不能这样，因为你一生都致力于思考这个问题，除非我听到你嘴里说出相反的观点。因此，我认为，请向我们证明正义比不正义好，请说明它们各自对其拥有者做了什么让其中一个成为善，而让另外一个成为恶——不管诸神和众人是不是能够看到。

三　论思想实验的开端

（对于格劳孔和阿得曼托斯的天赋才能我向来特别钦佩。不过，我从来没有像今天听他们讲了这些话以后如此的振奋。）

苏格拉底：不愧为名门之后啊！格劳孔的好朋友曾经写过一首诗，歌颂你们在麦加拉战役中的赫赫战功，我觉得那首诗的开头两句非常恰当。

名门之子，父名“至善”，

难兄难弟，名不虚传。

你们既然不肯相信不正义比正义好，而且又为不正义辩护得如此的头头是道，这期间必有神助。我认为你们完全不相信自己说的那一套，我是从你们的品格上判断出来的。要是单单听你们的辩证，我是不会完全相信的。但是我越相信你们，我越不知道该怎么办是好。我不晓得怎么来帮你们。实事求是地说，我的确没有这个能力。我对特拉叙马霍斯所说的一番话，我认为已经证明正义优于不正义了，可你们不肯接受。我真不知道怎么来拒绝给你们帮助。不过，假如正义遭人诽谤，而我一息尚存有口能辩，却袖手旁观不上来帮助，这对我而言是一种奇耻大辱，绝对是一种不可饶恕的罪恶。看起来，我挺身而起保卫正义才是上策。

（格劳孔和其他人央求我不要放下这个问题，不管怎样要着手这项探究。他们不仅要知道正义和不正义的真理，还想了解它们的相对优势。于是，我就自己所想到的说了一番。）

苏格拉底：我们眼下进行的这个探讨非比寻常，需要一双敏锐的眼睛。既然我们并不聪明，我想大家最好还是采用下面的这种方法进行探讨。

假定我们视力不好，有人要求我们读远处写着的小字，正在这时有人发现别处写着同样的大字，那我们可就交了好运了，我们就可以先读大字后读小字，再看看它们是不是一样。

阿得曼托斯：说得对，但是这跟探讨正义有什么相似的地方？

苏格拉底：我来告诉你：我想我们能够说，有个人的正义，也有整个城邦的正义。

阿得曼托斯：当然。

苏格拉底：好！一个城邦是不是比一个人大？

阿得曼托斯：那自然大得多！

苏格拉底：那么或许在大的东西里面有较多的正义，也就更容易理解。假如你愿意的话，让我们先探讨在城邦里正义是什么，然后在个别人身上考察它，这叫见微知著。

阿得曼托斯：这倒是个不错的主意。

苏格拉底：假如我们能想象一个城邦的成长，我们也就能看到那里正义和不正义的成长，是不是这样？

阿得曼托斯：也许是这样。

苏格拉底：如果做到了这点，那我们就有希望轻而易举地看到我们所要追寻的东西。

阿得曼托斯：是的，希望很大。

苏格拉底：那么，我们要不要着手进行？我认为这件事非同小可，你可要仔细考虑考虑。

阿得曼托斯：我们已经考虑过了。请不要再犹豫了，说下去吧。

苏格拉底：那很好。我认为，之所以要建立一个城邦，是因为我们每一个人不能单靠自己达到自足，我们需要好多东西。你们还能想到什么其他的建立城邦的理由吗？

阿得曼托斯：我想象不出来。

苏格拉底：因此我们每个人为了各种需要，招来各种各样的人。由于需要许多东西，我们邀集许多人住在一起，作为伙伴和助手，这个公共住宅区，我们叫它作城邦。这样说对吗？

阿得曼托斯：当然没错。

苏格拉底：那么一个人分一点东西给别的人，或者从别的人那里拿来一点东西，每个人却认为这样有进有出对他自己有好处。

阿得曼托斯：是的。

苏格拉底：那就让我们从头设想，来建立一个城邦，看看一个城邦的创建人需要些什么。

阿得曼托斯：好的。

苏格拉底：首先，最重要的必需品是粮食，它是生命和存在的条件，有了它才能生存。

阿得曼托斯：毫无疑问。

苏格拉底：第二是住房，第三是衣服，以及其他等。

阿得曼托斯：理所当然。

苏格拉底：接下来要问的是：我们的城邦如何才能满足这些庞大的需求？那里要不要有一个农夫、一个瓦匠、一个纺织工人？要不要再加一个鞋匠或者别的照料身体需要的人？

阿得曼托斯：当然。

苏格拉底：那么最小的城邦起码要有四到五个人。

阿得曼托斯：显然是。

苏格拉底：那么，他们接着要怎么做呢？是不是每个人都要用他的劳动成果供给公共需求？以个体的农夫为例，下面两种方式哪种更好呢？一种是，他为四个人生产粮食，所生产的粮食既为别人也为自己提供，为此他就要付出四倍于自己所需的劳动时间。另外一种是，他不与其他人发生任何关系，不用麻烦为他们生产，用四分之一的时间只给自己提供四分之一的粮食，将剩下的四分之三的时间用于建造房屋、缝制衣服、制作鞋子，不与其他人结成合作关系，自己满足自己的一切需要。

阿得曼托斯：恐怕第一种办法便当，苏格拉底。

苏格拉底：上天作证，这是一点也不奇怪的。你刚说这话，我就想到我们大家并不是生下来就都一样。各人性格千差万别，适合从事的职业也大相径庭。你说是不是？

阿得曼托斯：是的。

苏格拉底：那么是一个人干几种手艺好呢，还是一个人单搞一种手艺好呢？

阿得曼托斯：一人单搞一种手艺好。

苏格拉底：其次，我认为有一点非常正确——一个人不管干什么事，失掉恰当的时节、有利的时机就会前功尽弃。

阿得曼托斯：不错，这点非常明白。

苏格拉底：我想，一件工作不是等工人有空了再慢慢去搞的，相反，是工人应该全心全意当作主要任务来抓的，是不能随随便便，马虎从事的。

阿得曼托斯：必须这样。

苏格拉底：只要每个人在恰当的时候干适合他性格的工作，放弃其他的事情，专搞一行，这样就会每种东西都生产得越多越好。

阿得曼托斯：对极了。

苏格拉底：那么，我们需要的公民就远远超过四个了。因为，农夫不再会自己制作他的犁、鹤嘴锄和其他农具，假如他要的是好农具的话。建筑工人也不会制作他自己用的工具，他也需要很多其他的人。同理，纺织工人和鞋匠也是如此？

阿得曼托斯：是的。

苏格拉底：那么木匠、铁匠和许多其他的匠人就要成为我们小城邦的成员，小城邦就更扩大起来了。

阿得曼托斯：当然。

苏格拉底：但这样也不能算很大。就说我们再加上放牛的、牧羊的和养其他牲口的人吧。如此的话就可以使农夫有牛拉犁，建筑工人和农夫有牲口替他们运输东西，纺织工人和鞋匠有羊毛和皮革可用。

阿得曼托斯：假定这些都有了，这个城邦就不能算很小啦！

苏格拉底：还有就是，把城邦建立在不需要进口货物的地方，这其实是不可能的。

阿得曼托斯：的确不可能。

苏格拉底：那么还得有人到别的城邦去，进口所需要的东西呀。

阿得曼托斯：是的。

苏格拉底：但是有一点，假如我们派出的人空手而去，不带去人家所需要的东西换人家所能给的东西，那么，使者回来不也会一无所获吗？

阿得曼托斯：我看会是这样的。

苏格拉底：那么，他们在国内生产的东西就必须满足本城邦的需求，还得生产在质量、数量方面，能满足为他们提供东西的外邦人需要的东西。

阿得曼托斯：应当如此。

苏格拉底：所以我们的城邦需要更多的农夫和更多其他的技工了。

阿得曼托斯：没错。

苏格拉底：我想，还需要其他的助手做进出口的买卖，这就是商人。是不是？

阿得曼托斯：是的。

苏格拉底：所以，我们还需要商人。

阿得曼托斯：当然。

苏格拉底：假如这个生意要到海外进行，那么就还得需要许多懂得海外贸易的人。

阿得曼托斯：确实需要。

苏格拉底：在城邦内部，我们是怎样相互交换各人所制造的东西呢？须知这种交换产品正是我们合作建立城邦的本来目的呀。

阿得曼托斯：毫无疑问是用买和卖的办法。

苏格拉底：于是我们就会有市场，有货币作为货物交换的媒介。

阿得曼托斯：当然。

苏格拉底：现在假定一个农夫或者一匠人拿着他的产品上市场去，但到地方的时候，恰好没有人和他交换，那么他不是就得闲坐在农场上耽误他自己的工作吗？

阿得曼托斯：绝对不会的。他的这种情况，市场那里会有人看到，就会出来专门为他服务的。在管理有方的城邦里，这样的服务是一些身体最弱不能干其他工作的人干的。他们就等在市场上，拿钱来跟愿意卖的人换货，再拿货来跟愿意买的人换钱。

苏格拉底：在我们的城邦里，这种需要产生了一批零售商阶层。他们常住在市场上做买卖，这样的人我们叫他店老板，或者小商人。那些往来于城邦之间做买卖的人，我们称之为大商人。是不是？

阿得曼托斯：是的。

苏格拉底：此外，我认为还有其他为我们服务的人，这种人虽然在智力方面就没有什么长处值得当我们的伙伴，但他们有足够的力气可以干体力劳动。这些人按一定的价格出卖劳力，这个价格就叫工资。因此很显然，他们是靠工资为生的人。不知你意下如何？

阿得曼托斯：我同意。

苏格拉底：那么靠工资为生的人，好像也补充到我们城邦里来了。

阿得曼托斯：是的。

苏格拉底：阿得曼托斯，那么我们的城邦已经成长完备了吗？

阿得曼托斯：也许。

苏格拉底：那么在我们城邦里，在什么地方可以找到正义和不正义呢？在我们上面所列述的那些种类的人里，正义和不正义是被什么人带进城邦来的呢？

阿得曼托斯：我可说不明白，苏格拉底！要么那是因为各种人彼此都有某种需要。

苏格拉底：可能你的提法很对。我们最好把这个问题想清楚，别从探究中退缩。既然我们这样确立了他们，让我们接下来首先思考一下他们的生活方式。他们难道不会生产谷物、酒、鞋子，并且为自己修建房屋吗？等他们有了房子住，就会工作；夏天工作的时候，他们会赤裸着上身，光着脚；不过到了冬天的时候，他们就会穿上衣服和鞋子。他们以大麦片和小麦粉为食，烘烤、揉捏它们，制作好的蛋糕、面包，把这些食物放在芦苇垫子上或干净的叶子上，自己则斜躺在点缀着紫衫和爱神木[①]花的床上。他们和自己的孩子一道用餐，喝着自己酿的酒。他们头戴花环，唱着颂神的赞歌，欢颜交谈。他们不会生育过多的孩子，以免陷入贫困和冲突。

---

① 爱神木：属桃金娘科常绿灌木，因果实形状似葡萄，故又称树葡萄。

四　论城邦的贪奢

格劳孔：不要其他的东西了吗？好像宴会上连一点调味品也没有了。

苏格拉底：我把这点还真给忘了。他们会有调味品的，当然要有盐、橄榄、乳酪，还有乡间常煮着吃的洋葱、蔬菜。我们还会给他们甜食如无花果、鹰嘴豆、豌豆，还会让他们在火上烤爱神木果、橡子吃，喝上一点酒，就这样让他们身体健康，平平安安地度过一生，最后无病而终，并把这种同样的生活再传给他们的下一代。

格劳孔：假如你是在建立一个猪的城邦，除了上面这些东西而外，你还给这些猪喂些什么呢？

苏格拉底：格劳孔，你还想要什么？

格劳孔：还要一些能使生活稍微舒服一点儿的东西。我认为，他们要有让人斜靠的睡椅，免得太累；有几张餐桌、几个碟子和甜食，等等。就像现在大家都有的那些。

苏格拉底：哦，现在我清楚了，你想让我思考的不仅是如何创建一个城邦的问题，还有怎样缔造一个奢华城邦的问题。或许，这样并没有坏处，因为在这样一个城邦里，我们才更有可能看清正义和不正义是怎样产生的。我认为，城邦的健康、合理的建构就是我刚才描述的那样。但是，假如你还想看到一个狂热病态的城邦，我也赞同。因为，我相信很多人对比较简单的生活方式不满意。他们要求增加沙发、桌子以及其他家具，会要求增加美食、香水、香料、情妇和蛋糕。所有这些都有好多种，它们花样繁多。

我们必须超出我开始谈到的那些必需品，包括房屋、衣服、鞋子，而不得不把画师和绣工的技艺发动起来，还必须觅得黄金、象牙，以及各种各样的原料。是不是?

格劳孔：是的。

苏格拉底：那么，边界的扩张不可避免了，因为那个原来的健康城邦再也不够了。现在我们的城邦将势必随着众多职业的填充而膨胀，而这些并不是任何自然欲求所需要。比如，整个游猎部族、演员，这个大群体必须与形式和色彩打交道；另外是一群献身音乐的人，如诗人，与诗人相伴的朗诵者、演奏者、舞者和订立契约者；若干种制作物品的人，这自然包括制作女人服饰的人；我们需要更多的仆人。我们不也需要诸如家庭教师、保姆、侍女、美发师、糖果制造者、厨子吗?我们不需要养猪人吗?在我们的城邦的前一个版本中，我们不需要养猪人，因此我们的城邦也没有他们的位置，不过现在我们需要他们了。我们千万不能把他们忘了。此外，假如人们吃它们的肉的话，我们还需要很多种别的动物。你说对不对?

格劳孔：对!

苏格拉底：在这样的生活方式里，我们不是比以前更需要医生吗?

格劳孔：是的。

苏格拉底：说起土地上的农产品来，它们以前足够供应那时所有的居民，现在不够了，实在是太少了，对不对?

格劳孔：对!

苏格拉底：假如我们想要有足够大的耕地和牧场，我们势必要从邻居那儿抢一块来；而邻居假如不以所得为满足，也无限制地追求财富的话，他们势必也要夺一块我们的土地。

格劳孔：必然这样。

苏格拉底：格劳孔呀！接下来，我们就要走向战争了，否则你说怎么办?

格劳孔：是这样，要战争了。

苏格拉底：我们暂且不说战争造成的结果好或坏，只说现在我们已经找到了战争的起源。战争使城邦在公私两方面遭到极大的灾难。

格劳孔：毫无疑问。

苏格拉底：那么我们需要一个更大的城邦，不是稍微大一点，而是要加上全部军队那么大，如此才有可能抵抗和驱逐入侵之敌，保卫我们所列举的那些人民的生命和我们所有的一切财产。

格劳孔：为什么？难道他们自己不能保持他们自己吗？

苏格拉底：不能。想必你还记得，在创造城邦的时候，我们曾经一致说过，一个人不可能擅长好多种技艺的。

格劳孔：很对。

苏格拉底：那么好，军队打仗不是一种技艺吗？

格劳孔：肯定是。

苏格拉底：那么，我们是不是应该关注这项技艺，就像制鞋的技艺那样？

格劳孔：不，不！

苏格拉底：为了让鞋匠把我们的鞋子做好，我们不让他去当农民、纺织工人或建筑工。我们只会分派他去做适合他做的工作，其他的工人也一样；他将一生都从事那种工作，心无旁骛；假如他能够把握机会，他将成为一个好工人。实际上，再也没有比做好一个士兵更重要的事情了。不过，战争的技艺就那么容易获得吗？一个战士也可以是一个农民、一个鞋匠或其他的匠人吗？尽管世界上没有人能够仅把跳棋当作消遣而不从小专门学习就能成为掷骰子或跳棋选手。除非一个人学会熟练操作工具并关心手中的工具，要不然没有任何工具能让他成为一个技工师或防御大师，也不会对他有用。那么，不管是在重装备部队还是其他的任何部队中，他又怎么可能拿起盾牌或别的武器在一天之内就成为一个好战士呢？应该明确一点，没有一种工具是拿到手就能使人成为有技术的工人或者斗士的，要是他不懂得如何使用工具，没有认真练习过的话。

格劳孔：这话正确，不然工具本身就成了无价之宝了。

苏格拉底：那么，假如说守卫者的工作是最重大的，他就需要有比别种人更多的空闲，需要有最多的知识和最多的训练。

格劳孔：我也这样认为。

五　论守卫者的品质

苏格拉底：不是还需要有适合干这一行的天赋吗？

格劳孔：当然。

苏格拉底：看来，我们必须尽一切可能，挑选那些有这种天赋的人来守护这个城邦乃是我们的责任。

格劳孔：那的确是我们的责任。

苏格拉底：天啊！这个担子可不轻，我们要尽心尽力而为之，决不可退缩。

格劳孔：非常正确，决不可退缩。

苏格拉底：你觉得一条养得好的警犬和一个养得好的卫士，从保卫工作而言，两者的天赋才能有何区别吗？

格劳孔：你到底指什么意思？

苏格拉底：我的意思是说，两者都应该感觉敏锐，对觉察到的敌人要追得快，假如需要一决雌雄的话，要能斗得凶。

格劳孔：不错，这些品质他们都需要。

苏格拉底：假如要斗得胜的话，还必须勇敢。

格劳孔：当然。

苏格拉底：不管是马，是狗，或别的动物，要不是生气勃勃，它们能变得勇敢吗？你有没有注意到，昂扬的精神意气，是何等不可抗拒和不可战胜。只要有了它，就可以无所畏惧，战无不胜。

格劳孔：是的，我注意到了。

苏格拉底：那么，守卫者在身体方面应该有何种品质，这是非常清楚的。

格劳孔：是的。

苏格拉底：在心灵上他们应该意气风发，这也是非常清楚的。

格劳孔：确实是。

苏格拉底：格劳孔呀！假如他们的天赋品质是如此，那他们如何能避免相互之间发生冲突，或者跟别的公民发生冲突呢？

格劳孔：天啊！确实不容易避免。

苏格拉底：他们还应该对自己人温和，对敌人凶狠。要不然，用不着敌人来消灭，他们自己就先消灭自己了。

格劳孔：真的是这样。

苏格拉底：那我们该如何是好呢？我们上哪里去找一种既温和又刚烈的人？这两种性格是相反的呀。

格劳孔：毫无疑问是相反的。

苏格拉底：但如果两者缺一，他就永远成不了一个好的守卫者了。看来，二者不能兼有之，因此，一个好的守卫者也是不可能有的了。

格劳孔：看来是不可能。

苏格拉底：我有点儿困惑了。不过把刚才说的重新考虑一下，我觉得我们的困惑是咎有应得，因为我们把自己所树立的相反典型给忘掉了。

格劳孔：怎么回事？

苏格拉底：我们没有注意到，我们原先认为不能同时具有相反的两种禀赋，现在看来毕竟还是有的。

格劳孔：真的有？在哪儿呢？

苏格拉底：可以在其他的动物身上找到，尤其是在我们拿来跟守卫者比拟的那种动物身上可以找到。我想你总知道喂得好的狗吧。它的脾气始终对熟人非常温和，对陌生人却正好相反。

格劳孔：是的，我明白了。

苏格拉底：那么，事情是可能的了。我们找这样一种守卫者并不违反事物的天性。

格劳孔：看来并不违反。

苏格拉底：你是否认为我们的守卫者，除了秉性刚烈之外，他的性格中还需要有对智慧的爱好，才能成为守卫者？

格劳孔：为什么需要这个的？我不懂你是什么意思。

苏格拉底：在狗身上你也能看到这个。兽类能如此，确实值得惊奇。

格劳孔："这个"是什么？

苏格拉底：狗一见到陌生人就会发怒，尽管那人并没有伤害它；狗一见到熟人就欢迎，尽管那人并没有给它任何好处。这难道从来也没有让你感到好奇吗？

格劳孔：过去我从来没注意这种事情。然而，狗的行动的确是这样的，这是一目了然的。

苏格拉底：但那确实是它天性中的一种精细的地方，是一种对智慧有真正爱好的表现。

格劳孔：请问你为什么这么想？

苏格拉底：我这样想的根据是：狗完全凭认识与否区别敌友——不认识的是敌，认识的是友。一个动物能以知和不知辨别敌友同异，你如何说它不爱学习呢？

格劳孔：当然不能。

苏格拉底：你认可，爱学习和爱智慧是一回事吗？

格劳孔：是一回事。

苏格拉底：那么，对我们人类也可以有把握地这样说：假如他对自己人温和，他一定是一个天性爱学习和爱智慧的人。是这样吗？

格劳孔：假定就是这样吧。

苏格拉底：那么，我们能够在一个真正善的城邦守卫者的天性里把爱好智慧和刚烈、敏捷、有力这些品质结合起来了。

格劳孔：毫无疑问。

苏格拉底：那么，我们已经发现了我们想要的品质。我们既然发现了它们，那么应该怎样教养、训练它们呢？我们希望追问这个问题有助于探究更大的问题：我们的最终目的，就是正义和不正义如何在城邦中出现的。我们不想放过要点，也不想让辩论拖得太长。

六　论关于众神的谎言

（阿得曼托斯认为，这种探究将对我们大有帮助。）

阿得曼托斯：是的。我希望这个探讨有助于我们逐渐接近我们的目标。

苏格拉底：那么，亲爱的阿得曼托斯，我们一定不要放弃这个讨论，就是长了一点，也要耐心。

阿得曼托斯：对！一定不放弃。

苏格拉底：那么，让我们来讨论如何教育这些守卫者的问题吧。我们不妨就像讲故事一样从容不迫地交谈下去。

阿得曼托斯：我们是该这样做。

苏格拉底：那么，这个教育到底是什么呢？好像的确不容易找到比我们早已发现的那种教育更好的了。概括地说这种教育，就是用体操来训练身体，用音乐来陶冶心灵。

阿得曼托斯：是的。

苏格拉底：我们开始教育，是不是先教音乐后教体操？

阿得曼托斯：是的。

苏格拉底：这个故事你将其也包括在音乐里，对吗？

阿得曼托斯：对。

苏格拉底：故事有两种，一种是真的，一种是假的，是吧？

阿得曼托斯：是的。

苏格拉底：我们在教育中应该两种都用，先用假的，是吗？

阿得曼托斯：我不明白你是什么意思。

苏格拉底：你不懂吗？我们对儿童先讲故事，也就是说故事从整体看是假的，但其中也有真实的。在教体操之前，我们先用故事教育孩子们。

阿得曼托斯：什么意思？

苏格拉底：我的意思就是，在教体操之前先教音乐。

阿得曼托斯：非常正确。

苏格拉底：你知道，凡事开头尤为重要。特别是生物。在幼小柔嫩的阶段，最容易接受陶冶，你想把它塑成什么形式，就能塑成什么形式。

阿得曼托斯：完全正确。

苏格拉底：那么，我们应不应该放任儿童听不相干的人讲不相干的故事，让他们的心灵接受许许多多我们认为他们在成年之后不应该有的那些见解呢？

阿得曼托斯：肯定不应该。

苏格拉底：那么看来，我们最为重要的是，首先要做的是建立一套针对虚构故事作者的审查制度。让审查员接受那些好的故事，将其中不好的及时剔除掉。我们要让母亲和保姆们只给孩子们讲述被接受的故事，让她们用这些故事去塑造孩子们的心，要比她们用手去塑造孩子们的身体更温柔。而现在必须抛弃那些正在被使用的大多数故事。

阿得曼托斯：你指的是哪一类故事？

苏格拉底：故事也能大中见小，因为我认为，故事不管大小，类型总是一样的，影响也总是一样的，你说是不是这样呢？

阿得曼托斯：是的，但是我不知道所谓大的故事指的究竟是些什么？

苏格拉底：指赫西俄德和荷马以及别的诗人所讲的那些故事。要知道，我们曾经听过，现在还在听着他们所编的那些假故事。

阿得曼托斯：你指的具体是些什么故事？这里面你发现了什么毛病？

苏格拉底：首先必须痛加谴责的，是丑恶的假故事。

阿得曼托斯：这指什么？

苏格拉底：一个人不能用言词描绘出诸神与英雄的真正本性来，就如同一个画家没有画出他所要画的对象来一样。

阿得曼托斯：这些是应该谴责的。但是，有哪些例子可以拿出来说明问题的？

苏格拉底：首先，最大的谎言是关于天空的谎言，即诗人赫西俄德讲述的关于乌拉诺斯①的故事。那也是一个不好的谎言。我指的是赫西俄德所讲的乌拉诺斯的所作所为，以及克洛诺斯②对他的报复。还有克洛诺斯的作为，以及他儿子的报复给他带来的痛苦。就算这些是真的，也不应轻易地讲给年轻人和没头脑的人听。假如可能，最好让它们湮没无闻。但是，假如实在有讲它们的必要，也只能在秘仪中传给极少被选出来的人；他们应该献上某种大而难以获得的牺牲，而不是一只普通的猪，如此长久下去，听众的人数就会减到极少。

阿得曼托斯：啊！这种故事确实是难说。

苏格拉底：阿得曼托斯呀！在我们城邦里是不应该让这类故事传播的。一个年轻人不应该听了故事得到这样一种想法：对一个大逆不道，甚至想尽方法来严惩犯了错误的父亲的人也不要大惊小怪，因为他不过是仿效了

① 乌拉诺斯：希腊神话中的天神，大地之母盖亚的儿子，后来又与盖亚生下泰坦诸神。

② 克洛诺斯：希腊神话中的农神，乌拉诺斯和盖亚的儿子，十二泰坦之一，在母亲怂恿下阉割了父亲，使天地分离。

最伟大的头号天神的做法而已。

阿得曼托斯：天哪！我个人觉得这种事情是不应该讲的。

苏格拉底：一定不该让年轻人听到诸神之间钩心斗角的事情（因为这不是真的）。假如我们希望将来的守卫者，把彼此尔虞我诈、耍弄阴谋诡计当作奇耻大辱的话。我们更不应该把诸神或巨人之间的争斗，把诸神与英雄们对亲友的种种怨仇作为故事和刺绣的题材。

假如我们能使年轻人相信城邦的公民之间从来没有任何争执——要是有的话，便是犯罪——老爷爷、老奶奶应该对孩子们从小就这样说，等他们长大一点还这样说，与此同时，我们还必须强迫诗人按照这个意思去写作。至于有关赫拉①怎样被儿子绑了起来以及赫淮斯托斯②见母亲挨打，他去援救的时候，怎样被他的父亲从天上摔到地下的话，还有荷马所描述的诸神间的战争等，作为寓言来讲也罢，不作为寓言来讲也罢，不管怎样都不该让它们混进我们城邦里来。这是因为年轻人分辨不出什么是寓言，什么不是寓言。先入为主，早年接受的见解通常都是根深蒂固不容易更改的。因此我们要尤为注意，为了教养美德，儿童们最初听到的应该是最优美高尚的故事。

阿得曼托斯：是的，你说得非常有道理。但是假如人家要我们明确说出这些故事具体指的是什么？我们该举出哪些来呢？

苏格拉底：我亲爱的阿得曼托斯啊！你我都并非作为诗人而是作为城邦的缔造者在这里发言的。缔造者应当知道，诗人应该按照什么路子写作他们的故事，不许他写出不合规范的东西，但不要求自己动手写作。

阿得曼托斯：非常正确。但，就是这个东西——故事里描写诸神的正确的路子或标准应该是何种样子呢？

苏格拉底：大致是这样的：应该写出神之所以为神，即神的本质来。

---

① 赫拉：希腊神话中主神宙斯的妻子。

② 赫淮斯托斯：希腊神话中的火神和铁匠之神，主神宙斯与天后赫拉的儿子。

不管在史诗、抒情诗，或悲剧诗里，都应该如此描写。

阿得曼托斯：是的，应该这样描写。

苏格拉底：神不应该是真真实实的善吗？故事不应该永远把他们描写成善的吗？

阿得曼托斯：自然应该。

苏格拉底：其次，没有任何善的东西是有害的，对吧？

阿得曼托斯：我认为是的。

苏格拉底：无害的东西会干什么坏事吗？

阿得曼托斯：啊，肯定不会。

苏格拉底：不干坏事的东西会作恶吗？

阿得曼托斯：绝对不会。

苏格拉底：不作恶的东西会成为任何恶的原因吗？

阿得曼托斯：肯定不会。

苏格拉底：好，那么善的东西是有益的？

阿得曼托斯：是的。

苏格拉底：因此是好事的原因吗？

阿得曼托斯：是的。

苏格拉底：因此，善者并非所有事物的原因，只是好的事物的原因，并非坏的事物的原因。

阿得曼托斯：完全是这样。

苏格拉底：那么，说到神，假如神是善的，他就不是很多人所谓的万物的创造者。他只是一些事物的根源，而并非人所想的大多数事物的根源。因为，在人的生活中，善的事物非常少，而恶的事物非常多，善只能归因于神，而恶的原因只能到别处找，不能到他那里找。

阿得曼托斯：你说的话，我觉得是再正确不过了。

苏格拉底：那么我们就不能接受荷马或其他诗人关于诸神的那种错误说法了。比如荷马在下面的诗里说：

宙斯大堂上，并立两铜壶。

壶中盛命运，吉凶各悬殊。

宙斯混吉凶，随意赐凡夫。

当宙斯把混合的命运赐给某一个人，那这个人就会时而遭灾难，时而得幸福。当宙斯不把吉凶相混，单赐坏运给一个人时，那这个人就会饥饿逼其人，漂泊无尽途。我们也不要去相信那种宙斯支配命运的说法：祸福变万端，宙斯实主之。

假如有人说由于雅典娜[①]和宙斯的怂恿，潘德罗斯[②]违背誓言，破坏停战，对于这种说法我决不能同意。我们也不能同意诸神之间的争执和分裂是由于宙斯和泰米斯[③]作弄的说法。我们也不能让年轻人听到像埃斯库罗斯所说的：天欲毁巨室，降灾群氓间。要是诗人们描写尼俄珀的悲痛——埃斯库罗斯曾用抑扬格诗描写过——或者描写佩洛匹达的故事、特洛伊战争的事迹，以及其他传说，我们一定要禁止他们把这些痛苦说成是神的意旨。

假如要这么说，一定要他们举出这样说的理由，像我们正在努力寻找的一样——他们应该宣称神做了一件合乎正义的好事，使那些人从惩罚中得到益处。我们不管怎么样都不能让诗人把被惩罚者的生活形容得悲惨，说是神要他们这样的。但是我们可以让诗人这样说：坏人日子难过，因为他们该受惩罚。神是为了要他们好，才惩罚他们的。假如有人说，神虽然本身是善的，可是却产生了恶。对于这种谎言，我们必须迎头痛击。想要这个城邦统治得好的话，无论老人还是年轻人，都不应该说、听这种故事，不管故事是有韵的还是没有韵的。讲这种话是对神的亵渎，是对我们有害的，并且理论上是自相矛盾的。

---

① 雅典娜：智慧和艺术女神，雅典的守护之神。

② 潘德罗斯：《伊利亚特》中的吕底亚射手，参加过特洛伊战争。

③ 泰米斯：正义和法律女神，一手持天平，一手持剑，双眼蒙着布。

阿得曼托斯：我跟你一道投票赞成这条法律。我非常喜欢它。

苏格拉底：很好。这将成为我们关于诸神的法律之一，若干标准之一。故事要在这个标准下说，诗要在这个标准下写，也就是说神是善的原因，而不是一切事物之因。

阿得曼托斯：嗯，你这么说算是说到家了。

苏格拉底：那么，其次，你觉得，神是一个魔术师吗？他能按自己的意图在不同的时间显示出不同的形象来吗？他能有时变换外貌，乔装打扮惑世欺人吗？还是说，神是单一的，始终不失他本相的呢？

阿得曼托斯：这些问题，我一下子还真不好回答于你。

苏格拉底：那么好好想想吧。任何事物一离开它的本相，它不就要（或被自己或被其他事物）改变吗？

阿得曼托斯：这是必然的。

苏格拉底：事物处于最好的状况下，最不容易被其他事物所改变或影响，比如，身体之受饮食、劳累的影响，植物之受阳光、风、雨等的影响——最健康、最强壮者，最不容易被改变。不是吗？

阿得曼托斯：怎么不是呢？

苏格拉底：心灵不也是如此的吗？最勇敢、最智慧的心灵是最不容易被任何外界的影响所干扰和改变的。

阿得曼托斯：是的。

苏格拉底：据此类推，那些制成的东西也肯定是这样的了。比如，家具、房屋、衣服，假如做得很好很牢，也最不容易受时间或其他因素的影响。

阿得曼托斯：确实如此。

苏格拉底：那么万事万物都是这样的了。比如，任何事物处于最好状况之下（不管是天然的状况最好，还是人为的状况最好，或者两种状况都最好），是最不容易被别的东西所改变的。

阿得曼托斯：看来是的。

苏格拉底：神和一切属于神的事物，不管怎么样都肯定是处于不能再好的状态下。

阿得曼托斯：当然。

苏格拉底：因此看来，神是绝对不能有许多形象的。

阿得曼托斯：的确不可能的。

苏格拉底：但是，神能变形，即自己改变自己吗？

阿得曼托斯：假如他能被改变，很明显是能自己改变自己的。

苏格拉底：那么他把自己变美变好呢，还是变丑变坏呢？

阿得曼托斯：假如变，他一定是变坏。因为我们定然不能说神在美和善方面是有欠缺的。

苏格拉底：你说得极为正确。假如这样尽善尽美，阿得曼托斯，你想想看，不管是哪一个神或哪一个人，他会自愿把自己变坏一点点吗？

阿得曼托斯：不可能的。

苏格拉底：那么，一个神想要改变他自己，看来是连这样一种愿望也不可能有的了。看来还是神和人都尽善尽美，永远停留在自己单一的既定形式之中。

阿得曼托斯：我觉得这是一个必然的结论。

苏格拉底：所以说，我的朋友们！我们绝对不应该让任何诗人跟我们说什么：诸神乔装来异乡，变形幻影访城邦。也不许任何人讲关于普罗图斯和塞蒂斯的谎话，也不许在任何悲剧和诗篇里，把赫拉带来，扮作一个女教士：为阿尔戈斯的伊纳霍斯河的孩子们募捐。

同时，也不能让他们用别的任何方式向我们散布谣言。做母亲的也不要被这些谎言所欺骗，对孩子们讲那些荒唐故事，说什么诸神在夜里游荡，假装成远方来的异客。我们不让她们亵渎神明，还把孩子吓得胆战心惊，变成懦夫。

阿得曼托斯：没错，绝对不能让他们这么做。

苏格拉底：既然神自己是不能改变自己的，难道他们能给我们幻象，让我们看到他们在光怪陆离的形式之中吗？

阿得曼托斯：也许是这样的。

苏格拉底：什么？难道神明会愿意说谎欺骗，在言行上对我们玩弄玄虚吗？

阿得曼托斯：我不清楚。

苏格拉底：你难道不明白：真的谎言——假如这话能成立——是所有的神和人都憎恶的吗？

阿得曼托斯：我不明白你的意思。

苏格拉底：我的意思是说：谎言乃是一种不管什么人在自身最重要的部分——在最重要的利害关系上——都最不愿意接受的东西，是不论谁都最害怕它存在在那里的。

阿得曼托斯：我还是不太明白。

苏格拉底：这是因为你以为我的话有什么重要含意。其实，我的意思只是：上当受骗，对真相一无所知，在自己心灵上一直保留着假象——这是任何人都最不愿意的、最深恶痛绝的。

阿得曼托斯：的确如此。

苏格拉底：但是，受骗者把心灵上的无知说成是非常真的谎言（如我刚才所做的）肯定是根本没有错误的。因为嘴上讲的谎言只不过是心灵状态的一个摹本，是派生的，仅仅是形象而不是欺骗本身和真的谎言。对吗？

阿得曼托斯：很对。

苏格拉底：那么，真的谎言是不论神还是人都深恶痛绝的。

阿得曼托斯：我也这么觉得了。

苏格拉底：不过，语言上的谎言到底怎么样？什么时候可以用，对什么人可用，人家对它才不讨厌？对敌人不是可用吗？在我们称之为朋友的那些人中间，当他们有人得了疯病，或者胡闹，要做坏事，谎言作为一种药物不也变得有用了，可以用来防止他们作恶吗？在我们刚才的讨论中所提到的故事里，我们尽量以假乱真，是由于我们不清楚古代事情的真相，要利用假的传说达到训导的目的。

阿得曼托斯：当然要如此。

苏格拉底：那么在何种情况下，谎言能对神有用？会不会因为他们也不知道古代的事情，因此要把假的弄得像真的一样呢？

阿得曼托斯：啊，这是一个荒唐的想法。

苏格拉底：那么，神之间没有一个说假话的诗人吧？

阿得曼托斯：我觉得不会有。

苏格拉底：那么他会因为害怕敌人而说假话吗？

阿得曼托斯：肯定不会。

苏格拉底：会因为朋友的无理取闹而说假话吗？

阿得曼托斯：不会。

苏格拉底：那么，神不存在说谎的动机了？

阿得曼托斯：不存在。

苏格拉底：因此，有一切理由说，心灵和神性都和虚伪无缘。

阿得曼托斯：毋庸置疑。

苏格拉底：因此，神在言行方面都是单一的、真实的，他是不会改变自己，也不会通过迹象、言辞、梦境或清醒的景象来欺骗世人。

阿得曼托斯：听你讲了以后，我自己也觉得是这样。

苏格拉底：那么你是否同意这第二个标准：讲故事、写诗歌谈到神的时候，应当不把他们描写成随时变形的魔术师，在言行方面，他们不是那种用谎言引导我们走上歧途的角色？

阿得曼托斯：同意。

苏格拉底：那么，在荷马的作品里，尽管好多东西值得我们赞美，可是有一件事是我们不能称赞的，这就是宙斯托梦给阿伽门农[①]的说法；我们也不会称赞埃斯库罗斯写的那段韵文，文中忒提斯说，在她的婚礼上阿波

---

① 阿伽门农：希腊传说中的迈锡尼国王，在特洛伊战争中担任希腊联军的统帅。

罗[①]用歌声祝福她的后嗣不知疾苦，福命绵长；说到我的命运如神所赐时，曲调高亢。我心欢腾，不禁思量，福波斯[②]的话来自神圣必有预见，不会落空。到头来，正是那歌者，正是那现身筵席的人，正是那说出预言的人，正是他，手上沾满我儿子的血。这些正是让我们感到愤怒的关于诸神的看法。说了这种话的人，我们就不应该给他的合唱队伴唱。我们将不允许教师在教育年轻人的时候使用他们的作品。在我看来，我们应该尽可能让我们的守卫者成为诸神真正的崇拜者，让他们喜欢诸神。

阿得曼托斯：你说的这一点我百分之百赞同，并且愿意让它们成为法律。

① 阿波罗：希腊神话中的太阳神、真理之神，宙斯与黑暗女神勒托的儿子。

② 福波斯：阿波罗的别名。

第三卷

一　论诗歌的教育

苏格拉底：上面概括地说了有关神的看法。如果为了让守卫者敬神明，孝父母，彼此尊重，那么有些故事应当从小就给他们讲，而另外一些故事就不应该让他们知道。

阿得曼托斯：我认为我们的想法是正确的。

苏格拉底：但是，假如他们将要成为勇敢的人，那么除了这些，他们是否还必须学习别的一些课程，比如摆脱对死亡的恐惧？假如一个人打心眼里怕死，他还能成为勇敢的人吗？

阿得曼托斯：自然不能算。

苏格拉底：那么，如果相信地狱存在且认为它异常恐怖的人，他会在打仗的时候视死如归，宁死不屈吗？

阿得曼托斯：不会。

苏格拉底：因此，我们必须设想对这类及其他故事的叙述者有某种控制，请他们称赞地狱生活时不要信口雌黄，把它说得一无是处。同时，让他们明白他们的描写既不真实，还会对我们未来的勇士有害。

阿得曼托斯：是的，必须监督他们的写作行为。

苏格拉底：那我们就从史诗开始，先删去下面这几节：

宁愿活在人世做奴隶，跟着一个不算富裕的主人，

也不愿在黄泉之下统率鬼魂。①

再删去，他担心对凡人和天神暴露了冥府的情景：

阴暗、凄惨，连不死的神看了也心惊胆战。②

其次，九泉之下虽有游魂幻影，

奈何已无知识。③

其次，独他还有智慧知识，别人不过幻形阴影，来去飘忽不定。④

魂灵儿离开了躯体，他飞往哈得斯的宫殿，

一路痛哭着命运的不幸，把青春和刚气全都抛闪。⑤

其次，魂飞声咽，去如烟云。⑥

其次，如危岩千窟中，蝙蝠成群，有一只失足落地，其他的惊叫飞起：黄泉鬼魂熙攘，啾啾来去飞鸣。⑦

假如我们删除这些诗节以及相似的段落，应该请求荷马和其他诗人千万莫要见怪。这既并非因为它们没有诗意，也并非因为它们对大众的耳朵没有吸引力，而是因为这些的诗的魅力越大，就越不适合我们的男孩和男子的耳朵。因为他们既然打算成为自由人，就应该恐惧被奴役甚于死亡。

阿得曼托斯：我同意。

苏格拉底：此外，诗句中那些可怕且凄惨的字眼也要被摒弃，如“悲惨的科库托斯河”“可憎的斯土克斯河”，以及“阴间”“地狱”“死人”“尸首”等这些词汇，它们听起来就容易让人不寒而栗。兴许这些词的存在有

① 出自《奥德赛》第11卷。
② 出自《伊利亚特》第20卷。
③ 出自《伊利亚特》第23卷。
④ 出自《奥德赛》第10卷。
⑤ 出自《伊利亚特》第16卷。
⑥ 出自《伊利亚特》第23卷。
⑦ 出自《奥德赛》第24卷。

它各自的用处，但我们眼下所要考虑的是守卫者的教育问题，它们所带来的恐惧会让守卫者软弱无能，无法达到我们所需要的那种坚强。

阿得曼托斯：这样的担心是应该的。

苏格拉底：那么，我们应该摒弃这些词汇吗？

阿得曼托斯：是的。

苏格拉底：故事与诗歌里用的词汇应当正好与之相反吧？

阿得曼托斯：没错。

苏格拉底：那些英雄人物的失声痛哭的部分要不要删去？

阿得曼托斯：也要删掉。

苏格拉底：好好斟酌斟酌，这些都删去的做法是不是正确？我们的原则是，一个好人绝对不能认为他的朋友，另一个好人的死对他来说是件多么可怕的事情。

阿得曼托斯：这是我们的原则。

苏格拉底：因此，他就不会为他朋友的死而感到悲伤，仿佛承受了可怕的痛苦。

阿得曼托斯：他不会。

苏格拉底：我们可以说，这种人的特点就是勿施于人且最乐天知命。

阿得曼托斯：没错。

苏格拉底：因此，他们并不觉得失去一个儿子，一个兄弟，或钱财以及其他种种有什么可怕的。

阿得曼托斯：是的，一点儿也不可怕。

苏格拉底：所以他不会因为任何不幸的降临而感到忧伤憔悴，所有他都可以泰然处之。

阿得曼托斯：那肯定如此。

苏格拉底：那么，我们应当把那些伟大的作家所写的挽歌全都删去，归罪于妇女（不包括优秀的妇女）和平庸的男子，只有如此才能让接受了我们教育的守卫者，因为看不起他们而不去效法他们。

阿得曼托斯：应该这样做。

苏格拉底：烦请荷马和别的诗人不要再把女神的儿子阿喀琉斯形容成这般模样：

躺在床上，
忽儿侧卧，忽儿朝天，忽儿伏卧朝地。①
然后索性爬起来
心烦意乱踯躅于荒海之滨。②

当然，更不能把他形容成两手抓起乌黑的泥土，泼洒在自己头上③，也不要像荷马那样说他号啕大哭，呜咽涕泣，普里阿摩斯那诸神的亲戚也不能写成这样：

在泥土中爬滚，
挨个儿呼唤着人们的名字，
向大家恳求哀告。④
尤其请求诗人们不要使诸神号啕大哭，
我心伤悲，生此英儿，
英儿在世，常遭苦恼。⑤

诸神的描写尚且如此，那在描绘诸神中最伟大的神时，更不用说不能

① 出自《伊利亚特》第24卷。主要描写的是阿喀琉斯思念亡友派特罗克洛斯时的情景。

② 同上。

③ 出自《伊利亚特》第18卷。描写的是阿喀琉斯第一次听到派特罗克洛斯战死的消息时的情景。

④ 出自《伊利亚特》第22卷。主要描写的是年老的特洛伊国王知道自己的儿子赫克托战死后，悲痛欲绝，要大家放他出城去赎回儿子的尸体的场景。

⑤ 出自《伊利亚特》第18卷。阿喀琉斯的母亲，女神特提斯的话。

把他写得缺乏神的庄严和神圣，甚至于唉声叹气，比如这样是不行的：

> 哎呀，我的朋友被绕城穷追。
> 目睹此情景我心伤悲。[①]

还说：

> 伤哉！最最亲爱的萨尔佩冬
> 竟然丧生于梅诺提阿德之子派特罗克洛斯之手。[②]

因此，阿得曼托斯啊！倘若年轻人非常认真地听完这些神的故事且不觉得可耻和可笑的话，那么他作为一个凡人，假如也有相类似的举动，就更不会觉得可耻可笑了，于是，他非常容易因一点儿小事就怨天尤人，而学不会自我克制悲伤。

阿得曼托斯：你说得非常对。

苏格拉底：前面我们说的那些已经证明他们不能变成这样，而且我们要让人一直坚持这个结论，直到别的人能给出其他更充分的解释。

阿得曼托斯：这些年轻人的确不能这样。

苏格拉底：再说，他们还不能总是纵情大笑。通常而言，纵情狂笑容易使人异常激动。

阿得曼托斯：我同意你这个说法。

苏格拉底：显然，我们别轻易相信那些把一个有价值的人描写成尽情大笑而不能自制的形象，要是写的还是神明，那就更不能相信了。

阿得曼托斯：这不用说。

苏格拉底：那么，我们将更不能忍受这样一种描写被用于诸神，如荷

---

① 出自《伊利亚特》第22卷。

② 出自《伊利亚特》第16卷。

马描写道：

> 赫淮斯托斯手执酒壶，
> 绕着宴会大厅忙碌奔跑；
> 极乐天神见此情景，
> 迸发出一阵阵的哄堂大笑。[①]

阿得曼托斯：你若愿意将这个说法说成是我的说法，那就算是吧。不过，我们是不应该接受荷马的这种说法的。

苏格拉底：还有，我们要认同真实胜过所有的说法。我们刚才说过，即使谎言在神明那里百无一是，但对于凡人而言，有时还可以作为一种药物使用。因此，尽管一般人不准碰它，但是我们可以将它作为药物仅仅留给医生。

阿得曼托斯：说得很对。

苏格拉底：那么，假如有人必须要拥有撒谎的特权的话，那么这些人就是城邦的统治者。在与敌人打交道的过程中，甚至在与他们统治的公民打交道的过程中，为了公众的利益，他们或许可以被允许撒谎。不过，别的人一概不准撒谎。此外，虽然统治者拥有这种特权，但假如一个普通人转而对他们撒谎，那么这就将被认为是一种可恶的错误，比病人不把他身体的真实情况告诉医生或体育学生不把他身体的真实情况告诉教练更为恶劣，比水手不把船只和其他船员的情况、不把他自己和他的同事的真实情况告诉船长还要可恶。

阿得曼托斯：说得极是。

苏格拉底：那么，城邦的统治者遇上任何人，无论是预言者、医生还

---

① 出自《伊利亚特》第1卷。诸神看着赫淮斯托斯瘸着腿来回奔忙，给众人斟酒，滑稽可笑。更笑话他多管闲事，因为在奥林匹斯山上给众神们斟酒的应该是青春女神赫柏的事情。

是木工，或任何工匠在讲假话，就要惩办他。[①] 因为这样的人的行为就犹如水手颠覆船只一样，是足够颠覆整座城邦的。

阿得曼托斯：他的谎言一旦付诸实际的话，的确会颠覆一座城邦。

苏格拉底：年轻人要不要有自我克制的美德?

阿得曼托斯：肯定需要。

苏格拉底：显然对大多数人而言，自我克制中最重要的是服从统治者；而对统治者而言，自我克制最重要的是要做到克制饮食等肉体上享受的欲望。

阿得曼托斯：我赞同。

苏格拉底：这里，我觉得荷马诗里迪奥米特有句话讲得很好：

> 朋友，坐下，少安毋躁，静听我一言。[②]

还有后面的：

> 阿凯亚人敬畏他们的长官，
> 静悄悄奋勇前进。[③]

还有一些其他类似的几段也说得非常好。

阿得曼托斯：说的是很好。

苏格拉底：那这一句呢?

> 狗眼鼠胆，醉汉一条。[④]

---

① 出自《奥德赛》第 17 卷。

② 出自《伊利亚特》第 4 卷

③ 出自《伊利亚特》第 3 卷和第 4 卷。

④ 出自《伊利亚特》第 1 卷。

你觉得后面的那几行如何呢？还有你觉得其他诗歌散文中描写的庸俗、不堪、无礼的举动怎么样？

阿得曼托斯：不好。

苏格拉底：这些诗句假如仅仅是用来娱乐，我并不认为有什么不妥，但用来讲给年轻人听，以致他们失掉自我克制的美德，那将是极为不妥的。你认为呢？

阿得曼托斯：我同意。

苏格拉底：那么，接下来的问题是，荷马让最睿智的人说出一席话，称赞人生最得意的事情莫过于桌子上摆满面包和肉，斟酒者从酒壶里把酒倒出，泄进小酒杯里，一圈又一圈地斟酒。[①] 对于听到了这样的话的年轻人而言，这样的话符合克制的要求吗？有益于克制吗？后面这行诗‘最糟糕的命运无过于死于饥饿’[②] 又怎么样呢？对下面这个关于宙斯的故事，你又怎么看呢？故事中说，当其他诸神和凡人都已安眠，只有他一人醒着。此刻，谋划被搁置一边，欲望让他把它们顷刻忘怀。他一见赫拉就被彻底征服，急不可待，还没进屋就想与她就地交合。他宣称，他此前还从未有过这样的疯狂，它胜过了‘瞒过了他们父母’[③] 的初次幽会。发生在赫菲斯托斯身上的传闻是怎么样的？由于类似的事情，他用链子捆住了阿瑞斯[④] 和阿芙洛狄忒[⑤]。

阿得曼托斯：就我说，他们不应该听到这种事情。

苏格拉底：我们的年轻人倒是应该听一些名人受到侮辱还能自我克制忍受的故事，如他捶胸叩心责备自己：“我的心呀，你怎么啦？更坏的事情都忍受过来了”。[⑥]

---

① 出自《奥德赛》第 9 卷。

② 出自《奥德赛》第 14 卷。

③ 出自《伊利亚特》第 14 卷。

④ 阿瑞斯：希腊神话中的战神。

⑤ 阿芙洛狄忒：希腊神话中的爱神。

⑥ 出自《奥德赛》第 20 卷。

阿得曼托斯：可以。

苏格拉底：此外，我们不能允许他们贪污受贿。

阿得曼托斯：绝对不能。

苏格拉底：也不能向他们朗诵“钱能通神呀，钱能通君王”这样的诗句。同时，阿喀琉斯的导师菲尼克斯是不值得表扬的，因为是他教唆阿喀琉斯拿了阿凯亚人的钱，就出来保卫他们，否则绝不轻饶。[①]我们不应该相信这种说法，认为阿喀琉斯是这样贪财的人，他接受过阿伽门农的礼物；[②]甚至还接受了钱财，才把人家的尸体还回去，否则的话绝不放还。[③]

阿得曼托斯：是不应该表扬这些事情的。

苏格拉底：我不愿意那样去说，是出于对荷马的热爱，若把这些想法归于阿喀琉斯，或者认为阿喀琉斯真的有这样的想法，那简直是对神灵的亵渎。我也不相信阿喀琉斯对阿波罗的那段无礼述说。阿喀琉斯说：啊，你这掷远的投手，诸神中最邪恶的神，你无理地对待了我。一旦我有了那种能力，我将和你平起平坐。[④]我不相信他会对河神不服从，冒犯其神圣。我也不相信他把他自己的一绺头发献给了死去的普特洛克勒斯，因为此前他已经把那绺头发献给了另外一位河神斯帕奇艾路斯，他其实已经履行了诺言。我几乎不敢相信，他会绕着普特洛克勒斯的坟墓拖动赫克托尔的尸体，在火葬柴堆上屠杀战俘。我更不相信他犯了如此大罪。阿喀琉斯是睿智的谢龙的学生，是珀琉斯和一位女神的儿子，而珀琉斯是最和善的人，是宙斯的孙子。难道，阿喀琉斯的头脑竟如此混乱，成为两种看上去彼此矛盾纠合在一起的激情的奴隶？那其中的一种是卑鄙，裹挟着贪婪，另一种是极端自负，对神和人都抱着蔑视。

阿得曼托斯：你说得非常对。

---

① 出自《伊利亚特》第 9 卷。

② 出自《伊利亚特》第 19 卷。

③ 出自《伊利亚特》第 24 卷。

④ 出自《伊利亚特》第 22 卷。

苏格拉底：很好，这些胡言乱语不能相信，也不允许有人说海神波塞冬的儿子提修斯[①]和主神宙斯的儿子佩里索斯有掳掠妇女这种骇人听闻的行为，也不能让人用那些胆大妄为、为所欲为的行动任意诽谤英雄或神明的儿子。我们制止诗人们说出这些事情是神的孩子或者是后裔的所作所为。不管怎么样，这两者他们都不应该说。不能让年轻人听了他们说的就认为，神明或是英雄比普通人好不到哪里。前面我们都已经说过，像这样的话既不虔诚，也不真实。我相信我们已经证明了，神明不可能为邪恶之源。

阿得曼托斯：当然是不可能的。

苏格拉底：再则，听者听了这些荒诞的故事是有害无益的。假如每个人都知道神明的子孙也干过这些坏事，那他就会觉得自己做的恶事没什么。因为他们相信诸神亲属，宙斯之苗裔兮，他们的祖先的祭坛在伊达山上，他们的血流里依然流淌着诸神的血液，因而这些神也会干出相似勾当。因此，我们必须要禁止这些故事在城邦里流传，以免它们让我们的年轻人品行不端。

阿得曼托斯：那一定要禁止。

苏格拉底：好了，在什么样的主题应该讲，什么样的主题不应该讲。这个问题上还有什么标准需要制定的呢？关于诸神、神灵、英雄以及冥界的正确标准我们已经讨论出来了。

阿得曼托斯：讨论出来了。

苏格拉底：需要制定标准的应该就剩下关于人的说法了吧？

阿得曼托斯：是的。

苏格拉底：我亲爱的朋友啊，目前还不能给这个问题制定什么标准呢！

阿得曼托斯：为什么呢？

苏格拉底：因为，假如我没有弄错的话，我们不能不说诗人和讲故事

---

① 传说，提修斯曾在佩里索斯的协助下抢劫海伦，还曾和佩里索斯一起企图诱抢冥后波塞芳妮。提修斯的故事曾是一些史诗和索福克洛斯与欧里庇得斯失传悲剧的题材。

的人在人的问题上撒下了弥天谎言，这是有罪的。他们告诉我们说，邪恶者通常有福，善良者通常不幸；还说什么不正义只要不被察觉就是有利的，而正义则让一人损失另一人获利。我们会禁止他们这么说，令他们说相反的话。你同意吗？

阿得曼托斯：当然同意。

苏格拉底：你同意的话，我就可以认为你已经承认正在讨论的这个原则了。

阿得曼托斯：说得对。

苏格拉底：我们必须先要知道正义到底是什么，正义给正义者带来什么利益，无论他被认同是正义与否。弄明白这个问题后，才有可能在关于人的问题上看法一致，也就是说哪些故事可以讲，哪些故事不可以讲。

阿得曼托斯：说得对。

苏格拉底：好了，关于诗歌的主题，我们谈的够多了，接下来要讨论一下诗歌的形式或风格的问题。这样的话，我们就能把故事的内容与形式，即讲什么和怎么讲的问题通通梳理一番了。

阿得曼托斯：我不明白你的意思。

苏格拉底：看来我必须让你明白。也许我这么说你就会明白了。你知道，故事和诗所讲的无非就是过去、现在和将来的事情。

阿得曼托斯：当然。

苏格拉底：他们讲故事，是简单的叙述，是模仿，还是两者兼有？

阿得曼托斯：这一点，我也想弄明白。

苏格拉底：天啊！我还真是个荒唐可笑的老师啊！我只能一点一点地讲，好像那些不太会讲话的人没办法一下子把所有的事情都讲清楚一样。《伊利亚特》开头几行里提到，赫律塞斯祈求阿伽门农释放他的女儿，阿伽门农非常的愤怒。当赫律塞斯得不到他的女儿时，他便开始诅咒希腊人。对于这一段诗，你知道吗？

阿得曼托斯：我知道的。

苏格拉底：那么，你也应该清楚接下来的几行：

彼祈求全体阿凯亚人兮，
哀告于其两元首之前，
那一对难兄难弟，
阿特瑞斯之两子兮。[①]

这是诗人以自己身份说的话，我们读起来也不像是别人在讲话。可到了后面一段，诗人摇身一变成了赫律塞斯，讲话就已经不是诗人荷马，换成了那个老祭司。特洛伊的故事当中在伊塔卡发生的部分，和后来整个《奥德赛》的故事，诗人差不多全是用这种方式进行叙述的。[②]

阿得曼托斯：确实如此。

苏格拉底：所有的道白以及道白之间的叙述，都是叙述，对吗？

阿得曼托斯：是的。

苏格拉底：可是他讲道白时，仿佛是换了一个人似的，那我们是不是就可以说他在讲演时已经完全进入了故事里的某个角色了呢？

阿得曼托斯：是的。

苏格拉底：模仿一个角色，应该就是使自己的音容笑貌看起来如同另外一个人。

阿得曼托斯：当然。

苏格拉底：那这么看，他和其他的诗人应该是用了模仿的方式来叙述的。

阿得曼托斯：没错。

---

① 出自《伊利亚特》第1卷。阿凯亚人就是希腊人。阿特瑞斯的两个儿子就是阿伽门农和他的弟弟墨涅拉俄斯。

② 诗人既用自己的口吻叙述，又用角色的口吻叙述，后者是诗人讲故事的一种方式，也是另一种叙述，换言之也可以成为“模仿”。

苏格拉底：或者，假如诗人在各个地方出现，而从不隐藏自己，那么就不存在模仿了，他的诗就成了单纯的叙述。为了让我的意思变得简单明白，为了不让你说“我不懂”，我将给你演示那种变化是怎样起作用的。假如荷马先说，“那个祭司来了，手里拿着赎她女儿的赎金，恳求阿该亚人，尤其恳求国王们”，但紧接着，他没有以赫律塞斯的身份说话，而是继续以他自己的身份说话，那么他说的话就是不带模仿的单纯的叙述。假如抛开格律，那个段落可能会这样继续下去：“那个祭司来了。他代表希腊人，恳求诸神让他们拿下特洛伊并安全返乡。不过，他又恳求他们接受他带来的赎金，把他的女儿还给他，并敬重神。他这样说着，其他希腊人因敬重那个祭司，同意了。但是，阿伽门农勃然大怒，命令他离开，再也不要回来，否则神的权杖和花冠也保不了他。阿伽门农认为，赫律塞斯的女儿不应该被释放，而是应该和他在阿尔戈斯终老。阿伽门农对赫律塞斯说，假如他想在没有受伤的情况下回家，他最好离开，不要激怒阿伽门农。那个老人在恐惧与沉默中离开了。等他离开了营地的时候，他用阿波罗的很多名号呼唤阿波罗，提醒阿波罗他为了取悦阿波罗所做的一切，不管是建造阿波罗的神庙，还是献祭。他恳求他的善行应该获得回报，神的箭也许可以让阿该亚人补偿他的眼泪。”等等。于是，整个段落就变成单纯的叙述了。

阿得曼托斯：我终于懂了。

苏格拉底：你也可以假设是另外一种完全相反的文体，对话之间诗人叙述的部分可以全部省略，只留下对话。

阿得曼托斯：这我知道，这是悲剧常用这种文体。

苏格拉底：你彻底弄明白了我的意思。从前我做不到，但是现在我可以很明白地告诉你。不管是诗歌还是故事都有两种类型：一种是完全通过模仿，就是你刚才提到的悲剧与戏剧；另一种主要用于表达情感，像酒神赞美歌大都是这种抒情诗体；而在史诗和其他诗体里常常能发现这两者的组合，假如你弄清楚了我的意思的话。

阿得曼托斯：是的，现在我明白了你的意思了。

苏格拉底：好，我们回想一下刚才说过的话。之前我们说过，关于“讲什么”的问题讨论完了以后，现在讨论一下“怎么讲”的问题。

阿得曼托斯：我记得。

苏格拉底：现在我只想说的是我们必须规定，诗人是通过模仿进行叙述，还是一部分通过模仿而另一部分不通过模仿呢？那些通过模仿的部分又具体指的是哪些部分呢？或者我们根本就该让他们通过模仿来叙述？

阿得曼托斯：我猜，你的意思是悲剧和喜剧是否应该引进我们的城邦。

苏格拉底：或许是吧。说实话，我自己也不太清楚，兴许要比你说的这个问题意义更重大一些。总之，辩论之风把我们吹到哪里，我们就去哪里吧。

阿得曼托斯：你说非常对。

苏格拉底：阿得曼托斯，就这点而言，我们非常有必要留意一下守卫者是否也应该是个模仿者？用前面得出的结论推测，一个人只能从事一种行业而不能同时从事多个行业，是吧？他假如什么都干，其结果也只能是一事无成，什么事都干不好。

阿得曼托斯：这毫无疑问。

苏格拉底：那么，我们讨论模仿问题是否也适用同样的道理呢？假如一个人模仿好多东西，那他能像只模仿一样东西做得同样好吗？

阿得曼托斯：肯定不能。

苏格拉底：那他绝对不能一边从事一个有价值的行业，一边还是个模仿者且模仿众多不同的东西，何况同一个人同时进行两种或两种以上的模仿不管怎么样也是做不好的，即便这两种模仿被认为是极相近的模仿，如悲剧与喜剧。你刚才是不是说它们是两种模仿？

阿得曼托斯：是的。你说得没错，一个人是不能同时干好两行的。

苏格拉底：那么，同样的，一个人就不可能同时既是好的朗诵者，又是好的演员。

阿得曼托斯：是的。

苏格拉底：喜剧演员和悲剧演员尽管不同，可这些人都是模仿者，是吧？

阿得曼托斯：是的。

苏格拉底：阿得曼托斯，人性似乎已经被铸成如此之小的钱币，一个人既不能同时做好多项事情，也不可能成功地模仿多个东西。任何一种模仿都只不过是对事物本身的临摹罢了。

阿得曼托斯：说得很对。

苏格拉底：那么，假如我们坚持我们最初的想法，假如我们没有忘记，我们的守卫者应该心无旁骛，专心致志于维护城邦的自由，让维护城邦的自由成为他们的技艺，不是这一目的的工作一概不做；他不应该做别的任何事情，也不应该模仿别的任何东西。要是他们一定要模仿，那么他们应该从小就模仿那些适合于他们职业的品质，如勇敢、节制、虔诚、自由等。但是，他们不应该描述或长于模仿任何吝啬或卑鄙，以避免他们由于模仿而成为他们模仿的东西。你难道从来没有注意到，人其实从很小的时候就开始了一些模仿，模仿的久了，最后那些模仿变成了习惯，成了第二天性，影响到了身体、声音和头脑？

阿得曼托斯：没错。

苏格拉底：只要是我们细心教养的人或是期待成为好人的人，我们就应该反对他们模仿女人，因为不管什么年龄的女人时常和丈夫争吵，不敬鬼神，容易自鸣得意忘乎所以。而男人去模仿女人的话，一旦遇到不幸，就容易悲伤憔悴，终日哭泣，更别提去模仿那些病中、恋爱中或分娩中的那些女人了。

阿得曼托斯：确实不应该。

苏格拉底：另外，我们也要反对他们模仿奴隶（不论男女），去做奴隶做的事情。

阿得曼托斯：也不应该。

苏格拉底：还有，他们也不能去模仿坏人、模仿鄙夫，不能有类似吵架、互相挖苦、随意说一些俗不可耐的坏话的举动。像这种人，既对不起别人也对不起自己，实在是不值得一提。因此，在我看来我们所教养的人在言行举止上绝对不能养成如同疯子一样的恶习。他们必须认识到，什么是疯子、什么是坏的男人和女人，更不能像疯子一般装疯卖傻，为非作歹。

阿得曼托斯：是的。

苏格拉底：那模仿铁匠或是其他工人，还有战船上的划桨人、划桨人的指挥以及其他类似的人，这可以吗？

阿得曼托斯：那怎么可以？就连这些事情都不允许他们花太多的精力。

苏格拉底：那马嘶、牛叫、大河咆哮、海潮呼啸或雷声隆隆等这一类事物能不能模仿？

阿得曼托斯：也不能。我们已经反对他们不要自己做疯子，那就也不可以模仿别人做疯子。

苏格拉底：假如我没理解错的话，你的意思是，有一种叙述体是真正的好人当他讲话的时候用的，另外一种叙述体是不管性格或教育都不好的人用的。

阿得曼托斯：你说的这两种文体究竟是什么？

苏格拉底：依我看，假定一个正直善良的人在讲述中扮演另一个善良人的言行，我认为他会喜欢去扮演的，不会对这类模仿感到耻辱：他最乐意扮演那个善良人行为坚定而明智时的戏份；而当那个善良的人被疾病、恋爱、酗酒所压倒的时候，或遭遇其他灾祸的时候，他的热情会有所消减。而当他碰到一个不值得他扮演的人物时，他不会对这个他鄙视的人物进行研究，因为他认为只在其行为善良时与之才有相似性；而在另一些时候，他会感到羞耻，因为他虽扮演那一戏份，但他从没有那样做过，更不用说按照低贱的模式塑造他自己；除非是为了玩笑，要不然那就是在贬低自己，而对此他内心是厌恶的。

阿得曼托斯：很可能是这样的。

苏格拉底：那么，我们刚才从荷马诗作里总结出来的那种叙述方法，也就是说，他的风格既叙述又模仿，而且叙述的成分远远多于模仿的方法，他采用的是这种方法吗？我的说法你同意吗？

阿得曼托斯：我同意。所有说故事的人都要以此为模板。

苏格拉底：不过，还有另外一种性格的人什么故事都能讲。他越糟糕，就越下流，更肆无忌惮。他乐意模仿任何东西，不是作为笑料，而是在大庭广众面前正经八百地表演。他如同我刚才所说的那样，尝试表现雷的轰鸣、风声、厅堂的声音、车轮的碾轧声、滑轮的声音、长笛的各种声音、口哨声、喇叭声以及各种乐器的声音。他像一条狗那样汪汪，像一只绵羊那样咩咩，像一只公鸡那样咯咯。他的整个技艺就是由对声音、姿势的模仿构成的，叙述会极少。

阿得曼托斯：这种作家确实是这样。

苏格拉底：这就是我前面提过的两种文体吧。

阿得曼托斯：是的。

苏格拉底：不过，这两种中有一种体裁变化起伏不大。只要我们给两种体裁赋予适当的声调和节奏，非常容易发现采用正确题材的说唱者几乎是用同一的声调、同一节奏在讲故事，因为其中变化不大，节奏也没有太大的变化。

阿得曼托斯：非常对。

苏格拉底：另一种体裁中则包含了形形色色的变化，因此，它总需要各种声调和不同节奏，足以使它找到表达各种声音和动作的合适的方式。

阿得曼托斯：这话说得对。

苏格拉底：那诗人和说唱者在体裁的选择上，是不是要么二者取其一，要么两者兼用呢？

阿得曼托斯：那是一定的。

苏格拉底：那该怎么办？对我们的城邦而言，是要包容这所有的体裁，还是仅取其一接受，或者接受二者的混合体裁？

阿得曼托斯：如果投票的话，我一定会给单纯善的模仿者的体裁投赞成票。

苏格拉底：不过，亲爱的阿得曼托斯你要想想，混合体裁也非常迷人。所以，孩子和他们的老师们，还有大部分的普通人，他们的选择恰好与你相反。

阿得曼托斯：我不否认，大家确实比较喜欢它。

苏格拉底：或许你会说这不合我们城邦的制度，我们城邦里的人非兼才，也非多才，每个人只允许做一件事情。

阿得曼托斯：没错。确实不合适。

苏格拉底：这正好说明了我们的城邦之所以唯一的原因。在我们的城邦里，鞋匠只能是鞋匠，他做不了鞋匠以外的活，如舵手；农夫只能是农夫，他做不了法官；兵士只能是兵士，他做不了商人。以此类推，都是这样，是吗？

阿得曼托斯：是的。

苏格拉底：所以，当任何一个哑剧绅士光临我们城邦，当这么一个聪明得能模仿任何东西的人来到我们城邦，提议展示他自己和他的诗歌的时候，我们会跪倒在地，把他当作一个可爱、神圣的人物来崇拜。不过，我们必须告诉他，我们的城邦不允许他这样的人存在，礼法将不容他们。因此，我们将给他涂上油膏，给他头上戴上羊毛做的饰带，把他送往另外一个城邦。因为，为了我们的心灵健康，我们将雇用更粗朴、严肃的诗人和讲故事的人，让他们只模仿有道德的人的风格。他将遵循我们为自己的士兵的教育而在之前制订的模式。

阿得曼托斯：假如我们有权决定的话，我们肯定会这么做。

苏格拉底：好的，我的朋友，关于语言或故事的“音乐”部分的讨论看来已经完成了，因为内容和风格这两个问题都充分说明清楚了。

阿得曼托斯：我也这么想。

二　论音乐教育

苏格拉底：接下来，剩下的就是诗歌和曲调的形式问题?

阿得曼托斯：是的。

苏格拉底：大家心里应该都非常清楚我们会对这个问题提什么要求，假如我们要保持标准前后一致的话。

格劳孔：苏格拉底，恐怕你说的“大家”里并不包括我，虽然多多少少我也有点想法，但仓促间，我还是说不出它们应该是什么。

苏格拉底：不过我觉得你对这个应该会有把握，诗歌分成三个组成部分，即词、和声、节奏。[①]

格劳孔：这一点，我知道。

苏格拉底：仅仅就词来说，唱的词和说的词应该是一样的，它们都要符合前面说的那种内容和形式的标准。

阿得曼托斯：是的。

苏格拉底：调子和节奏是不是取决于词。

格劳孔：当然。

苏格拉底：可是，我们也说过歌词里不能出现哀痛和悲伤的字句。

格劳孔：的确是不能有。

---

① 古希腊一曲完整的诗歌，包括诗词、节奏、和声。所谓“和声”或“和谐”是一种高低音音调系统，也就是我们现在所说的歌的“曲调”和“调子”。

苏格拉底：那么，哪些曲调能够表现悲伤？你懂音乐，请告诉我吧。

格劳孔：混合的吕底亚调，高音的吕底亚调，和那些类似的音调都是表示悲伤的挽歌式的调子。

苏格拉底：这样的调子肯定是要被摒弃的，它们对那些有上进心的妇女尚且无用，何况男子汉了。

格劳孔：说得不错。

苏格拉底：还有守卫者不该饮酒、萎靡和懒惰。

格劳孔：当然。

苏格拉底：那么，什么样的调子是软绵绵的靡靡之音呢？

格劳孔：伊奥足亚调和有些吕底亚调，都可谓是靡靡之音。

苏格拉底：那好，我的朋友，靡靡之音有军事用途吗？

格劳孔：没半点作用。说着说着，现在只剩下多利亚调和佛里其亚调了。

苏格拉底：我对那些曲调一窍不通，但我想有一种激昂的音调，听起来就仿佛一个勇者在危机之时所发出的果敢的声调，或者他功败垂成，将面对伤痛与死亡及其他不幸的打击时发出的声调，也就是说，在每次这样的危难关头，面对命运的打击，他都从不动摇、坚忍不拔。我还想拥有一种他在和平与自由时所使用的声调。那时没有必然性的重压，他向神祈祷以期通过教导、劝诫说服他人。或者相反，当他愿意接受劝告、恳求和劝诫，让他在达至目标后，别因为成功丧失自制，而要因着环境和容许的条件行为适度与明智，这时他发出的声调。我请求你将这两种曲调留下，一种是必然的，一种是自由的；一种是不幸的，一种是幸运的；一种是有勇气的，一种是有节制的。

阿得曼托斯：你需要的这两种曲调，不就是我刚才说过的多利亚调和佛里其亚调。

苏格拉底：奏乐歌唱的时候，我们也不要许多弦乐，放弃那种能奏出所有音调的乐器。

阿得曼托斯：我认为你的话非常正确。

苏格拉底：因此，像制造竖琴和特拉贡琴这类多弦乐器的人我们就不要教养和供给。

阿得曼托斯：是不要。

苏格拉底：那么，长笛的制造者和演奏者需要搬进我们的城邦里来吗？我想问，长笛应该不是音域最广的乐器，其他那些多音调的乐器仅仅是在模仿长笛罢了。

格劳孔：这很明确。

苏格拉底：那么，剩下七弦琴和七弦竖琴了，这些乐器城里在用，而乡下的牧人吹的是另一种短笛。

格劳孔：这的确是我们讨论的结果。

苏格拉底：阿波罗及其乐器可用，马叙阿斯及其乐器不可用。[①] 我的朋友，这种选择应该不是我们首创。

格劳孔：是的，我也觉得是这样。

苏格拉底：哎呀！这座城邦已经无形当中被我们净化了，前面我们说的那个城邦太奢侈了。

格劳孔：说得很有理。

苏格拉底：那好吧，让我们完成我们的净化吧！说完曲调就要考虑节奏了。不过，我们不应该考虑复杂的节奏与多变的韵律，而真正要考虑的是有秩序的勇敢的生活节奏，和那些操纵音步和曲调切合这种节奏的文辞，这样的文辞不应该去迎合音步和曲调。不过，还需要由你像前面告诉我们曲调一般，为我们解释一下到底应该是哪些节奏。

格劳孔：这我解释不了。我只知道，音步有三种形式的组成，和音阶的组成有四种形式一样，我能告诉你的也只有这些，至于哪些音步是模仿哪种生活的，这我说不清楚。

---

① 希腊神话说，阿波罗代表理智，所用乐器为七弦琴；马叙阿斯是森林之神，代表情欲，所用乐器为长笛。

苏格拉底：这个问题我们必须去请教泰蒙[①]。他会告诉我们，什么样的节奏适于表现卑鄙、傲慢、愤怒以及其他卑劣，什么样的节奏是专门用来表现相反的情感的。我认为，我依稀记得他提到过一种复杂的扬抑扬格节奏。他还提到过一种扬抑抑格或史诗节奏，他用某种我并不特别理解的方式编排了它们，让节奏在音步的升降中相等，长短交替。此外，假如我理解正确的话，他还谈到了一种抑扬格的节奏和一种扬抑格节奏，他给它们指定了长短不同的量。在某些情况下，他对音步的褒扬和责难不亚于对节奏的褒奖和责难。他说的也可能是这二者的结合，因为我搞不明白他的意思。不过，正如我刚才所说，最好去向泰蒙本人请教这些问题，因为如你所知，对这一主题的解析将非常困难，你意下如何？

格劳孔：是的，我也这么认为。

苏格拉底：不过，有一点你可以即刻下结论：美是跟着好的节奏，而丑是跟着差的节奏。

格劳孔：当然。

苏格拉底：那么，好的节奏如影随形地受制于好的文辞，同样的道理，差的节奏也是受制于差的文辞。音调也是这样。之所以这么说，是因为上面我们提过节奏与音调受制于文辞，而并非文辞去迁就节奏与音调嘛。

格劳孔：很明显，这两者一定要随着文辞变化而变化的。

苏格拉底：那文辞和文词的风格呢，是否也要求它们与心灵的精神状态取得一致呢？

格劳孔：当然。

苏格拉底：其他所有的都要随着文辞，是不是？

格劳孔：是的。

苏格拉底：那么，美的言辞、音调、风格和节奏都来源于好的精神状态。所谓好的精神状态应该是指称智力和人品都好的人的状态，而并非以委婉

① 泰蒙：公元前5世纪著名音乐家，《致雅典最高法院》是他的传世之作。

的方式指称忠厚老实的人的状态。

格劳孔：是这样。

苏格拉底：想要做真正该做的事情的年轻人，不就应当始终去追求这些东西吗？

格劳孔：应该是这样。

苏格拉底：此外，绘画技能肯定有这些特点，其他工艺像是纺织、刺绣、建筑、家具制作、动物养殖和植物培育等，也都有这些特点。这些事物里难免都包含有美好与丑陋、坏的风格、节奏、音调，还有坏的言辞和品格。与此相反，美好的表现始终和美好的品格联系在一起。

格劳孔：没错。

苏格拉底：不过，我们的监督要不要更进一步呢？我们难道只要求诗人在他们的作品中仅表现善的形象，而要是他们干了别的，就将被逐出城邦吗？我们是不是也要把同样的监督扩展到其他艺术家身上呢？我们还要不要禁止他们在雕塑、建筑和其他具有创造性的艺术作品中展示邪恶、放纵、卑劣、猥亵这些相反的形象？假如有什么人不遵守我们的规定，是不是就将被禁止在我们的城邦从事他的技艺，以免我们的公民的判断力被他败坏？我们不会让我们的守卫者在各种具有道德缺陷的形象中成长，要不然他们就会犹如危害牧场的牛羊，日复一日、一点一点地吃着有毒的牧草和花朵，他们自己的灵魂就会在悄无声息中遭到严重毒害。我们的艺术家应该是那些天生就能识别美丽、优雅事物的本质的人，而我们的青年将居住在健康之地，耳濡目染美好的事物，接受所有事物中的善。美好的作品发散出来的美，就犹如从一个更纯净的地区吹来的有益健康的微风，将流入人的眼睛和耳朵，让人的灵魂从童年起就受到理性之美的熏陶，让理性之美引起共鸣。

格劳孔：对他们而言，这样的教育就是最好的教育了。

苏格拉底：亲爱的格劳孔，正因为如此，幼年阶段文艺教育最为重要。儿童从小接受良好的教育，好的节奏与和谐熏陶了他的心灵，牢牢扎根于他心底的这些美就会使他变得彬彬有礼。如果接受的是不好的教育，结果可想而知了。再者，接受过恰当教育的儿童，因为对于人工或是自然事物的缺点特别敏感，所以他对优美的事物尤为赞赏，感受其鼓舞，并从中汲取营养，将心灵塑造得美好善良。反之，他尤为反感丑陋的事物，他会疾恶如仇地批判所有丑陋的事物，虽然他的年龄还不足以让他知其然且知其所以然。等他长大成人，他仍旧会对理智和美好的事物表示欢迎，毕竟他从小受到的教育就是如此，这是必然的。

格劳孔：在我看来，你说的正是文艺教育为什么要从幼年抓起的原因。

苏格拉底：这和我们识字是一样的道理。我们只有学会了全部的字母才让我们感到满足。这些字母无论大小难易，我们都会很急切地想要学会它们，从不敢忽视任何一个部分，否则，我们总觉得自己不能算是真正识字。

格劳孔：你说得没错。

苏格拉底：这就好比字母倒影或是投影在水中或镜子里，如果我们不认识字母本身的话，那我们就肯定不会认识这些映像。两者的学习同属于一项技能。

格劳孔：的确如此。

苏格拉底：同理可推，我们和我们教养的守卫者，要相信认识一个事物的本质和它的映像，不管这事物是大是小，都同属于一项技能的学习，我们不但需要认识节制、勇敢、大度、高尚等这些美德它们的本质以及与之相反的丑恶事物的本质，更要知道它们可能产生的所有组合形式。只有如此，无论它们以何种形式出现在任何地方，我们一眼就可以分辨出它们本身及其映像。假如做不到这点，我们都算不上是受过音乐文艺教育的人，是不是？

格劳孔：确实如此。

苏格拉底：再假设，一个有心灵内在美的人，在外在的言行举止上也同样有一种与之相匹配的协调的美，这样的人在善于思考的鉴赏家的眼中是不是就是一道最美的风景呢？

格劳孔：肯定是最美的。

苏格拉底：那最美的就总是最可爱的吗？

格劳孔：可以那么认为。

苏格拉底：真正有文艺教养的人，通常对与之相反的人，唯恐避之不及，而对于和他受过同样教育的人，则是一见如故，尤为亲切。

格劳孔：如果一个人心灵状态上有缺点，他当然憎恶，但只是身体有缺陷的，他还是可以接受和喜欢的。

苏格拉底：听你如此说，我猜想你应该有类似的朋友吧。我非常赞成你把它们区分开来。现在只要你告诉我：放纵与节制能同时兼收，是吗？

格劳孔：那怎么可能，过分的快乐和过分的痛苦一样容易让人得意忘形。

苏格拉底：那放纵和其他德行可以吗？

格劳孔：也不能。

苏格拉底：它与横行和放肆是相似的吗？

格劳孔：当然。

苏格拉底：那么，还有哪种快乐比色欲更为强烈和疯狂的？

格劳孔：没有。

苏格拉底：恰当的爱应该是对美的合乎秩序的事物的一种有节制的感情，是吧？

格劳孔：我同意。

苏格拉底：那么，对于真正的爱，那些近乎疯狂或放纵事物靠近得了它吗？

格劳孔：不能。

苏格拉底：那么恰当的爱和纵情滥情显然泾渭分明。真正去爱的人和被爱的人不会愿意与纵情者同流合污的。

格劳孔：苏格拉底，它们之间的确完全不同。

苏格拉底：这样就好。那么，我觉得，在我们正在创建的城邦里，你会让一条礼法生效，就是一个朋友只能对他爱的人做出如同一个父亲对儿子做出的那种亲密举动，他做的亲密举动只能出于高尚的目的，他必须首先征得他爱的人的同意。这条礼法将在他的所有交往中对他加以限制，他将永远也不能做出更进一步的动作。假如他越轨，将被认为犯下粗鲁和品位低下的罪责。

格劳孔：诚然如此。

苏格拉底：那么，你同意我们结束关于音乐教育的讨论吗？在我看来，现在结束是非常得当的。我们已经得出了结论，音乐教育的最终目的在于爱美爱善。

格劳孔：我同意。

三　论体育和医术

苏格拉底：完成音乐教育之后，年轻人还必须进进行体育训练。

格劳孔：当然。

苏格拉底：体育训练对我们的守卫者来说，也必须是从幼年开始贯穿一生的严格训练。我是这么认为的，不知你是怎么认为的？我认为有好的身体并不代表就有好的品格，可是，假如一个人有了好的心灵和品格，从天赋的角度而言，他的体质也差不了，你说是吗？

格劳孔：和我想得完全一样。

苏格拉底：在心灵陶冶训练已经相当充分的情况下，将锻炼身体的细节部分交由心灵负责，我们大体只要定个标准，你看这样行不？

格劳孔：行。

苏格拉底：我刚才已经提过守卫者不得酗酒，酗酒必然糊涂，因此这世上最不该酗酒的人就是他们了。

格劳孔：是的，让一个守卫者去守卫另外一个守卫者是非常荒唐的。

苏格拉底：接下来，食物呢？要知道守卫者都是各种大竞赛中的斗士，不是吗？

格劳孔：是的。

苏格拉底：眼下的这些斗士，他们锻炼身体的习惯能保证他们胜任这一任务，是吗？

格劳孔：勉强行。

苏格拉底：他们有个特别不健康的习惯，即过于贪睡。不知你是否注意到，他们一生中的大多数时间都在睡眠中度过，他们一贯的饮食作息方式若稍微做些改变，就要得严重的疾病。

格劳孔：这种情况，我注意到了。

苏格拉底：因此，参加竞赛或是战争的斗士锻炼必须多样化。在战斗的生活中，他们要学会犹如彻底不眠的警犬那样随时有敏锐的视力和听力，一旦参战，要能够承受各类饮水和各类食物，能够忍受烈日骄阳、狂风暴雨等不同的恶劣天气。

格劳孔：确实应该如此。

苏格拉底：最佳的身体训练与刚才提到的音乐文艺教育难道不是相辅相成的吗？

格劳孔：什么意思？

苏格拉底：我说的是一种简单且灵活的体育锻炼，尤其指为备战而进行的体育锻炼。

格劳孔：有没有什么具体方法？

苏格拉底：实际上，荷马的诗已经告诉我们方法了。你知道，荷马笔下的英雄在作战中吃的是战士吃的食物。虽然在赫勒斯庞海峡[①]的岸边，他们也不被允许吃炖肉，只能吃烤肉，因为对于战士而言，烤肉是最方便的食物，他们只要点上火就行了，也省了携带罐子和锅的麻烦。

格劳孔：的确如此。

苏格拉底：据我所知，荷马从未提到过甜食，对吧？或许这一举动不是每个锻炼中的战士都能理解的，不过想把身体练好，他们就根本不能吃这种东西。

格劳孔：没错，他们戒掉了甜食，显然他们懂得这个道理。

苏格拉底：那好朋友，如果说这是对的，那你一定不会同意叙拉古的宴会和西西里的菜肴了吧？

格劳孔：我不会同意的。

苏格拉底：如果想让一个男子锻炼好身体，你应该不会找一个科林斯女郎来做他的情妇吧。

格劳孔：当然不会。

苏格拉底：同样，你也不会同意他们吃那著名的雅典糕点的吧？

格劳孔：肯定不会。

苏格拉底：我总认为所有混杂的事物和多音调多节奏的诗歌作品太过相像。

格劳孔：没错。

苏格拉底：复杂的音乐让人纵情，复杂的食品不利健康。质朴的音乐文艺教育会带来欲望的克制，同样的质朴的体育锻炼才能带来健康。

格劳孔：说得太对了。

苏格拉底：很显然，一旦放纵与疾病在城邦里蔓延开来，城里必然要法庭和药铺林立，讼师医生也会因此而变得趾高气扬，尽管大部分自由人都不情愿对他们鞠躬敬礼。

---

① 赫勒斯庞海峡：达达尼尔海峡的旧称。

格劳孔：势必如此。

苏格拉底：不仅普通的百姓和工匠们需要这些奇货可居的医生和法官，就连受过自由教育的人们也同样需要。你们认为还有什么能比这个更能够证明一个城邦教育肮脏罪恶的呢？这些全是舶来品的法官、医生（你们自己中间缺少这种人才），难道还不是一种耻辱和缺乏良好教养的标志吗？

格劳孔：再没有什么比这个更可耻的了。

苏格拉底：还有一种情形，不知道你会不会觉得比刚才说得更可耻呢？那种人不仅一辈子是个诉讼当事人，天天待在法庭上，不是原告就是被告，还顺着他的低劣品位，喜好讼狱这档子事，并引此为耀。他自认为自己是玩诈术的大师，能够抓住每个行骗的时机，钻进钻出于每一个漏洞，好似柳条一样弯曲，离开正义之途。所有这些是为了什么？只不过是为了琐碎无聊的争执。他不知道无须那睡眼惺忪的法官去安排他的生活是一种远为高尚的事情。

格劳孔：的确是这样，比前面讲的那个情况更可耻。

苏格拉底：一个人除了受伤或偶然的某种季节病以外，终日到处求医，不更是可耻的？那种游手好闲和好吃贪睡的生活方式，让他们的身子仿佛一块充满了水汽的沼泽地，以至于阿斯克勒庇俄斯[①]的子孙们只得创造出腹胀、痢疾之类的病名，这岂不是更加可耻？

格劳孔：这些医学名词听起来的确是太古怪了。

苏格拉底：我猜想，在阿斯克勒庇俄斯本人时期，这些病名应该是不存在的，这从特洛伊战争的故事中很容易得知。当欧律皮吕斯在特洛伊负伤时，妇人给他喂了撒满大麦粉和小块乳酪的普拉纳酒，很明显，这是一剂热药。那时没有哪个医生责备她用错了药，更没人责备当看护的派特罗克洛斯也犯了什么错误。

格劳孔：给受伤的他服这剂药的确古怪。

① 阿斯克勒庇俄斯：特洛伊战争中古希腊军中的医生。

苏格拉底：如果你还记得在赫罗迪科斯以前，医生治病的药并非我们现在用的这些，你就一定都不会感到古怪了。赫罗迪科斯本身是个体操教练员，他因为有病就把体操混进医术。他发明了这一方法，先害了自己，又害了许多后人。

格劳孔：怎么会呢？

苏格拉底：他身患不治之症，依靠长年细心的照料，竟然又活了好多年，可他的痼疾始终没有根治。就这样，他一辈子只医了自己，除了照料自己其他什么事都没干，从早到晚操心的就是有没有遵守自己规定的养生习惯。靠了这套医术，他自己终于挣扎着熬着拿到了年头而终的锦标。[①]

格劳孔：这可是他医术的崇高评价啊！

苏格拉底：没错，他自然是当之无愧呢。他不会知道，阿斯克勒庇俄斯不将这种医术传给他的后代并非因其不知道或不熟悉，是因为他非常清楚在一个有秩序的城邦里，每个人都有自己应尽的义务。人们没有时间和精力生病，就更不能没完没了地生病治病。在工人当中我们常常觉得这样的情况总是荒诞不经的，可换到有钱人和所谓有福的人那里，我们居然就习以为常了。

格劳孔：怎么会这样？

苏格拉底：因为，一个木匠生病了，他会请医生草草治疗一下，吃点催吐药、泻药，做个烧灼术，动动手术刀。他所要的治疗不过如此。假如有医生给他开了一个饮食养生疗程，告诉他必须把头包裹起来，好好休息之类的话，他马上会说，他可没时间生病。他会说，把一辈子时间用来养病而废弃了他原来的工作并非什么好事。他会向这样的医生说再见，而恢复他日常的习惯——或者好起来，生活，工作，或者身体变坏，死去，再也没有烦恼。

格劳孔：这样的人算是善用医术的人。

---

① 柏拉图是不赞成这样对待疾病的，这里带有嘲讽的口气。

苏格拉底：是不是只因为他有工作要做，如果他做不了，那活着还有什么意义呢？

格劳孔：显然是这样。

苏格拉底：不过，我们从来没说有钱人要是做不了规定的工作，就也一样不值得活着。

格劳孔：据我所知并非这样。

苏格拉底：哎呀！你难道没听说过福库利得斯说的“吃饱饭以后应该讲道德”。

格劳孔：在我看来，吃饱饭之前也有必要讲道德。

苏格拉底：好，我们没必要和他纠缠这一点。我们要搞清楚的是，有钱人①应不应该讲道德？如果不需要，那活着的意义是什么？总在担心自己的健康，是否妨碍了他们遵从福库利得斯②的劝告？尽管这样对专搞木工或是其他的工匠遵从劝告毫无疑问是一大障碍。

格劳孔：毋庸置疑，体育锻炼之外还过分担心自己的健康，确实是一个很大的障碍。

苏格拉底：没错，这么做一定会妨碍到家务管理、军事服役、上班办公。最坏的影响是给学习、思考或苦思冥想都带来了极大的困难。从早到晚一直因为头痛目眩、神经紧张、疑神疑鬼，还把这些都委过于哲学研究，说它是总的起因。这样的人难免会感觉全身上下都极不舒服，还总是烦恼忧愁，这能不严重妨碍学习、沉思这类的道德实践和锻炼吗？

格劳孔：完全可能。

苏格拉底：可见，阿斯克勒庇俄斯早已知道这个道理。因此，精明的阿斯克勒庇俄斯只是向那些平时有健康体魄和良好生活习惯的病人展示他的医术的力量，比如，他用泻药和手术治愈了一些人，吩咐他们要像平常

---

① 有钱人：自然是“吃饱饭以后”的。

② 福库利得斯：大约活动于公元前 6 世纪中期，古希腊挽歌体和六音步诗人，米利都人。他以含有道德劝诫意味的格言而闻名于世。

一样生活，以免影响城邦的利益。不过，对那些已经被疾病完全渗透的身体，他没有尝试用渐进式的排泄与输入的方法进行治疗。他不想延长一点儿价值都没有的生命，也不想让虚弱的父亲生下更加虚弱的儿子。假如一个人不能按正常的方式去生活，他就没有义务治疗他，因为这种治疗不仅对他本人没有用处，也对城邦没有用处。

格劳孔：照你这么说，阿斯克勒庇俄斯真是个很有头脑的人啊！

苏格拉底：显然是的。他的孩子进一步阐述了他的性格。在特洛伊战场上既是好战士，又是好医生，你知道吗，他们[①]治疗病人时用的就是我刚才说过的方法。墨涅拉俄斯[②]被潘达洛斯射了一箭，受伤后是他们[③]吸出瘀血，再敷上缓解疼痛的草药。不过，他们同从前对欧律皮吕斯一样，也不给他限制饮食习惯。他们认为，那些原来就体质很好且生活俭朴的人，就算也偶尔喝一点奶酒，但敷这么一层草药就可能会痊愈。只有那些先天就孱弱且生活无节制的人，他们是不会为他们服务的，因为他们认为这种人活着无论是对自己还是对别人都无任何价值。即便这种人富过弥达斯[④]，他们也不愿给他治疗。这些故事你都还记得吗？

格劳孔：叫你这么一说，阿斯克勒庇俄斯的这些孩子也非常了不起啊！

苏格拉底：的确是这样。只不过一直以来悲剧家们和诗人品达的说法都和我们说的原则不尽相同。他们说阿斯克勒庇俄斯是阿波罗神的儿子，受了贿去给一个弥留的富人治病，最终被闪电劈死。依据前面我们提到过的原则，我们自然不相信悲剧家们和品达的说法。我们认为，他既然是神的儿子，那就肯定不会贪心，如果他是个贪心鬼，那他就绝对不是神的儿子。

---

① 柏拉图这里的引文有出入。《伊利亚特》第4卷处说的是，给墨涅拉俄斯疗伤的是马卡昂。因此这处都应该用“他”而不是“他们”。

② 墨涅拉俄斯：斯巴达国王，特洛伊战争由他的一妻子海伦遭诱拐而引发。

③ 同上页第三个注释。

④ 弥达斯：古希腊神话中的佛里其亚国王。他贪恋财富，会点石成金的法术。

四　论医治恶的法律

格劳孔：到现在为止，你说得都非常正确。不过，苏格拉底，我仍然有一个问题，想知道你会怎么答复，即在我们的城邦里到底需要不需要好的医生？是不是要医治过大量的病人（包括天赋健全的与不健全的）的医生才算是最好的医生？以此类推，最好的法官也仅仅是那些同形形色色的人都打过交道的法官？

苏格拉底：毫无疑问，我们也需要好的医生和好的法官，不过你理应清楚我所说的“好的”是什么标准？

格劳孔：什么标准？你告诉我，我不就知道了。

苏格拉底：好，那我先试试看。然而，我要指出的是，你不能把两码事杂糅在一个问题里。

格劳孔：什么意思？

苏格拉底：一个从小学医的医生，接触到各种各样不同的病人，倘若能对各种不同的疾病都有过切身的体验（假设他们自己并没有太好的体质）的话，那么这样的医生的确是很有本事的医生。因为他们并非在用身体医治身体，如果真是用身体治身体，那就要避免他们持续生病。他们应该是在用心灵医治身体，一旦他们的心灵不再如从前一般美好，就无法很好地医病了。

格劳孔：你说得有道理。

苏格拉底：我的朋友，说到法官，情况则不同。他是用头脑来控制头脑的。因此从小时开始，他就不能与邪恶堕落的头脑为伍，混在其中接受熏染，不能为了能敏锐地洞悉别人的罪恶而自己去犯下所有的罪行。他的高尚思想来自健康的判断。他年轻时应该对邪恶的习惯没有一丁点体验，没有丝毫沾染。因为这样，他年轻时看起来会是一个单纯的好人，非常容易受到不诚实的人的欺骗，因为在他的灵魂里不知邪恶为何物。

格劳孔：是的，他们确实有此经历。

苏格拉底：正因为如此，好的法官都不会是年轻人，通常都是上了年纪的人。他们通过多年的学习和成长的经历才逐渐明白非正义是怎么回事的。他们了解非正义，并非是从自己的角度去理解的，而是通过长时间的观察，学会从别人的角度来认识，仅仅是知识性的了解，而不是亲身体验了什么是非正义。

格劳孔：做到这样的话，那他是法官中最完美的典范。

苏格拉底：他还会是一个好人。你的问题的关键就是"好的"这两个字，因为心灵美的人一定是"好的"。而当那些个满腹猜疑的狡诈之人，同那些坏事做尽还以为自己手段高明的人，与同类人打交道时，他可以应用自己的心计，好让自己显得比别人聪明。可是，但凡他与好人或是上一辈的人相处的时候，他就会便变得非常愚蠢了，因为在这个时候他总在怀疑不该怀疑的东西。他分辨不出好人，在他心里没有好人的形象。只不过，他遇见的坏人总比好人多得多，因此总的来说他自己或是别人都还觉得他不是个笨蛋，而是个聪明人了。

格劳孔：确实。

苏格拉底：明察秋毫的理想法官始终是前者而不是后者。因为天赋的德性能够通过教育使得他们最终能理解德性本身。在我看来，作为一名明察秋毫的法官肯定不是那种坏人而是这种好人。

格劳孔：我认同。

苏格拉底：那么，你同意在城邦里把刚才讨论的医术和司法术的要求也制定成法律吗？这两条准则可以给予那些天赋健全的公民身体和心灵上的好处。对于那些身体不健全的公民，这两条准则准予其死去。至于那些心灵天赋本身就已经无可救药的人，依照这法律只能将其处死。

格劳孔：这个做法对被处理者个人和城邦来说，无疑是最好的事情了。

五　论音乐教育和体育的原则

苏格拉底：这样一来，年轻人如果接受了那种简单质朴的音乐文艺教育，并养成了节制的好习惯，那他们就绝对可以做到自我监督，也就不需要花费大量的时间去打官司上了。

格劳孔：是的。

苏格拉底：再则，受过音乐教育的青年，只要他愿意经过一系列艰苦的体育锻炼，除非万不得已，那他也不需要什么医术。

格劳孔：我也完全相信那一点。

苏格拉底：显然，这些年轻人辛苦锻炼身体重点在于锻炼他的心性，而并非单纯地同一般运动员一样锻炼体力。毕竟普通的运动员只要根据规定进食锻炼，把体格锻炼强壮就可以了。

格劳孔：你说很对。

苏格拉底：因此那些建议把教育建立在音乐和体育基础上的立法家，其目的并非是用音乐照顾心灵，用体育照顾身体那么简单。格劳孔，我可以这样说吗?

格劳孔：为什么不可以？那它们的真正目标是什么呢?

苏格拉底：他们之所以要教音乐和体育，主要还是为了心灵。

格劳孔：怎么会呢?

苏格拉底：你注意到了没有，一生只重视体育运动而忽视音乐文艺教育的人，他的心性是什么样的呢？还有，只重视音乐文艺而忽视体育运动的人又是什么样的呢？

格劳孔：你指的是什么？

苏格拉底：一个是野蛮与残暴，另一个是软弱与柔顺。

格劳孔：没错。我留意到偏废音乐教育的人往往变得过度粗暴，而只搞音乐文艺的人又常常难免过度软弱。

苏格拉底：人的天性就有一部分容易野蛮，但只要适当加以训练也有可能变成勇敢，但是一旦搞过了头，就又会变成残酷粗暴。

格劳孔：我也这么认为。

苏格拉底：温文是否属于人性爱智部分的一种性质？这种性质如果过度发展会不会转化成过分软弱，假如也经过适当地教养就能变成温文守法，是这样吗？

格劳孔：是这样。

苏格拉底：在我看来，守卫者应该兼具这两种品质。

格劳孔：他们是应该这样。

苏格拉底：那么这两种品质是不是应该彼此和谐共处？

格劳孔：当然要。

苏格拉底：两种品质兼而有之的人，他的心灵便是既温雅又勇敢吗？

格劳孔：诚然。

苏格拉底：缺乏这种和谐的人的心灵便是既怯懦又粗暴？

格劳孔：确实如此。

苏格拉底：此外，假如一个人接受音乐的熏陶，让我们把之前所说的甜美、柔和、忧郁的曲调通过耳道灌入他的灵魂，与此同时，他的整个一生都是在歌声的婉转与欢乐中度过，那么在这一过程的开端，他胸中的激情和精神如同生铁回火，由生脆无用被炼得坚韧可用。但是，假如继续进行这个柔化的过程，那么在下一阶段他就将被融化，直到他的精神消耗殆尽，灵魂形销骨立，成为一个不堪一击的战士。

格劳孔：你说得对。

苏格拉底：假如他原本就不是个怎么刚强的人，那这种萎靡的状态就更容易出现。假如原本是个刚强的人，经过长久的刺激脾气也会变得不稳定，容易生气，也容易平静，最后成了一个爱发脾气爱吵架的性情乖张的人。

格劳孔：正是如此。

苏格拉底：同样的道理，一个人假如只是把全部精力投在身体锻炼上，胃口好、食量大，从来不学文艺和哲学，一开始他的身体会因此而强壮，还充满自信，会变得比原来勇敢得多。你认为是这样吗？

格劳孔：他会的。

苏格拉底：如果他孤注一掷地只搞体育锻炼，不见文艺之神，结果又会是怎么个情况呢？由于他从来没做过学术科研，对于辩证推理一无所知，那他心灵深处存在的那一点点爱智的火光还能一直明亮着而不因此变得暗淡吗？心灵没有得到适当的启迪和培养，感知接受能力没有得到训练，他必然会耳不聪目不明，是不是？

格劳孔：没错。

苏格拉底：我认为这样的人，肯定是一个厌恶文艺的人，一定会用一种不礼貌的简单粗暴的生活方式生活。而且，他还不以理服人，只会跟野兽一样地用暴力等粗暴的方法达到自己的一切目的。

格劳孔：完全是这样的。

苏格拉底：我认为，人类本性中存在两种原则，一种是精神的，一种是爱智，或许我可以说，某个神因此就赐给了人类两种对应的艺术，它们间接地对应着肉体和灵魂，为的是让这两种原则就如同一个乐器上的弦那样，可以张弛有度，最终达到完全的和谐。

格劳孔：原来如此。

苏格拉底：假如某个人能以最适当的比例把音乐和体育调和，让它们最能适应灵魂，那么他有可能被恰如其分地称为真正的音乐家和更高意义上的和声学家，而不是调弦的调音师。

格劳孔：说得太对了，苏格拉底。

苏格拉底：格劳孔，假如一个城邦想要长存的话，那要不要也常设一个监督的人呢？

格劳孔：绝对需要。

苏格拉底：教育和教养公民的准则大纲，概括地说就是这些了。没必要去逐一详细规定他们的跳舞、打猎、跑狗、竞技、赛马各种细节，因为细节是要符合纲要的，只要大纲确定了，细节也就不会偏差太大，这是显而易见的。

格劳孔：应该不会有什么困难了。

六 论守卫者经受考验

苏格拉底：太好了，那下一个问题是什么呢？或许应该来决定哪些公民是统治者，哪些是被统治者？

格劳孔：显然是这样的。

苏格拉底：那么，毫无疑问，统治者一定是年纪大一点的，被统治者就必须是年轻人，你认为是这样吗？

格劳孔：显然是的。

苏格拉底：那统治者也必须是他们中间最好的人，是吗？

格劳孔：这很明显。

苏格拉底：那么，最善于种田的人也就是最好的农民，是吧？

格劳孔：是的。

苏格拉底：这样说来，假如要挑选最好的守卫者，那肯定是要挑选最善于守卫国家的人啦？

格劳孔：是的。

苏格拉底：既然是为我们的国家挑选守卫者，那自然要选具备智慧和有能力去守卫国家的人外，还应当是关心国家利益的人，是不是？

格劳孔：应当是。

苏格拉底：通常情况下，人最关心的始终是他最爱的东西。

格劳孔：这是必然。

苏格拉底：人最爱的东西莫过于那些与自己利益相关，关系到自己得失的东西。

格劳孔：的确如此。

苏格拉底：为此目的，首先，就应该舍弃那些会做出对国家不利事情的人，观察并挑选那些更愿为国家鞠躬尽瘁，效力效劳的守卫者。

格劳孔：选这些人是再恰当不过了。

苏格拉底：其次，我觉得还要不定时地对他们进行考察，看看他们能不能免于任何外力如魔术或是武力放弃这种一生坚持守卫国家的信念？

格劳孔：你所说的“放弃”是什么意思呢？

苏格拉底：让我解释给你吧。在我看来，一种信念的丧失，可能是自愿的，也可能是非自愿的。一个错误的信念离开好的心灵通常是自愿离开的，一切正确信念的离开往往都是非自愿离开的。

格劳孔：自愿的那个我理解，我想听的是非自愿的那个。

苏格拉底：可以啊。通常而言，好的东西人们是不愿意轻易失去的，却愿意扔掉坏的东西，我的这个看法你同意吗？难道得到真理不是好事，在真理上受骗也不是坏事，是吗？你是否同意，按照事物的本来面貌看待事物就是拥有真相？

格劳孔：你说得很对。我也觉得，人们总是不愿被剥夺自己的正确意见的。

苏格拉底：欺骗或被压迫的情况下发生的巧取豪夺总会有众多非自愿的放弃。

格劳孔：我不清楚你说巧取豪夺的两种情况是什么意思。

苏格拉底：我想我讲得有些晦涩了，就像那些悲剧诗人。“被欺骗”指的是人们在辩论中被人说服了，或者经过长时间以后忘掉了，不知不觉就放弃了原来自己的意见。这样说你能理解吗？

格劳孔：是的。

苏格拉底：“被压迫”指的是人们因为有些困苦或忧患而改变了原有的意见。

格劳孔：我懂了。我觉得你说的对。

苏格拉底：我所说的“被欺骗者”，是指那些容易被享乐引诱，或者缩头缩脑，因为恐惧而改变意见的人。你明白我说的话了吗？

格劳孔：是的，但凡带有欺骗性的东西往往都会像魔术一样迷惑好多人。

苏格拉底：别把话题扯远了，还是回到为国家挑选守卫者的问题吧。我们要孜孜不倦按照我们规定的原则去寻找那些为国家利益服务的守卫者。对于他们，我们要从其从幼年时就开始进行考察，从不间断。因为有可能其中的一部分人容易受骗，也许会忘掉那个原则。所以，经过考察我们最终会舍弃这部分人，然后选拔出坚持原则的、不易受骗的人做守卫者。这你同意吗？

格劳孔：这我同意。

苏格拉底：此外，我们还要考察他们是否能劳筋骨、苦心志，见贤思齐。

格劳孔：说得极是。

苏格拉底：还有第三种反欺骗的考察，也需要看他们是否经得起欺骗的考验。有些人把小马驹放在喧哗和嘈杂之中，想看看它们是不是具有一种温驯的特性。我们也必须像那些人那样，先把我们的年轻人放入某种恐怖之中，之后又再把他们放入兴奋快乐之中；对他们进行的检验要比在熔炉中检验金子还要彻底。如此一来，我们有可能会发现他们是否做好了抵御一切蛊惑的准备，是否总能保持一种高贵的举止，是否是他们自身和他们所学音乐的好的守卫者，是否能在各种情况下保持一种有节制的、和谐的本性。假如是这样，那么不管对个人还是城邦，他们都是最有用的人。假如有什么人在童年、青年还是成年都经受住了考验，获得了成功，始终不忘初心，那他就将被任命为城邦的统治者和守卫者。他不管活着还是死去，都将受到尊敬。他的葬礼将是光荣的，他们将获得更多光荣的纪念，这些是我们所必须给予的。当然，假如他没有通过考验，我们就必须拒绝他。我始终觉得，我们挑选和任命我们的统治者的方式应该就是这样。我只是大致说说，并不讲求精确。

格劳孔：我同意你的说法，大体上应该如此。

苏格拉底：如此的话，这些人就可以称得上是最完整意义上的守卫者了。他们对外时时保持警惕，对内关心朋友，这样的话既没有敌人的威胁，也能保证朋友的团结。至于守卫者中的年轻人，主要是执行统治者法令的那群人就成为助手或是辅助者。你认为是这样吧？

格劳孔：我也这么认为。

七　论过卫者私产

苏格拉底：不久之前，我们讨论过偶然说谎的问题。如果可能的话，现在我们或许可以找个办法，编一个高贵的谎话，去让统治者相信，或者假如统治者没能相信，至少也要让使城邦里普通人相信。

格劳孔：什么样的谎话？

苏格拉底：没什么新奇的，只不过是一个很早的关于腓尼基人的传说。

这个故事自从诗人告诉我们就一直信以为真的一个故事。只不过这个故事因为它现在已经失去了令人相信的力量，所以当下我们就不太可能听得到它了。

格劳孔：你这么吞吞吐吐，似乎很不愿意直说。

苏格拉底：等我讲完了就知道原因了。

格劳孔：快点说吧，别害怕。

苏格拉底：那我就开始讲了。可是，对于说服统治者及其军队，或者只是说服城邦里的普通人，我觉得我还是没有勇气和自信能找到合适的语言将我的意思表达清楚。尽管我们教养和教育他们，可其实他们仿佛生活在梦中。事实上，地球是孕育他们的母亲，也是制造他们武器和装备的所在。地球母亲把他们抚养大了，送他们到这个世界上来，因此，他们必须彼此亲如兄弟，视孕育他们的土地为自己的生身母亲，共同御侮抗敌，坚持不懈地保卫着她。

格劳孔：我终于明白你为什么总不情愿说出这个荒唐故事来了。

苏格拉底：我这样做当然有我自己的理由，不管它了，听我继续往下说。在我们的故事中，我们将对他们说，公民们，你们虽然是兄弟，但是神制造你们的方式却是各不相同的。神用金子制造了你们中的一些人，因此他们拥有发号施令的权力，享有最高的荣誉。神用银子制造了另外一些人，让他们成为辅助者。神用铜和铁制造了其他人，让他们成为农民和工匠。这些不同的种族通常会代代传承，绵延不绝。不过，由于所有人原本都属于同一血统，一个金子父亲有时候会生出一个银子儿子，一个银子父亲有时候会生出一个金子儿子。神宣布，统治者的首要原则就是保护种族的纯洁性，该原则高于一切，再也没有什么东西比种族的纯洁性更需要如此急切的保护了，再也没有什么东西比种族的纯洁性更重要。正是由于这一点，他们才成为如此优秀的守卫者。他们应该注意他们的子女混入了何种成分，因为假如一个金子或银子父亲的儿子混入了铜和铁，那么自然就会下令进行等级换位。统治者的眼睛决不能看着那个孩子而心生悲悯，因为那个孩子必须降级，成为一个农民或工匠。假如工匠的儿子混入了金子或银子，那么他们就会得到提拔，获得荣誉，成为守卫者或辅助者。因为，神谕说，铜铁当道，国破家亡。那个故事的内容大概就是这样，有没有可能让我们的公民相信它呢?

格劳孔：没有，这些人绝对不会相信。不过，我相信他们的后代也许会相信，子子孙孙们迟早会相信的。

苏格拉底：我明白了你的意思，那就让这个故事这么口口相传地代代流传下去吧，至少它能够影响人们彼此友爱以及爱护他们自己的国家。那就让我们从现在开始武装这些大地的子孙们，让他们在统治者的指引下，找到最适合扎营的地方，对内消灭不法之徒，对外抵抗强敌。另外，扎营祭神之后，他们还需要给自己做窝，这一点你同意吗?

格劳孔：我同意。

苏格拉底：这些窝要冬暖夏凉吗?

格劳孔：假如你指的是他们的住处，那肯定是必要的。

苏格拉底：我说的是兵士的营房不是商人的住房。

格劳孔：有什么区别吗?

苏格拉底：让我解释给你听说吧。对于牧羊人而言，世上最可怕的事情莫过于那些驯养牧羊犬的人把牧羊犬驯成了豺狼的样子，而这些坏脾气的牧羊犬就容易因为放纵、饥饿或是别的什么原因，去打击和伤害它所看管的羊群。

格劳孔：那确实可怕。

苏格拉底：这么说来，我们是不是也应该防备我们的辅助者用相同的态度来对付人民，还因为这样的强势把自己变成一个野蛮的主子呢?

格劳孔：确实有必要这么做。

苏格拉底：只要保证他们接受的是良好的教育，这方面应该就没有后顾之忧了吧?

格劳孔：可是他们已经受过好的教育了啊!

苏格拉底：我可没有你那样的信心，亲爱的格劳孔，不过我们可以肯定的是他们一定要接受正确的教育，不管它是哪种方式，只有这样他们才能温文和蔼，还能温文和蔼地对待他们所治理的人。

格劳孔：这话说得没错。

苏格拉底：除了接受好的教育之外，一般我们还要给他们提供住处和一些生活必需品，让他们安心工作，而不会因为缺失这些东西到老百姓那儿为非作歹。

格劳孔：这话说得很有道理。

苏格拉底：接下来，让我们考虑，假如他们要把我们关于他们的想法变为现实，他们的生活方式将会是什么样的。第一，除了生活必需品外，他们不应该拥有任何个人财产；第二，他们不应该拥有属于自己的、任何人想进都进不去的私人房屋或商店；第三，他们的供给只能和训练有素的战士所需要的供给一样，而战士是有节制、勇敢的人；第四，他们应该同意从公民那里接受一份固定报酬，足够满足一年的开支，除此别无任何其他；第五，他们将和战士生活在一起，并像战士那样去营地训练。我们将告诉他们，他们拥有来自神的金子和银子，他们体内有更神圣的金属，因此他们之间不需要用那些金属浮渣做流通，任何尘世的掺杂物不能污染他们的神圣。因为普通的金属是罪恶之源，而他们的金属则未受到玷污。在所有公民中，只有他们不可以接触、管理金银，不可以与金银共处一室，不可以佩戴它们，不可以用金银制成的器皿饮酒。这将拯救他们，而他们将是城邦的拯救者。不过，他们一旦要求拥有自己的房屋、土地和金钱，他们就会成为管家、农民而非守卫者，成为敌人、僭主而非公民盟友。他们会憎恨别人并且被人憎恨，密谋反对别人并且被人密谋反对。他们终生都将生活在对自己人的恐惧之中，这恐惧远甚于对外敌的担忧；于是，他们自己及城邦毁灭的时日也就近在咫尺了。根据以上所有理由，我们是否可以说，我们将这样来规划我们的城邦，将这样制订与守卫者的房屋及其他所有事务相关的规定？我们还需要其他的理由吗？

格劳孔：好的，不需要了。

第四卷

一　幸福原则与中产化原则

（此时，阿得曼托斯插进来提出一个问题。）

阿得曼托斯：苏格拉底，假如有人反对你的观点，说你这是要使我们的守卫者成为完全没有任何幸福的人，使他们自己成为自己不幸的原因，你会怎样回答呢？虽然城邦的确是他们的，但是他们却从城邦得不到任何好处，他们不能像平常人那样获得土地，建造华丽的住宅，置办各种奢侈的家具，用自己的东西献祭神明，款待宾客，以争取神和人的欢心，他们也不能有你刚才所提到的金和银以及凡希望幸福的人们常有的一切；我们的守卫者，竟然穷得完全像那些驻防城市的雇佣兵一样，除了站岗放哨而外什么都没有。对于这种指责你又将做怎样的辩解呢？

苏格拉底：嗯，我还可以替他们补充说，我们的守卫者只能得到吃的，除此以外，他们不能像别的人那样，再取得其他的报酬；因此，他们要到那里去却是不能的；他们没钱给情人馈赠礼品，或在别的方面如同那些被认为幸福的人那样随心所欲地花钱。诸如此类的指责，我还可以补充许许多多呢。

阿得曼托斯：假如这些话一并包括在指责里，会怎样呢？

苏格拉底：你是问我们怎样解答吗？

阿得曼托斯：是的。

苏格拉底：假如我们沿着这个方式论证下去，我相信我们会找到答案的。我们的答案将是，即便那些是事实，他们也极有可能会成为最幸福的人。在创建城邦的过程中，我们的目标并非是哪个阶级享有不恰当的幸福，而是全体的最大幸福。我们觉得，在一个着眼于全体利益的良治的城邦里，我们最容易发现正义；而在混乱的城邦里则为不义。找到这两个城邦后，我们就可以确定哪个城邦更为幸福。目前，我们在塑造一个幸福的城邦——是整体而不是局部，更不是仅仅造福于少数公民。用不了多久，我们将考察相反的城邦。假如我们正在给一个雕塑着色，有个人走过来对我们说："你们为什么不给身体最美丽的部分描上最美丽的色彩呢？眼睛本来应该是紫色的，你们却给它们着了黑色。"我们可能会清楚地回答他："先生，你肯定不愿意让我们把眼睛美化到它们再也不是眼睛的程度。请你动动脑，稍微思考一下，通过赋予眼睛和面部其他部分特征它们应有的比例，我们不是让整体变美丽了吗？"因此，我告诉你，不要强迫我们给守卫者不应拥有的别的幸福。我们可以让我们的农民穿得好似君王，头戴金冠，愿意耕种时耕种，其他什么也不做；我们也可以让我们的陶工睡在卧榻上，在火炉边宴饮，推杯换盏，陶轮就在他们手边，随其意愿想制陶便制陶；或许这样可以让每个阶级都感到幸福，正如你所想，整个城邦都是幸福的了。不过，请不要把这种想法放入我们的头脑中，因为假如我们听了你的话，农民将不再是农民，陶工将不再是陶工；城邦中没有人再会有阶级的清晰身份。社会败坏的后果不止于此，人们会僭越本分，自我标榜；假如法律和国家的守卫者也有名无实，那么就等着看他们是如何把城邦翻个底朝天吧！而只有他们能够给城邦带来秩序和幸福。我们想让我们的守卫者成为城邦真正的拯救者，而不是毁灭者。但是，我们的对手却希望我们是欢宴中作乐的农民，而不是正在履行国家职责的公民。假如是这样的话，我与他想的并非一个东西，而他所谈论的也不是城邦。因此，我们必须想清楚，我们任命守卫者是旨在看到守卫者个人的最大幸福呢，还是幸福的原则常驻整个城邦。假如是后者，那么守卫者、支持者及所有同胞，必然深受鼓舞和激励，尽其所能去工作，整个城邦将因此而繁荣昌盛，各个阶级也将获得上天赋予的相配的幸福。

阿得曼托斯：我认为你说得非常对。

苏格拉底：我还有一个想法，不知道你会不会赞同。

阿得曼托斯：什么想法？

苏格拉底：技艺退化的原因似乎有两个。

阿得曼托斯：哪两个原因？

苏格拉底：贫和富。

阿得曼托斯：它们是如何让技艺退化的呢？

苏格拉底：是这样的：当一个陶工变成了富人，请试想一下，他还会那样勤苦地对待他的手艺吗？

阿得曼托斯：肯定是不会的了。

苏格拉底：他会变得越来越懒惰、越来越不负责任，是吗？

阿得曼托斯：肯定是这样。

苏格拉底：结果他将成为一个日益蹩脚的陶工，对吗？

阿得曼托斯：是的，大大退化。

苏格拉底：但是，要是他没有钱，不能买工具器械，他将不会把自己的工作做得那么好，也不会教自己的儿子或徒弟去同样好好工作。

阿得曼托斯：肯定不能。

苏格拉底：因此，贫和富这两个原因都能使手艺人和他们的手艺退化，对吗？

阿得曼托斯：显然是这样。

苏格拉底：因此，正如所看到的，我们在这里发现了第二害，它们是守卫者必须尽最大努力防止其在某个时候悄悄地潜入城邦。

阿得曼托斯：什么害？

苏格拉底：贫和富呀。富则奢侈、懒散和要求变革；贫则粗野、低劣，也要求变革。

二　论城邦的强大与统一

阿得曼托斯：确实是这样。但是，我还想请问你，苏格拉底，假如没有钱财物资，我们城邦怎么进行战争，尤其是一旦不得不和一个富足而强大的城邦作战时？

苏格拉底：显而易见，和一个这样的敌人作战并不是一件容易的事；但是和两个这样的敌人作战，却比较容易。

阿得曼托斯：这是什么意思？

苏格拉底：首先，请告诉我，假如不得不打仗，我方将是训练有素的战士，而对方则是富人组成的军队，是不是？

阿得曼托斯：是这样的。

苏格拉底：阿得曼托斯，你是否认为，精于拳术的人只要一个就可以轻而易举地胜过两个不懂拳术的胖大个儿的富人？

阿得曼托斯：假如两个人同时进攻一个人，我觉得这一个人不见得能轻易取胜。

苏格拉底：假如他能以避其锋芒，然后返身将两对手中之先追到者击倒，而且，假如他能在烈日炎炎之下多次这样做，作为一个专业拳手，他连续作战，所击倒的胖人就不止一个了。

阿得曼托斯：如能那样，胜利当然就没什么可奇怪的了。

苏格拉底：你不觉得和军事方面比较起来，富人在拳术方面的知识和经验更具有优势吗？

阿得曼托斯：我看是的。

苏格拉底：因此，我们的拳斗士大概是容易击败数量比他多两三倍的敌手。

阿得曼托斯：我同意你的看法，因为我认为你说得非常有道理。

苏格拉底：假如我们派遣一名使节到两敌国之一去，把真实情况告诉他们：我们没有金银这东西，也不允许拥有，但他们可以有，因此他们还是来帮助我们作战，掳掠另一敌国的为好。听到这些话，还有什么人愿去和瘦而有力的狗打，而不愿意和狗站在一起去攻打那肥而弱的羊呢？

阿得曼托斯：我觉得不会有什么人愿意和狗为敌的。但是，如果许多国家的财富都聚集到一个国家去了，那么对于这个穷国来说可能就构成一种威胁。

苏格拉底：对于和我们所建立的这个城邦不同的任何别的国家，假如你认为值得把它称呼为一个国家，那未免太单纯了。

阿得曼托斯：那么怎么称呼它呢？

苏格拉底：称呼其他国家时，“国家”这个名词应该用复数形式，因为它们每一个都是许多个而不是一个，正如戏曲里所说的那样。这是因为，实际上任何一个国家或城邦，不管多么小，都可以分成两个帮派，一个是穷人的帮派，另一个是富人的帮派，并且这两个帮派还互相打仗。这两个城邦中的每一个城邦的内部还存在更小的部分，假如你把他们全都当作一个帮派来对待，你就完全失策了。但是，假如你把他们当作很多帮派来对待，并把其中一个的财富、权力、人员交给其他的小帮派，那么你将永远是朋友多于敌人。假如现在所描述的这项明智的原则持续盛行，你的帮派将成为所有帮派中最强大的帮派。我所谓的强大并非名望和外观上的强大，而是事实上的真正强大，即便它只有不到一千名守卫者。无论在希腊还是在希腊以外的任何地方都很难找得到，而“似乎是一个”的国家，比我们大许多许多倍的你也可以找得到。或许，你有不同的想法吧？

阿得曼托斯：没有，真的。

苏格拉底：因此我国的当政者在考虑城邦的规模或要拥有的疆土大小时似乎应该规定一个不能超过的最佳限度。

阿得曼托斯：什么限度最佳呢？

苏格拉底：国家大到还能保持统一，在我看来，这就是最佳限度，不能超过它。

阿得曼托斯：很好。

苏格拉底：因此，这是我们必须交给我们国家的守卫者的又一项使命，即竭尽全力守卫着我们的城邦，让它既不要太小，也并非只是看上去很大，而要让它成为一个够大的且又统一的城邦。

阿得曼托斯：我们交给他们的这个使命或许算不上一个很难的使命。

苏格拉底：我们前面提到过的那个命令甚至更加容易做到。也就是假如守卫者的后裔变低劣了，应把他降入其他阶级，假如低等阶级的子孙天赋优秀，应把他提升为守卫者。这用意在于昭示：每个人天赋适合做什么，就应派给他什么任务，以便大家各就各业，一个人就只从事一种工作而不是多种工作，于是整个城邦成为统一的一个而不是分裂的多个。

阿得曼托斯：是的，这个使命确实比那个还要来得容易。

三　论城邦的礼法

苏格拉底：我善良的阿得曼托斯，我们责成我国当政者所做的这些事情并不像或许有人认为的那样，是很多的困难的使命。实际上，实施起来，它们都是非常容易做得到的，只要当政者注意一件大家常说的所谓大事就行了。(其实,我不喜欢称之为“大事”,而宁愿称之为“能解决问题的事”。)

阿得曼托斯：这是什么事呢?

苏格拉底：教育和教养。因为，假如人们接受了良好的教育就能成为事理通达的人，那么他们遇事就能很容易弄明白，处理所有这些事情还有我此刻没有谈及的别的一些事情，比如婚姻嫁娶以及生儿育女——处理所有这一切都应当本着一个原则，即俗话所说的“朋友之间不分彼此”。

阿得曼托斯：或许这是最好的办法了。

苏格拉底：而且，国家一旦很好地开动起来，就会像车轮那样，带着累积的力量前进。因为良好的教养和教育造成良好的身体素质，良好的身体素质再接受良好的教育，产生出比前代更好的体质，这除了有利于其他目的外，也有利于人种的进步，就如同其他动物一样。

阿得曼托斯：有道理。

苏格拉底：因此简明扼要地说，那么，让我们总结一下：我们的统治者，首先应该注意保持音乐和体育原有的形式，尽最大努力保持它们原封不动。当有人说人最关心‘歌手的新歌’[①]，他们会担心他想赞美的并非新作，而是一个新的歌曲种类，但这却不应该受到赞美，也不应该被认为是诗人的意图。因为，对于城邦而言，任何音乐革新都充满危险，都应该被禁止。因此，泰蒙对我说，假如音乐规范改变了，那么城邦的规范也总是随之改变！对于他的这种说法，我完全赞同。

阿得曼托斯：是的。我也赞成这种说法。

苏格拉底：因此，我们的守卫者看来必须就在这里——在音乐里——布防设哨。

阿得曼托斯：这种目无法纪极容易悄然潜入。

苏格拉底：是的。因为它被认为不过是一种游戏，不构成任何危害。

阿得曼托斯：其他的害处确实没有，只是它一点点地渗透，悄悄地流

---

① 出自《奥德赛》第1卷。

入人的性格和习惯，再以渐大的力量由此流入人与人之间的关系，再由人与人的关系肆无忌惮地流向法律和政治制度，苏格拉底呀，它终于颠覆了一切公私权利。

苏格拉底：呀！是这样吗？

阿得曼托斯：我相信是这样。

苏格拉底：那么，正如我们开头说的，我们的孩子必须参加符合法律精神的正当游戏。因为，假如游戏是不符合法律的游戏，孩子们也会成为违反法律的孩子，他们就不可能成为品行端正的守法公民了。

阿得曼托斯：肯定如此。

苏格拉底：因此，假如孩子们从一开始做游戏起就能借助于音乐养成遵守法律的精神，而这种守法精神又反过来反对不法的娱乐，那么这种守法精神就会随时支配着孩子们的行为，从而使他们健康成长。一旦国家发生什么变革，他们就会起而恢复固有的秩序。

阿得曼托斯：非常正确。

苏格拉底：孩子们在这样的教育中长大成人，他们就能自己去重新发现那些已被前辈全都废弃了的看起来微不足道的规矩。

阿得曼托斯：你指的是什么？

苏格拉底：我所说的，比如：年轻人在年长者面前应该保持肃静；要起立让座以示敬意；对父母要尽孝道；还要注意发式、袍服、鞋履等，总之体态举止，以及其他诸如此类，都要注意。你同意我的观点吗？

阿得曼托斯：我和你看法相同。

苏格拉底：不过，把这些规矩订成法律我觉得是愚蠢的做法。因为，仅仅订成条款写在纸上，这种法律是得不到遵守的，也是不会持久的。

阿得曼托斯：那么，它们怎么才能得到遵守呢？

苏格拉底：阿得曼托斯啊，一个人开始接受教育时所定的方向将决定他未来的人生。因为“同声相应，同气相求”，难道事情不总是这样吗？

阿得曼托斯：的确是的。

苏格拉底：直至达到一个重大的结果，这个结果可能是好的，也可能是不好的。

阿得曼托斯：当然啰。

苏格拉底：由于这些理由，因此我不想再把这种事情制订成法律了。

阿得曼托斯：理由充足。

苏格拉底：那么，关于市场上的生意、买卖以及人与人之间的普通交易，以及关于和工匠订立的开工协议，你是怎么认为的呢？说到侮辱和伤害，那么关于如何起诉、如何任命陪审员，你又是什么看法呢？关于可能必须进行的市场和港口税的征收、提取，以及一般的关于市场、警察、港口等的管理，也可能会引发问题。可是，凭宙斯的名义，我们应该屈尊为这些项目逐一立法吗？

阿得曼托斯：不，对于优秀的人，把这么多的法律条文强加给他们是不恰当的。需要什么规则，大多数他们自己会不难发现的。

苏格拉底：是的，我的朋友，只要神明保佑他们能保存住我们已给他们订定的那些法律，也就可以了。

阿得曼托斯：要不然的话，他们将永无止境地从事制订这类烦琐的法律，并为使它们达到完善把自己的一生都用来修改这种法律。

苏格拉底：你的意思是说，这种人的生活极像那些纵欲无度而成瘤疾的人不愿抛弃对健康不利的生活制度一样。

阿得曼托斯：很对。

苏格拉底：诚然，他们的生活是多么的惬意啊。他们虽就医服药但毫无效果，只有使疾病更复杂并加重；他们还一直指望有人能告诉他们一种灵丹妙药，使他们可以恢复健康。

阿得曼托斯：有这种疾病的人大都这副样子。

苏格拉底：是的，而且有趣的是，如果有什么人告诉他们实话说：假如他们不停止大吃大喝，寻花问柳，游手好闲，显而易见的是，不管药物还是烧灼法还是外科手术，是咒语还是符箓或别的任何治疗方法都治不好他们的病，那么他们就会把这个人视为自己最可恶的敌人。

阿得曼托斯：根本谈不上有趣，因为对说老实话的人生气是没有必要的。

苏格拉底：我感觉你好像对这种人没有好感。

阿得曼托斯：的确没有好感。

苏格拉底：假如有些城邦的所作所为正如我刚才描述的人那样，你也不会称赞它们。有一些城邦尽管秩序混乱，但它们的公民却被禁止改变制度，要不然就会被判处死刑。然而，假如有谁能最讨人喜欢地向生活在这种制度下的人献殷勤，纵容他们，讨好他们，长于揣测并满足他们的心意，就会被认为是一个伟大、优秀的政治家。难道这些城邦不正和我刚才描述的人相似吗？

阿得曼托斯：是的，我认为这种国家的行为和那种病人的行为是一样的，我无论如何也不能称赞它。

苏格拉底：不过，对于那些愿为这种国家热诚服务的人又怎么样呢？你难道不称赞那些在政治腐败中游刃有余的官员的勇敢和不计个人利害的精神吗？

阿得曼托斯：我称赞他们，只是不称赞其中那些缺乏自知之明的，因有许多人称赞他们而竟以为自己真是一个政治家了的人们。

苏格拉底：你这是什么意思呢？你应该多体谅一下他们。一个人不会量尺寸，另外有许多人也不会量尺寸，但他们告诉他说他身长四腕尺[①]，你认为他能不相信这个关于他身长的说法吗？

阿得曼托斯：他怎能不相信呢？

苏格拉底：那么，你别对他们生气。因为，他们不也挺可怜吗？他们像我刚才说过的那样不停地制订和修改法律，总是希望找到一个办法来杜绝商业上的以及我刚才所说的那些别的方面的弊端，他们不明白自己这样

---

① 腕尺：长度单位，1 腕尺约说罢 45.7 厘米。

做实际上就等于在砍九头蛇[1]的脑袋。

阿得曼托斯：的确，他们所做的正是这样的事。

苏格拉底：因此我觉得，真正的立法家不应当把力气花在法律和宪法方面，不管是在政治秩序不好的国家还是在政治秩序良好的国家。因为在混乱的国家里，法律根本没用，而在秩序良好的国家里，法律和宪法有的不难设计出来，有的则可以从前人的法律条例中很方便地引申出来。

阿得曼托斯：那么，在立法工作方面，我们还有什么事要做的吗？

苏格拉底：没什么还要我们做的，特尔斐[2]的阿波罗还有事要做，他还有最重大最崇高最主要的法律要规定。

阿得曼托斯：具体有哪些？

苏格拉底：诸如神庙和献祭的制度，祭神、半神、英雄的整个仪式，墓地的安排，以及他为抚慰冥界居民而不得不遵守的仪式。我们自己是不懂这些事务的，假如我们不把它们托付给我们祖先的神，而托付给任何一个阐释者，那么我们就是不明智的。他是一位端坐中央的神，位于大地的肚脐之上，是把信仰解释给所有人听的阐释者。

阿得曼托斯：你说得很好，我们必须这样做。

苏格拉底：但是，在这一切之中，正义在什么地方呢？阿里斯通的儿子啊，告诉我它在哪里？现在我们的城邦已经是宜居的了。点上蜡烛寻找，你的兄弟、玻列马邱斯和这些朋友会帮助你，让我们看看哪里能找到正义、哪里能找到不正义，两者彼此有什么不一样，正义者与不正义者谁将获得其命中注定的幸福，不管神与人是不是看到。

---

① 九头蛇：古希腊神话中的怪蛇，九个头，斩去一个头会又生出两个头。

② 特尔斐：希腊的宗教圣地，阿波罗神庙位于这里。

四　城邦的四美德

格劳孔：别绕圈子了吧，你曾答应要亲自寻找正义的。你曾说过，你要是不竭尽全力想办法帮助正义，就是不虔敬的人。

苏格拉底：我曾经确实这样说过，我肯定会这样做，但你也应助我一臂之力。

格劳孔：我们愿意。

苏格拉底：所以我希望用如下的办法找到它。我觉得我们的城邦假定已经正确地建立起来了，它就应是善的。

格劳孔：必定的。

苏格拉底：那么可想而知，这个国家一定是智慧的、勇敢的、节制的和正义的。

格劳孔：这是非常清楚的。

苏格拉底：因此，无论这些品质中的几种被我们从城邦中发现，那尚未发现的就是余下的，对吗？

格劳孔：怎么不对呢？

苏格拉底：正如另外有四个东西，假定我们要在某事物里寻求它们之中的某一个，一开始便找到了它，那么我们就非常满意了。但是，假如我们所找到的是另外三个，那么这也足以使我们知道我们所要寻求的那第四个了，因为它不可能是别的，而只能是剩下来的那一个。

格劳孔：说得没错。

苏格拉底：那么，既然我们现在所要寻求的东西也是四个，我们不也可以用同样的方法来寻求它们吗？

格劳孔：当然。

苏格拉底：在我们的国家中被发现的美德中，智慧首先映入了眼帘。关于智慧，我发现了一种特性。

格劳孔：有什么特性？

苏格拉底：我认为我们所描述的这个国家确实是智慧的，因为它是有很好的谋划的，不是吗？

格劳孔：是的。

苏格拉底：好的谋划这东西本身很明显就是一种知识。因为，其所以有好的谋划，乃是由于有知识而不是由于无知。

格劳孔：很明显是这样。

苏格拉底：但是在一个国家里，知识的种类是繁多的。

格劳孔：当然。

苏格拉底：那么一个国家之所以称为有智慧和有好的谋划，是因为它的木工知识吗？

格劳孔：肯定不是。这只能说这个国家有发达的木器制造业。

苏格拉底：如此说来，一个国家不能因为有制造木器的知识，能谋划生产最好的木器，而被称为有智慧。

格劳孔：的确不能。

苏格拉底：那么，可不可以说因为它长于制造铜器或其他这一类东西而被称为有智慧呢？

格劳孔：绝对不能。

苏格拉底：我想，也不能凭农业生产的知识吧！因为这种知识只能使它有农业发达之名。

格劳孔：我认为是这样。

苏格拉底：在我们刚刚建立起来的这个国家里，是不是有某些公民具有一种知识，这种知识并非用来考虑国中某个特定方面事情的，而只是用来考虑整个国家大事，改进它的对内对外关系的呢？

格劳孔：是的，有这么一种知识。

苏格拉底：这种知识是什么？它在哪里啊？

格劳孔：它是守卫者的知识，这种知识是在我们方才称为严格意义下的守卫者的那些统治者之中。

苏格拉底：那么，你打算用什么名称来称呼具有这种知识的国家呢？

格劳孔：我要说，它是深谋远虑的，真正有智慧的。

苏格拉底：你觉得在我们的国家里到底是哪一种人多？铜匠多呢，还是这种真正的守卫者多呢？

格劳孔：自然是铜匠多得多。

苏格拉底：那么，和各种具有某个特定方面知识而得到某种与职业有关的名称的人相比，这种守卫者是不是最少呢？

格劳孔：少得多。

苏格拉底：由此说来，一个刚刚建立起来的国家，其之所以整个被说成是有智慧的，乃是由于它的人数最少的那个部分和这个部分中的最小一部分，领导着和统治着它的人们所具有的知识。并且，唯有这种知识才配称为智慧，而能够具有这种知识的人按照自然规律总是最少数。

格劳孔：非常正确。

苏格拉底：现在我们多少总算是找到了我们的四种性质的一种，并且也找到了它在这个国家里的所在了。

格劳孔：无论怎么说，以我之见，它是被充分地找到了。

苏格拉底：接下去，要发现勇敢本身和这个给国家以勇敢名称的东西到底处在国家的哪一部分，应当是非常容易的吧！

格劳孔：为什么这么说？

苏格拉底：因为凡是说起一个国家懦弱或者勇敢的人，除掉想到为了保卫它而上战场打仗的那一部分人之外，还能想到其他哪一部分人呢？

格劳孔：还没有人会想到别的人。

苏格拉底：我认为，其之所以如此，就是因为国家的这种性质不能视其他人的勇敢或懦弱而定。

格劳孔：是的，是不能视其他人的勇敢与否而定的。

苏格拉底：所以，国家是因自己的某一部分人的勇敢而被说成勇敢的。是因这一部分人具有一种能力，也就是说不管在什么情形下他们都保持着关于可怕事物的信念，相信他们应当害怕的事情乃是立法者在教育中告诫他们的那些事情以及那一类的事情。这难说不就是你所说的勇敢吗?

格劳孔：你的话我还没有完全理解，请你再说一遍。

苏格拉底：我的意思是，勇敢就是一种保持。

格劳孔：一种什么保持?

苏格拉底：就是保持住法律通过教育所建立起来的关于可怕事物——即什么样的事情应当害怕——的信念。我所谓“不管在什么情形之下”，意即勇敢的人不管处于苦恼还是快乐中，或处于欲望还是害怕中，都永远保持这种信念而不抛弃它。假如你想听听的话，我可以打个比方来解释一下。

格劳孔：如果你乐意的话，我想听听你的解释。

苏格拉底：你知道，假如染工想给羊毛染上真正的海洋紫，他们首先会细心、辛勤地准备，会挑选白色的羊毛，之后才着手染色。不管什么颜色，一经这样染上便能永不褪色。不管用不用灰汁[①]洗，都洗不掉那种光泽。不过，假如没有好好地准备材质，你就会看到那种紫色会糟糕到何种程度，没有颜色会例外。

格劳孔：我知道会褪色而变成可笑的样子。

苏格拉底：因此，你就会真正明白我们挑选战士，让他们接受音乐和体育训练是要让他们达到何种目标了。我们有计划地施加影响，为让他们做好接受礼法浸染的准备，让他们的先天本性和后天训练牢牢固定住他们

① 灰汁：古希腊人大多用草木灰泡成的碱性水来洗涤衣物。

对危险以及别的观念的色彩，让那些色彩永不磨灭，永远不会被快乐、悲伤、恐惧、欲望等强碱液洗得褪色。在洗涤灵魂方面，快乐的效力比任何苏打或碱液都要强好多，而悲伤、恐惧、欲望则是所有溶剂中最强的。这种关于真假危险的真意见，与礼法是相一致的，它是拯救每一个人的力量，我将坚持称其为勇敢。你同意我的说法吗？

格劳孔：我没有任何异议。因为，我认为你对勇敢是有正确判断的，至于那些不是教育造成的，与法律没有丝毫关系的，在兽类或奴隶身上也可以看到的同样的表现，我想你是不会称之为勇敢，而会另给名称的。

苏格拉底：你说得太对了。

格劳孔：那么，我接受你对勇敢所做的这个说明。

苏格拉底：好。你在接受我的阐述时，如在“勇敢”上再加一个“公民的”限定词，也是没错的。假如你有兴趣，我们以后再对这个问题作充分的讨论，眼前我们要寻找的不是勇敢而是正义，为达到这个目的，我认为我们说这么些已经足够了。

格劳孔：有道理。

苏格拉底：我们要在这个国家里寻求的性质还剩下两种，就是节制和我们整个研究的对象——正义了。

格劳孔：正是。

苏格拉底：我们有没有办法不理会节制而直接找到正义呢？

格劳孔：我既没办法，也不想先发现正义，以免我们会把节制忽略了。因此，假如你情愿让我高兴的话，请你先考虑节制吧！

苏格拉底：不愿意让你高兴，我是肯定不会的。

格劳孔：那就研究起来吧！

苏格拉底：我一定会研究的。就目前所知来说，节制比前面两种性质更像协调或和谐。

格劳孔：为什么会这样？

苏格拉底：节制是一种好秩序或对某些快乐与欲望的控制。这就是人们所说的“自己的主人”这句我认为非常古怪的话，意即我们还可以听到其他类似的话，是不是？

格劳孔：是的，很对。

苏格拉底：“自己的主人”这种说法不是非常滑稽吗？因为一个人是自己的主人也就当然是自己的奴隶，一个人是自己的奴隶也就当然是自己的主人，因为所有这两种说法都是说的同一个人。

格劳孔：毫无疑问。

苏格拉底：不过我相信，这种表达的意思是，在人的灵魂中，既存在较好的部分，也存在较差的部分。当较好的部分控制了较差的部分的时候，那么就可以说，人是他自己的主人。这是一种赞美之语。不过，假如由于败坏了的教育或交往，较好的部分变成了较小的，并且被庞大的较差的部分压倒，那么他就会遭受谴责，被称为他自己的奴隶和不道德的人。

格劳孔：这看来是对的。

苏格拉底：现在来看看我们的新国家吧。你在这里也会看到有这两种情况之一。因为，既然一个人的较好部分统治着他的较坏部分，就可以称他是有节制的和自己是自己的主人。那么你应该承认，我们说这个国家是自己的主人的说法是正确的。

格劳孔：看过了这个国家，我觉得你说的没错。

苏格拉底：还可以看到，各种各样的欲望、快乐和苦恼都在小孩、女人、奴隶和那些名义上叫作自由人的为数众多的下等人身上出现。

格劳孔：正是如此。

苏格拉底：反之，靠理智和正确信念帮助，由人的思考指导着的简单而有分寸的欲望，则只能在少数人中见到，只能在那些天分最好且又受过最好教育的人中间见到。

格劳孔：说的对。

苏格拉底：在这个国家里你难道没有看到这一点吗？你不是看到了，在这里为数众多的下等人的欲望被少数优秀人物的欲望和智慧统治着吗？

格劳孔：是的。

苏格拉底：因此，假如说有什么国家应被称为自己快乐和欲望的主人，也就是自己是自己主人的话，那它必定就是我们这个国家了。

格劳孔：完全正确。

苏格拉底：根据上述理由，这个国家不也可以被称为有节制的吗？

格劳孔：当然可以。

苏格拉底：又比如说，假如有什么国家，它的统治者和被统治者，在应当由什么人来统治这个问题上具有一致的信念，那也只有我们这个国家是这样的了，你不这样认为吗？

格劳孔：我认为是这样。

苏格拉底：既是如此，那么你觉得节制存在于哪个部分的公民中，是存在于统治者中还是存在于被统治者中呢？

格劳孔：两部分人中都存在。

苏格拉底：因此你看到，我们刚才揣测节制像是一种和谐，并没有什么错误吧？

格劳孔：为什么呢？

苏格拉底：因为它的作用和勇敢、智慧的作用不同，勇敢和智慧分别处于国家的不同部分中而使国家成为勇敢的和智慧的。节制并非这样起作用的，因为它贯穿全体公民，把最强的、最弱的和中间的（无论是指智慧方面，还是——假如你高兴的话——指力量方面，或者还是指人数方面、财富方面，或其他诸如此类的方面）都结合起来，造成和谐，就仿佛贯穿整个音阶，把各种强弱的音符结合起来，产生一支和谐的交响乐似的。因此我们可以正确肯定地说，节制就是天性优秀和天性低劣的部分在什么人应当统治，什么人应当被统治——无论是在国家里还是在个人身上——这个问题上所表现出来的这种一致性和协调。

格劳孔：我完全同意你的看法。

苏格拉底：这样一来，我们至此也许可以认为，我们已经在我们国家中找到了三种性质。剩下的那个使我们国家再具一种美德的性质还能是什么呢？剩下来的这个很明显就是正义了。

格劳孔：显然是的。

苏格拉底：那么，格劳孔，到时候了，我们应该像猎人那样包围树丛，注意别让正义溜走了。因为，她就在这个国家的某个地方。要观察，争取发现她。要是你先发现了她，就马上告诉我。

格劳孔：但愿我能够，不过你最好还是把我看成只是一个随从，我所能看得见的只不过是你指给的东西。我能胜任的，不过如此。

苏格拉底：既然如此，那么为了胜利，就请你跟着我前进吧！

格劳孔：请你只管前头走，我会跟着来的。

苏格拉底：这真像是个无法到达的所在呢，一片黑暗呀！

格劳孔：确实是一片黑暗，不容易寻找。

苏格拉底：无论如何，我们总得向前呀！

格劳孔：好，向前进。

苏格拉底：嘿，格劳孔，我想我找到了它的踪迹了，我相信它是逃不掉了。

格劳孔：听到这个消息我非常高兴，不过为什么这么说？

苏格拉底：真的，我们确实太愚蠢了。

格劳孔：为什么？

苏格拉底：为什么？我亲爱的朋友，从前，就在我们开始探寻时，正义就滚落在我们脚边了，可我们从来没有看见她。再也没有比这更可笑的事情了。有些人手里拿着某样东西，却还四处寻找它，而我们的方式就是那样。我们没有朝我们正在寻找的东西上面看，却把目光落在了远处的东西上。就这样，非常遗憾，我们错过了它。

格劳孔：你说的是什么意思？

苏格拉底：我的意思是，我们一直以某种方式在谈论正文了，不过，我们自己却始终不知道我们是在谈论着它。

格劳孔：对于一个性急的听众而言，你这篇前言太冗长了，甚至让我都有点儿不耐烦了。赶快言归正传吧！

苏格拉底：那么你听着，看我说得对不对。你记不记得，我们在建立我们这个国家的时候，曾经规定了一条总的原则。我认为这条原则或者这一类的某条原则就是正义。我们规定下来并且时常说到的这条原则就是：任何人必须在国家里执行一种最适合他天性的职务。

格劳孔：是的，我们说过这点。

苏格拉底：不仅如此，我们听到许多人说过，自己也曾断言，正义就是只做自己的事而不兼做别人的事。

格劳孔：是的，我们也曾说过这话。

苏格拉底：那么，朋友，从某种角度理解，做自己的事就可以假定是正义。可是，你知道我是怎么推导出这个结论的吗？

格劳孔：不知道，请你告诉我。

苏格拉底：我觉得，在我们考察过了节制、勇敢和智慧之后，在我们城邦里剩下的就是正义这个品质了，就是这个品质能够使节制、勇敢、智慧在这个城邦产生，并在它们产生之后一直保护着。我们也曾说过，假如我们找到了三个，正义就是其余的那一个了。

格劳孔：必定的。

苏格拉底：假如有人请我们判断，在这四样品质中，其存在对城邦的杰出贡献最大的是哪一种，那么这个问题回答起来有点困难。是统治者和臣民的一致吗？是战士持有的对律法所定的危险真实性质的观念吗？是统治者的智慧和警觉吗？是我刚才提到的另外一种品质吗？我们能够在儿童和女人身上发现这种品质，可以在奴隶和自由民身上发现这种品质，还可以在工匠、统治者和臣民身上发现这种品质。我指的是，每个人做他自己的事情、不做游手好闲的人的品质。到底哪一种值得获此殊荣呢？

格劳孔：的确很难判断。

苏格拉底：看来，似乎就是“任何人在国家内做他自己分内的事”这个品质在使国家完善方面与智慧、节制、勇敢较量着能力大小。

格劳孔：没错。

苏格拉底：那么，在使国家完善方面和其余三者较量能力大小的这个品质不就是正义吗？

格劳孔：正是。

苏格拉底：让我们从另外一个角度来考察一下这个问题吧，假如这样做能使你信服的话。你们不是委托国家的统治者们审理法律案件吗？

格劳孔：当然了。

苏格拉底：他们审理案件无非为了一个目的，也就是任何人都不拿别人的东西，也不让别人占有自己的东西，除此而外还有其他什么目的吗？

格劳孔：只有这个目的。

苏格拉底：这是不是一个正义的目的？

格劳孔：是的。

苏格拉底：因此，根据这一点，我们大概也可以达到意见一致了：正义就是有自己的东西，干自己的事情。

格劳孔：正是如此。

苏格拉底：现在，请你先想一想，你是不是同意我的下述看法：假定一个木匠做鞋匠的活儿，或者一个鞋匠做木匠的活儿，假定他们彼此交换工具或地位，甚至假定同一个人企图兼做这两种事，你觉得这种互相交换职业对国家不会有很大的危害？

格劳孔：我想不会有太大的危害。

苏格拉底：但是，假如那个鞋匠，或一个生来是经商材料的人，由于财富、力量、他的追随者的数量或任何优势而野心膨胀，企图挤入他不配进入的战士阶层；或一个战士企图挤入他不配进入的立法者和守卫者阶层；要么互相交换工具，要么互相交换职责；或者一个人集商人、立法者、战士于一身，那么我认为这种互相交换和相互干扰就意味着国家的毁灭，我的这种看法你同意吗？

格劳孔：绝对同意。

苏格拉底：现有的这三种人互相干涉互相代替，对于国家是有最大害处的。因此，可以正确地把这称为最坏的事情，是吧？

格劳孔：的确是这样。

苏格拉底：对自己国家的最大危害，你不主张这就是不正义吗？

格劳孔：怎么不是呢？

苏格拉底：那么，这就是不正义。相反，我们说：当生意人、辅助者和守卫者这三种人在国家里各做各的事而不相互干扰的时候，便有了正义，从而也就使国家成为正义的国家了。

格劳孔：我完全同意你的这种看法。

五　论灵魂的正义

苏格拉底：当然，我们也别过于绝对。但假如通过验证，这种正义的观念不管在个人还是城邦中都得到了证实，那就不会有疑问了。假如它没有得到证实，那么我们就必须进行新的考察。首先让我们完成旧的考察。你可能还记得，我们是从一个想法开始的：假如我们能先在较大的规模上考察正义，那么在个人中识别出它的困难就比较小了。较大的例子似乎是城邦，我们也相应地尽我们所能创建了一个好的城邦。我们早已知道，在好的城邦中，我们会找到正义。现在，让我们把我们的发现应用于个人吧。假如它们能取得一致，我们就满意了。假如在个人中存在差异，我们会重新回到城邦，再一次对那种理论进行考察。假如让二者互相摩擦，那么它们有可能会擦出火花，正义从中迸发出光芒，那时候所展现的景象我们会牢牢刻在我们的灵魂里。

格劳孔：你提出了一个非常好的程序，必须这么办。

苏格拉底：那么，假如两个事物名称相同，一个大一个小，它们也相同呢，还是虽有同一名称而不相同呢？

格劳孔：相同。

苏格拉底：那么，假如仅就正义的概念来说，一个正义的个人和一个正义的国家也一点儿区别都没有吗？

格劳孔：是的。

苏格拉底：现在，当城邦里的这三种自然的人各行其是的时候，城邦被认为是正义的，并且，城邦也由于这三种人的其他某些情感和性格而被认为是有节制的、勇敢的和智慧的。

格劳孔：是的。

苏格拉底：因此，我的朋友，个人也是这样。我们也可以假定，个人在自己的灵魂里具有和城邦里所发现的同样的那几种组成部分，并且有理由希望个人因这些与国家里的相同的组成部分的“情感”而得到相同的名称。

格劳孔：肯定可以的。

苏格拉底：啊，我们又碰上了一件容易的问题，那就是灵魂里是否有这三种品质。

格劳孔：我倒不觉得这是个容易解决的问题。因为，苏格拉底呀，或许俗话说的对：“不入虎穴，焉得虎子。”

苏格拉底：很明显是这样的。让我告诉你，格劳孔，在我看来，用我们现在的这个论证方法是不管怎样也不能弄清楚这个问题的。解决这个问题的正确方法是另外一个，并且道路比较漫长。不过，用我们这个方法使问题得到一定程度的解决，做到像解决前面的问题那样的程度或许还是可以的。

格劳孔：这不就够了吗？就目前的状况而言，我十分满意。

苏格拉底：在我这方面也确实满意了。

格劳孔：那么不要厌倦，让我们继续研究下去。

苏格拉底：我们是不是必须承认，任何人身上都有城邦里有的那几个部分和习惯呢？它们是由个人带入城邦的，因为除了以这种方式，它们还能以其他方式进入城邦吗？就拿激情或热情这种品质来说吧，当城邦里出现这种品质时，假如我们设想这种品质并不是来自那些被认为拥有它的人，如色雷斯人、西徐亚人，以及大多数北方民族，那么这将是极其荒谬的。至于对知识的喜爱，或许也一样，它是我们这里的一种特殊品质。对钱财的喜爱也许可以把它归属于腓尼基人和埃及人，这也是真的。

格劳孔：对。

苏格拉底：事实就是如此，理解这一点非常容易。

格劳孔：当然不困难。

苏格拉底：不过，假如我们继续问，这三个部分是相互独立的三个部分，还是其实是一个整体，那么这个问题就有点儿不好回答了。也就是说，我们用我们天性的一部分学习，发怒则用另一部分，天性的第三部分渴望我们自然欲望的满足；或者在每一项行动中，整个灵魂都在发挥作用？要想确定这一点，就不怎么容易了。

格劳孔：我也有这个感觉。

苏格拉底：那么现在让我们来试着确定这个问题吧：它们是一个东西呢还是不同的几个呢？

格劳孔：如何确定呢？

苏格拉底：有一个道理是非常清楚的：同一事物的同一部分关系着同一事物，不能同时有相反的动作或受相反的动作所影响。所以，每当我们看到同一事物里出现这种相反情况时我们就会知道，这并非同一事物而是不同的事物在起作用。

格劳孔：非常好。

苏格拉底：请注意我的话。

格劳孔：说吧！

苏格拉底：同一事物的同一部分同时既动又静是可能的吗?

格劳孔：是绝对不可能的。

苏格拉底：我们还需要把条件陈述得更准确一点儿，以免今后讨论过程中有分歧。比如有一个人站着不动，但是他的头和手在摇着，如果有人认为，这就是同一个人同时既动又静。我觉得我们不应当把这个说法当作一个正确的说法，我们应当说，这个人是一部分静另一部分动着，不是吗?

格劳孔：是的。

苏格拉底：假设反对者还要更巧妙地把这种玩笑开下去，他说陀螺的尖端固定在一个地点转动着，整个陀螺是同时既动又静，关于任何其他凡是在同一地点旋转的物体他也都可以这么说。我们不会接受他的反驳，因为在这种情况下静止和运动着的并非事物的同一部分。我们更应该说，在它们自身内有轴心的直绕部分和另一圆周线部分：着眼于直线部分则旋转物体是静止的，假如它们不向任何方向倾斜的话；假如着眼于圆周线则它们是在运动的。不过，假如转动时轴心线向左或向右、向前或向后倾斜，那么旋转物体就不管怎么样也谈不上静止了。

格劳孔：对。

苏格拉底：那么，任何这一类的话，再也不会把我们搞糊涂了，能使我们有一点点相信这种说法了：同一事物的同一部分关系着同一事物能够同时有相反的动作或受相反的动作。

格劳孔：我相信再不会了。

苏格拉底：然而，我们没有必要逐一考察所有这类的反对意见和证明它们的谬误。让我们假定它们的原则就是这样，并在这个假设下前进，不过心里必须得清楚，一旦发现我们这个假设不对，就应该把所有由此引申出来的结论撤销。

格劳孔：我们必须这样做。

苏格拉底：另外我要问，以下诸如此类的东西，你同意这些都是彼此相反的吗，即赞同和异议、求取和拒受、吸引和排斥？不管是主动的还是被动的，因为这对于相反一点儿影响都没有。

格劳孔：是的，它们都是相反的。

苏格拉底：那么，干渴和饥饿以及一般地说欲望、愿望、希望，你可以把这些东西归到我们刚才说的那些类的某一类里去。难道你不觉得所要求的那个人的灵魂正在求取他所要的东西，希望有某东西的人在吸引这个东西到自己身边来吗？或者说，一个人要得到某一东西，他的心因渴望实现自己的要求，不会向他的愿望点头赞同，让他得到这个东西吗？

格劳孔：我会这样认为的。

苏格拉底：关于不愿意、不喜欢和无要求，你的看法是怎么样的呢？我们不应该把它们归入灵魂的拒受和排斥，通常而言，归到与所有前者相反的那一类里去吗？

格劳孔：毋庸置疑。

苏格拉底：既然你承认这种关于欲望的说法总体而言是对的，那么我们不认为欲望是一个类，这一类中最为明显的例子乃是我们所谓的干渴与饥饿吗？

格劳孔：我们将这样认为。

苏格拉底：这两种欲望，不是一个要求饮料而另一个要求食物的吗？

格劳孔：是的。

苏格拉底：那么，就渴而言，口渴是不是灵魂对饮料的欲望、而且是唯一的欲望？可不可以用其他的什么来限定饮料，如热、冷、多、少，总之某种特殊饮品？假如渴还伴着热，那么那种欲望就是对冷饮的欲望；假如伴着冷，那么就是对热饮的欲望；假如太渴了，想喝的饮料会多；假如不怎么渴，想喝的会比较少。然而，纯粹简单的渴只要求纯粹简单的解渴、自然的满足，就像食物之于饥饿，不是吗？

格劳孔：是这样。每一种欲望本身只要求得到自己本性所要求得到的那种东西。特定的这种欲望才要求得到特定的那种东西。

苏格拉底：这里可能会有反对者站出来说，没有人会只要求饮料而不要求好的饮料，只要求食物而不要求好的食物。因为所有的人都是想要好东西的。因此，既然渴是欲望，它所要求的就会是好的饮料。至于其他的欲望，也一样。对于这种反对意见我们也要着手防范，不要让人家把我们搞糊涂了。

格劳孔：反对意见看来或许有点道理。

苏格拉底：尽管如此，我们还是应当继续坚持，特定性质的东西关系着特定性质的相关者，仅本身的东西关系着仅本身的相关者。

格劳孔：我不懂你的意思。

苏格拉底：你应当理解，较大与较小是相关的吧？

格劳孔：这一点我很清楚。

苏格拉底：那不是和较小的东西相关吗？

格劳孔：是的。

苏格拉底：大得多的东西关系着小得多的东西，是吧？

格劳孔：没错。

苏格拉底：某个时候较大的东西关系着某个时候较小的东西，较大者关系着较小者，所有这一切不也是这样吗？

格劳孔：也这样。

苏格拉底：如较多者关系着较少者，一倍者关系着一半者，以及诸如此类，还有，较重者关系着较轻者，较快者关系着较慢者，以及别的相关的事物，好较热者关系着较冷者等，所有这一切，不都是这样吗？

格劳孔：是这样。

苏格拉底：同样的原则不也适用物各种科学吗？仅科学本身就只是关于知识本身，或别的不管什么我们应当假定为科学对象的东西，但是一门特定的科学是关于一种特定知识的。我是说，举个例子吧，既然有建房造屋的科学，它不同于别的科学，它不是被叫作建筑学吗？

格劳孔：有什么不是呢？

苏格拉底：那不是因为它有特定的、不是其他任何科学所有的性质吗？

格劳孔：是的。

苏格拉底：它有这个特定的性质，不是因为它有特定的对象吗？其他科学和技艺不也是如此吗？

格劳孔：是如此。

苏格拉底：那么，假如我现在已经把话说透彻了，你就会明白我说的关于关联物的话原来是什么意思了，即假如一个关系的名称在这边被确定下来，那么另一个在另一边也被确定下来了；如果名称被限定了，那么另一方也会被限定。我的意思并非说，关系的两边是某种等同关系，就像说健康的科学就是健康的，疾病的科学必然是患病的，关于善的科学就是善的，恶的科学则是恶的。我只是想说明，当科学这一名称不再被绝对使用，而是拥有一个特定的对象——在这个例子中，这个特定对象就是健康和疾病的性质——科学就这样被限定了，它因此不能仅仅被称为科学，而是医疗的科学。

格劳孔：我懂了。我也认为是这样。

苏格拉底：接下来再说渴吧。你不认为渴属于这种本质上就是有相关事物的东西之一吗？渴毫无疑问关系着某种事物。

格劳孔：我也这样认为，它关系着饮料。

苏格拉底：那么，假如饮料是特定种类的，渴就也是特定种类的，但是与渴单纯自身相关的饮料无所谓多和少或好和坏，总而言之，无论饮料是什么种类的，单纯的渴自身自然仅单纯地关系着饮料单纯本身。不是吗？

格劳孔：无疑是的。

苏格拉底：因此渴的灵魂，假如仅渴而已，它所想要的就没有其他的，仅饮料而已，它就极为想要这个并力求得到它。

格劳孔：这是显而易见的。

苏格拉底：因此，假如一个人在渴的时候他心灵上有一个东西把他拉开不让他饮，那么这个东西绝对是一个另外的东西，一个不同于那个感到渴并牵引着他如同牵引着牲畜一样去饮的东西，不是吗？因为我们说过，同一事物以自己的同一部分在同一事情上不能同时有相反的行动。

格劳孔：确实是不能的。

苏格拉底：所以，在我看来，关于射箭者你也不能说他的手同时既拉弓又推弓，这种说法是不妥的，应当说他的一只手推弓另一只手拉弓才对。

格劳孔：确实是的。

苏格拉底：那么，我们不是可以说有这种事情吗：一个人感到渴但不想要饮？

格劳孔：这种情况经常发生。

苏格拉底：关于这些事例，人们是怎么看待的呢？岂不是在那些人的灵魂里有两个不同的东西，一个叫他们饮另一个阻止他们饮，而且阻止的那个东西比叫他们饮的那个东西力量大？

格劳孔：我也这样认为。

苏格拉底：而且，这种行为的阻止者，假如出来阻止的话，它是根据理智考虑出来阻止的，而牵引者则是情感和疾病使之牵引的。不是吗？

格劳孔：很显然。

苏格拉底：那么，我们可以很公正地认为，它们是两个，并且彼此不同。一个是人们用以思考推理的，可以称之为灵魂的理性部分；另一个是人们用以感觉爱、饿、渴等物欲之骚动的，可以称之为心灵的无理性部分或欲望部分，也就是种种满足和快乐的伙伴。

格劳孔：我们这样假定是非常有道理的。

苏格拉底：那么，我们最终认定，在人的灵魂里确实存在着这两种东西。再说激情，也就是我们借以发怒的那个东西。它是上述两者之外的第三种东西呢，还是与其中之一同种的呢？

格劳孔：它或许与其中之一即欲望同种吧。

苏格拉底：但是，我好像听过一个故事，并且我也相信这个故事是真的。故事说，有一天，阿格莱恩的儿子莱昂提乌斯从比雷埃夫斯港过来。当他走到城外北墙下时，他看到刑场上躺着一些死尸。他觉得自己有想看看它们冲动，但同时也害怕和厌恶它们。他内心斗争了一会儿，并且闭上了眼睛。不过，他最终向欲望屈服了。他努力睁开眼睛，跑到死尸跟前。他说："看吧，你们这些坏家伙[①]，把这美景看个够吧！"

格劳孔：我也听说过这个故事。

苏格拉底：这个故事的寓意是，愤怒有时作为欲望之外的一个东西和欲望发生冲突。

格劳孔：是有这个意思。

苏格拉底：这样的例子不是非常多吗？从这样的例子中我们可以看到，当一个人欲望完全压倒了他的理性，他斥责自己，对自己内心的狂暴感到生气。就如同一个城邦中各集团的斗争那样，在这种斗争中，他的精神站在他的理性的一边。至于精神站在欲望一边，而理性却不加以反对，我可以肯定，你从来没有察觉到你身上出现过这样的情况。我想这种情况从没出现过。

格劳孔：真的，不曾有过的。

苏格拉底：假定有一个人认为自己做了坏事，那么这个人愈是高贵，他对自己所受到的饥、寒或任何其他诸如此类的别人可能加诸他的苦楚——他认为这个人的做法是公正的——就愈少可能感到愤怒，照我的说法就是，他的情感拒绝被激发起来反对那个人。你觉得，我这样说对吗？

格劳孔：对的。

苏格拉底：但是，假如一个人认为自己受到了不公正的待遇，他会怎么样呢？很有可能，他的情感会激动而发怒，加入到他认为是正义的那方面进行作战，并且还会由于受到饥、寒以及其他诸如此类的苦楚，而更坚决地争取胜利，他的高贵的灵魂绝不会就那么容易平静下来，直至或者杀死对方或被对方杀死，或者直至听到理智的呼声而停战，就像狗听到牧人的禁绝声而停止吠叫一样。你认为是这样吗？

---

① 这里的"你们"指的是好奇和看的欲望。

格劳孔：你阐述得很透彻。如我们前面说过的，在我们的国家里辅助者像狗一样，他们听命于统治者，后者仿佛是城邦的牧人。

苏格拉底：我觉得，你完全明白了我的意思。但是，你也注意到了这一点吗？

格劳孔：哪一点？

苏格拉底：对激情的看法，我们现在正好和刚才的印象相反。刚才我们曾假定它是欲望的一种。但现在大不同了，我们绝对应该说，在灵魂的分歧中它是非常宁愿站在理性一边的。

格劳孔：当然。

苏格拉底：那么，它和理性也不同吗？或者说，它只是理性的一种，因此在灵魂里只有两种东西而不是三种呢，即只有理性和欲望呢？又或者说，正如国家由生意人、辅助者和谋划者三等人组成一样，在灵魂里也有一个第三种成分即激情呢？

格劳孔：肯定有第三种成分。

苏格拉底：正如已证明，它是不同于欲望的另一种东西，假如它也能被证明是不同于理性的另一种东西的话，就可以肯定了。

格劳孔：这很容易证明。人们在小孩身上也能够看到：他们几乎一出世就充满了激情，不过有些孩子我们从未看到他们使用理智，而大多数孩子他们能使用理智则都是好长时间以后的事情。

苏格拉底：的确如此，你说得非常好。还有，人们在兽类身上也可以看到你所说的有激情存在的现象。并且，在这些例子之外，我们曾经引用过的荷马的一句诗可以作为证明，这句诗是：捶胸叩心责备自己。（《奥德赛》）从这行诗里可以看出，荷马分明认为判断好坏的理智是一个东西，它在责备那个无理智的主管愤怒的器官，后者被当作另一个东西。

格劳孔：你说得非常对。

苏格拉底：我们漂洋过海，费了好大的劲才到达了目的地，并且取得了相当一致的意见：在国家里存在的东西在任何人的灵魂里也存在着，且数目相同。

格劳孔：是的。

苏格拉底：那么，据此我们不是能够马上得到如下的必然推论，即个人的智慧和国家的智慧是同一智慧，使个人得到智慧之名的品质和使国家得到智慧之名的品质是同一品质？

格劳孔：当然可以这样推论。

苏格拉底：同理，也可以推论：个人的勇敢和国家的勇敢是同一勇敢，使个人得到勇敢之名的品质和使国家得到勇敢之名的品质是同一品质，并且在别的一切美德方面个人和国家也都有这种关系。

格劳孔：必然的。

苏格拉底：那么，格劳孔，在我看来，我们承认国家是正义的，和承认个人是正义的，二者的推理根据是一样的。

格劳孔：这也是必然的。

苏格拉底：不过，我们可不要忘了：国家的正义在于三种人在国家里各做各的事。

格劳孔：我觉得我们没有忘。

苏格拉底：所以说，我们必须记住，任何人假如自身内的各种品质在自身内各起各的作用，那他也是正义的，即也是做他本分的事情的。

格劳孔：的确，我们也必须记住这一点。

苏格拉底：既然理智是智慧的，是为整个心灵的利益而谋划的，那还有什么理由不让它起领导作用呢？难道激情不应该服从它和协助它吗？

格劳孔：无疑应该如此。

苏格拉底：因此，不是正如我们说过的一样，音乐和体育协同作用将使理智和激情得到协调吗，既然它们用优雅的言辞和良好的教育教养和加强理智，又用和谐与韵律使激情变得温和平稳而文明？

格劳孔：完全正确。

苏格拉底：这两种受到了这样的教养和教育，已经真正学会了解它们自己的功能，将会支配欲望的部分。在我们每个人身上，欲望的部分都是灵魂的最大部分，并且就其本性来说最贪得无厌。这两个部分还会监视所谓的欲望的灵魂，以免它由于肉体愉悦的满足而变得强大，不再恪守本分，反而企图奴役和统治那些天生非其臣民的部分，毁灭人的整个生活。对不对？

格劳孔：完全正确。

苏格拉底：那么，这两者联合一起，最好地保卫着整个灵魂和身体不让它们受到外敌的侵犯，其中，一个出谋划策，一个在它的领导下为完成它的意图而奋勇作战，难道不是这样吗？

格劳孔：是这样。

苏格拉底：因此我觉得，假如一个人的激情不管在快乐还是苦恼中，都保持不忘理智所教给的关于应当惧怕什么和不应当惧怕什么的信条，那么我们就因他的激情部分而称每个这样的人为勇敢的人。

格劳孔：对。

苏格拉底：我们也因任何人身上的这个起领导作用的和教授信条的小部分，即它也被假定为是这个人身上的懂得这三个部分各自利益同时也懂得这三个部分共同利益的——而称他为智慧的。

格劳孔：完全正确。

苏格拉底：如果在一个人灵魂里，当这三个部分彼此友好和谐，理智起领导作用，激情和欲望一致赞成由它领导而不反叛，那么这个人就是有节制的人，是吧？

格劳孔：的确，不管国家的还是个人的节制美德正是这样的。

苏格拉底：我们的确已经一再说明过，一个人因什么品质或该怎样才算是一个正义的人。

格劳孔：非常正确。

苏格拉底：个人的正义其形象在我们心目中不是有点模糊不清，似乎它是别的什么，不大像它在国家里显示出来的那个形象吗？

格劳孔：我认为不是这样。

苏格拉底：这就对了。要知道，如果我们的头脑里有某种疑问挥之不去的话，那么是用一些很平常的事例，就可以充分证实我们所说不谬的。

格劳孔：你是指什么样的事例呢？

苏格拉底：面对事实，我们难道不应该承认：正义的城邦或在这种城邦的原则中接受教养的人不会像不义者那样，带着别人存放在他那里的金银逃走？谁能否认这一点呢？

格劳孔：没有人能否认。

苏格拉底：这样的人也是决不会渎神、偷窃，在私人关系中出卖朋友在政治生活中背叛祖国的吧？

格劳孔：决不会的。

苏格拉底：他无论如何也不会不信守誓言或别的协约的。

格劳孔：怎么会呢？

苏格拉底：这样的人绝不会有通奸、不尊敬父母、不履行宗教义务的罪恶的，尽管有别人犯这种罪恶。

格劳孔：这样的人中，没有一个会这样。

苏格拉底：这一切的原因不是在于，他心灵的各个部分各起各的作用，领导的领导着，被领导的被领导着吗？

格劳孔：正是如此，别无其他。

苏格拉底：那么，除了能使人和国家成为正义人和正义国家的这种品质之外你还要寻找别的什么作为正义吗？

格劳孔：说实在的，我不想再找了。

苏格拉底：那么，到此我们的梦想已经实现了。在我们创建工作的开始，曾经推测有某种神圣力量把我们引向正义的一种最初形式。现在，我们的推测是否已经得到了证实？

格劳孔：是的。

苏格拉底：因此，格劳孔，木匠做木匠的事，鞋匠做鞋匠的事，其他的人也都这样，各司其职，不掺和别人做的事情，这种正确的分工乃是正义的影子——这也的确正是它[①]之所以可用的原因所在。

格劳孔：显然是的。

苏格拉底：不过，其实正义正是我们所描述的那种东西。然而，正义与人的外在表现无关，而与人内在有关，与人真正的自己和关切有关。因为，正义的人不允许他内在的几种因素相互干涉，也不允许它们中的任何一个包办代替。他将他的内在生命安排得井然有序，成为他自己的主人和他自己的法律，并且与他自己和平相处。当他将他内在的三个部分贴合在一起的时候，就好比是高、中、低音阶上的音符，和中间的那些音程；他将这一切合在一起成为一体，不再分离，完全自控又完美协调。在有必要时，他就开始有所行动，不管财产问题还是医治身体，不管政治事务还是私人生活。他念兹在兹的是卫护和促成这种和谐的状态，是正义和善行，是掌管它的知识，是智慧。任何时候出现了损害这种状态的行为，都被他称为不正义。支配不正义行为的观念被称为无知。

格劳孔：苏格拉底，你说得非常正确。

苏格拉底：很好。如果我们断言，我们已经找到了正义的人、正义的国家以及正义人里的正义和正义国家里的正义各是什么，在我看来，我们这样说是没有错的。

格劳孔：的确没有说错。

苏格拉底：那么，我们就确定下来了？

格劳孔：就这么定下来吧。

苏格拉底：这个问题就谈到这里吧。下面我认为我们必须研究不正义。

格劳孔：很明显，必须研究它了。

苏格拉底：不正义不就是那三个部分之间产生的不和吗？灵魂的一个部分起而反对整个灵魂，企图在内部取得领导地位（它天生就不应该领导

① 从语气看来，很明显是指以正确的分工作为正义的定义。

的而理应就像奴隶一样为统治部分服务的），不是吗？我认为我们要说的正是这种东西。不正义、不节制、懦怯、无知，总之一切的邪恶，正就是三者的混淆与迷失。

格劳孔：正是这个。

苏格拉底：假如说不正义和正义如上所述，那么，“做不正义的事”“是不正义的”“造成正义”等的含义不也都跟着彻底明白了吗？

格劳孔：怎么会的？

苏格拉底：因为它们简直就如同健康和疾病，不同之点仅在于后者是肉体上的，前者是心灵上的。

格劳孔：怎么这样？

苏格拉底：健康的东西带来健康，不健康的东西引发疾病。

格劳孔：是的。

苏格拉底：做正义的事在内部造成正义，做不正义的事在内部造成不正义，不也是这样吗？

格劳孔：必定的。

苏格拉底：但是健康的产生是身体各部分的一种自然秩序的确立，是一部分对另一部分控制的确立；疾病则是一些事物与自然秩序存在不一致状态的出现，是不是这样？

格劳孔：是这样。

苏格拉底：那么，正义的产生不也是身体各部分的一种自然秩序的确立，是一部分对另一部分控制的确立吗？不正义的产生不正是一些事物与自然秩序存在不一致状态的出现吗？

格劳孔：的确是的。

苏格拉底：因此看来，美德仿佛是一种心灵的健康，美和坚强有力，而邪恶则仿佛是心灵的一种疾病，丑和软弱无力。

格劳孔：是这样。

苏格拉底：因此，实践做好事能养成美德，实践做丑事能养成邪恶，不也是这样吗?

格劳孔：必然的。

苏格拉底：到此，在我看来，还剩下一个问题要探讨的了，那就是做正义的事,实践做好事、做正义的人(不管是否有人知道他是这样的)有利呢,还是做不正义的人、做不正义的事（只要不受到惩罚和纠正）有利呢?

格劳孔：我断言，苏格拉底，这个问题现在已经变得可笑了。因为，我们知道，身体变坏生命就不能持久，即使饱食山珍海味，拥有全部财富和权力也于事无补。不过也有人说，当生命的质被破坏腐蚀，生命对他仍值得过，只要他能做他想做的一切，只要不去求正义与美德而靠近不义和邪恶。我们对这两者描述的应该是正确的。

苏格拉底：这个问题确实变得可笑了。但是，既然我们已经爬到这个高度了（在这里我们可以直观地看到这些东西的真实情况），我们必须还得不懈地继续前进。

格劳孔：我发誓一点儿也不懈怠。

苏格拉底：那么，到这里来以便你可以看见邪恶究竟有多少种，当然，我指的是值得一看的那几种。

格劳孔：我的思维正跟着你呢，尽管讲下去吧!

苏格拉底：确实，我们的论证既已达到这个高度，我好像从这个高处看见了，美德是一种，邪恶却无数，但其中值得注意的有四种。

格劳孔：这话什么意思?

苏格拉底：我的意思是说，有多少种类型的政体就能有多少种类型的灵魂。

格劳孔：倒是有多少种呀?

苏格拉底：有五种政体，也有五种灵魂。

格劳孔：请告诉我，哪五种?

苏格拉底：我告诉你吧，其中之一便是我们所描述的这种政体，它可以有两种名称，即王政或贵族政治。假如是由统治者中的一个卓越的个人掌权便叫作王政，假如是由两个以上的统治者掌权便叫作贵族政治。

格劳孔：对的。

苏格拉底：不过，我觉得那两个名称描述的只是一种形式。因为，不管政府被掌控在一个人或多个人手里，只要统治者以我们所设想的方式受到训练，城邦的基本礼法就会得到维护。

格劳孔：一定的。

第五卷

一　论男女平等

苏格拉底：这就是国家、体制和人物都可以称之为善和正义，假如就管理国家和培养个人品质方面来说，那这就是一种善的制度，其余剩下的制度则是谬误的，恶的制度。恶的制度可以分为四类。

格劳孔：哪四类？

（当苏格拉底正要按自然顺序罗列那四类制度时，坐在阿得曼托斯不远处的玻列马邱斯用手从上面抓起格劳孔上装的肩部，拉近后耳语了几句，我们只听到“我们是放他走呢，还是怎么样？”这一句，其余都没听清。阿得曼托斯听后说：“说什么也不能让他走。”他这话说得相当响亮。于是我问他们。）

苏格拉底：你们两人说的“不能让他走”中的“他”指什么人呢？

阿得曼托斯：指你。

苏格拉底：指我，为什么呢？

阿得曼托斯：我们认为你偷懒，想骗我们错过整整一个章节，而那一章是那个故事特别重要的一部分。你认为我们将不会注意到你漫不经心的进行方式，好像在女人和孩子的问题上‘朋友共享一切东西’对任何人都是不言自明的。

苏格拉底：难道我说得不对吗，阿得曼托斯？

阿得曼托斯：你说的是没错，不过，就像在任何一种情况中那样，在这种特殊的情况中，对的东西需要得到解释。因为，共同体也许有好多种。因此，请你说说你指的共同体是哪一种。关于你们公民的家庭生活，我们早就期待你说些什么了：他们如何把孩子带到这个世界上？当他们到来，应当如何抚育他们？还有，女人和儿童的共有性质是什么？因为，我们一致认为这类事情处理的对错对城邦的善与恶会产生非同小可的影响。现在，这个问题的根基尚未确立，你就在着手另外一种城邦。我们决定，你刚才已经听到了，除非你对这一切做出说明，要不然不会让你走。

格劳孔：好，我也赞成。

特拉叙马霍斯：苏格拉底，你就把这看作是我们大家一致的决定吧。

苏格拉底：你们这是要做什么，是准备和我过不去吗？难道你们打算从头开始把国家体制再辩论一番吗？要知道这是多么大的一场辩论呀，我还满心欢喜地以为辩论总算结束了，只要你们接受了我的观点，我就心满意足了。你们都没预料到这个要求会再次引起一场激烈的论辩。我能预料到这一旦陷进去就无法抽身了！

特拉叙马霍斯：你以为我们来到这里的目的是什么？我们不是来淘金发财的，是来听你讲的啊！

苏格拉底：听讲也总有个限度嘛。

格劳孔：苏格拉底啊，你要清楚，听这样的谈话，对一个有头脑的人而言，它的限度就是至死方休。请你不厌其烦地回答我们提出的问题，至于我们你就不用操心了，你只要告诉守卫者如何做才能把妇女与儿童归为公有；通常而言，大家都认为儿童从出生至接受正规教育这一阶段是教育最为困难的时期，那这一时期应该用何种方式进行教养。请告诉我们，这些问题要怎么解决。

苏格拉底：我的好朋友，要将这个问题解释清楚要比前面的任何一个都困难，这里有太多的疑点。人们总会质疑我的建议行不行得通；就算说行得通，人们也还会质疑这做法是不是最善。我怕人们总会认为我的建议是场空想，因此我总是回避这个问题。

格劳孔：不用怕。我们是善意的，充分信任你的，也会理解你的困难的。

苏格拉底：我亲爱的朋友，你是为了鼓励我才说这些话吗？

格劳孔：是的。

苏格拉底：那么，让我告诉你，你所做的适得其反。假如我知道我谈的是什么，那么你的鼓励确实是非常好。因为我知道我在谈论的是什么，在一群智者中公布一个人所看重、关切的重大事实的真相需要机会并且无后顾之忧——虽然他们爱他。但是，假如你自己也是一个犹豫不决的探寻者，那么继续辩论就是一件危险的、靠不住的事情了，而我的情况就是这样。我并非怕被嘲笑，那样太孩子气；我只是害怕，在最需要站稳脚跟的地方摔倒而错过了真相，而且还拖着我的朋友跟着我一起倒下去。我将向尼弥西斯[①]祈祷，乞求她不要因为我将要说的话而报复我。所以，格劳孔啊，我真的觉得，与在美、善以及法中的正义上撒谎相比，过失杀人还是一种比较小的罪行。那是一种冒险，我宁可在敌人之间做这件事，也不愿意在朋友之间做这件事。所以，你的鼓励并没有什么用。

格劳孔（带笑）：苏格拉底啊！你大胆地讲，即便你偶尔的错误对我们有害，我们也会像对待误杀案一样赦你无罪，不算你欺骗了我们。

苏格拉底：好吧，从法律角度而言通常都是无罪释放，法律尚且如此，那么我们这里的辩论想必也是这样。

格劳孔：既然如此，讲下去吧，不要再推托了。

苏格拉底：那么首先，我们要按照应有的顺序，把该弄明白的东西先梳理一下。说完男子就该让妇女登台谈谈她们的问题了，尤其是你们这么着急地想听我讲的情况下，这显然是个好办法。我们前面提到的那些受过

① 尼弥西斯：古希腊神话中司因果报应与复仇的女神。

我们提倡的教育的男人，我觉得，他们是应该和我们最初建议的那样，拥有与使用孩子和妇女的唯一正确的方式。之前那个关于他们作为羊群守卫者的论证过程，你还记得吗？

格劳孔：是的。

苏格拉底：我们还打这个比方，给妇女同样的教养和训练，你认为这样恰不恰当？

格劳孔：什么样的教养训练法？

苏格拉底：是这样，我们不妨设想一下，母犬应该在外协助公犬的警卫工作进行搜寻，还是要在窝里生育和抚养小犬，而让公犬单独从事警卫羊群的工作呢？

格劳孔：其实，我觉得应该所有工作大家一起干，当然除了母犬比公犬稍弱以外。

苏格拉底：那些饲养方法和训练方法相同的兽类，能不能区分使用呢？

格劳孔：不能。

苏格拉底：所以，要平等地使用男人和女人，不区分使用，首先要求给予女人相同的教育。

格劳孔：是的。

苏格拉底：教育男人我们用的是音乐和体操。

格劳孔：不错。

苏格拉底：为了像男人一样使用女子，我们也必须用这两项来教育女人，军事教育也是不可或缺的。

格劳孔：你说的，看起来非常有道理。

苏格拉底：好，其实我们刚才提的那些建议，我担心有人会觉得好笑，假如真要实施的话，有些是违反当前的风俗的。

格劳孔：的确。

苏格拉底：你认为这当中什么是最可笑的？女子在健身房里赤身裸体地和男子一起锻炼难道不是最可笑的吗？不仅年轻女子这么做，年纪大的女人满脸皱纹，跟老头儿一样，就算看上去不顺眼，也在那儿坚持着，你认为这不可笑吗？

格劳孔：就眼下来说似乎有些可笑。

苏格拉底：既然我们已经开始讨论有关女子体育和文艺教育的改革，特别是军事训练，如携带兵器和骑马等方面的问题，就得一直坚持下去，坚持下去就别怕听到一些挖苦的声音。

格劳孔：你说得非常对。

苏格拉底：既然我们已经开始了，那就要坚持下去，走到礼法的崎岖不平之地上去。同时，让我们恳求这些绅士一辈子能严肃一次。我们将提醒他们，就在不久前，希腊人还觉得，一个男子赤身裸体的景象是可笑的、不得体的。野蛮人现在仍普遍接受这种观点。当克里特人首次引入这种风俗、拉塞达埃蒙人[①]接着引入这种风俗时，当时的智者可能同样嘲笑了这种革新。

格劳孔：确实如此。

苏格拉底：对于这类事情，坦坦荡荡地说出来总比遮遮掩掩要好，何况有时候肉眼看来可笑的事物在理性面前就不那么可笑了。这很显然证明了下述这种人的话乃是一派胡言：他们不认为是可笑的，却认为其他的都是可笑的；他们不去讽刺愚昧，却始终盯着其他的现象加以讥讽；他们拼命给美定标准，却不以善为美的标准。

格劳孔：你说得完全正确。

苏格拉底：那么，我们首先要针对这些建议是否行得通达成一致，是吧？无论发言人是玩笑还是认真的，我们都必须准备提出这个问题：就天性来说，女子能和男子一样胜任他们的工作，还是只能干好其中的几项，还是什么都干不了呢？假如说女子可以胜任其中的几种，战争算不算其中的一项呢？这样由浅入深的讨论方法，能否够得到最完美的结论，算不算是最好的方法？

---

① 拉塞达埃蒙人：斯巴达人的别称。

格劳孔：这方法非常好。

苏格拉底：另外，要不要预设一下辩论的对方向我们发出的诘难，这样的话可以避免因没有人替他们辩护，只听到我们的一面之词呢？

格劳孔：你完全可以。

苏格拉底：或许可以替他们说，亲爱的苏格拉底、格劳孔呀，其实你们已在建立你们国家之初，早就定了一个原则，即每一个人都要做适合自己的工作。既然这样，批评你们还有什么必要。

格劳孔：我想我们的确是这样做的，不是吗？

苏格拉底：接着，他们会问男人和女人的天性难道不是差异很大吗？如果我们回答差异的确很大，他们会继续问从照顾这些差别的角度上考虑，需要不需要给男女安排不同的工作？我们回答说需要，他们就会说我们犯了自相矛盾的毛病。因为我们一面在说男女之间存在很大的自然差别，一面又说男女应该有同样的职业。你说该怎么办？应该怎么回答这个问题呢？

格劳孔：我很难马上回答这么突然的问题。请你替我们回答一下这个问题，随你怎么说。

苏格拉底：亲爱的格劳孔，你现在明白我为什么一直逃避妇女儿童如何公有、如何教育方面的立法问题了吧，你说的这些困难以及其他方面的困难我早就预料到了。

格劳孔：这还真不是件简单的事情。

苏格拉底：当然不容易。不过，一个人如若掉进了水里，不管是小池子还是大海，就回不了头了，只能硬着头皮往前游了。

格劳孔：是的。

苏格拉底：那就让我们继续游下去吧，心里默默祈祷音乐家阿里安[①]的海豚能驮走我们，或者是还有别的什么希望，我只希望可以平稳地完成这场辩论。

---

① 阿里安：古希腊传说中的诗人和乐师。

格劳孔：看来确实应该这样。

苏格拉底：先看看能否找到一条出路。我们觉得，具有不同的天赋的人应该从事不同的职业，男女之间的天赋也同样有所区别。但是现在我们又需要男女从事相同的职业，这不是在自相矛盾吗？

格劳孔：不错。

苏格拉底：亲爱的格劳孔，争辩艺术的力量简直太强大了呀！

格劳孔：什么意思？

苏格拉底：我始终发现，有很多人不知不觉陷入看似是辩论的泥淖里去了，其实他们并不在辩论，充其量只能是吵架。他们只是一味地咬文嚼字，在字面上抠出词和词间的矛盾，却不懂在研究一句话的时候如何去分辨其不同的含义。毫无疑问，这称不上是辩证式的讨论。

格劳孔：这种情况在很多场合出现，难道你认为我们这里也是这样吗？

苏格拉底：绝对是的。我非常担心我们会不知不觉地陷入一场文字争吵的游戏。

格劳孔：为什么会这样？

苏格拉底：字面上看，我们对我们提出的不同天赋的人要从事不同职业这一观点已抠得极其严谨。但是，我们从来没有考虑过，不同的天赋具体指的是什么，同样的天赋又是什么意思，还有要给具有不同天赋的人安排不同的职业，对具有同样天赋的人给以同样的职业，这句话具体又是什么意思？

格劳孔：我们的确没有考虑过。

苏格拉底：我们可以在这个原则基础上提出一个问题，那就是，秃头的人和有头发的人之间是否有相同的天赋？假如彼此不同的话，那当秃头的人当鞋匠的时候，我们就必须禁止有头发的人干同样的工作，反之，亦然。

格劳孔：这实在是太可笑了。

苏格拉底：之所以可笑，就因为我们提到的天赋差异并不是绝对的，它只是关系到行业的差异而已。就好比一个男子和一个女人同样都具有医疗的技能，那我们就可以说他们具备同样的天赋，你说对不对？

格劳孔：对的。

苏格拉底：但是一个男医生和一个男木匠他们俩的天赋就不同了。

格劳孔：的确不一样。

苏格拉底：假如在适合从事某种技艺或职业方面，男性和女性存在差异，那么我们就应该说，这种技艺或职业应该被分配给其中一种更适合从事这种技艺或职业的性别。不过，假如差异仅仅是男性施种而女性受孕，我们不能根据这一点说，女子在应接受的教育上和男子不同。所以，我们仍然觉得，我们的守卫者和他们的妻子应该拥有相同的职业。

格劳孔：你说得很对。

苏格拉底：其次，请那些反对我们的人告诉我们，一个国家的建设工作中，到底什么样的工作只适合女性，什么样的工作适合男性呢？

格劳孔：这问题你问得合情合理。

苏格拉底：也许他们会像你刚才那样，说是一时半会回答不上来，但给点时间思考的话，兴许就没那么困难了。

格劳孔：他们有可能会这么说。

苏格拉底：我们能不能让那些反对我们的人一路跟着我们的论证过程，如此的话，我们能够更充分地证明，每一件涉及治理国家的事情都不可能只有男子能胜任而女子做不到的？

格劳孔：当然可以。

苏格拉底：让我们对他说，过来，我们将问你一个问题：当你说一种在某一方面有天赋或没有的天赋的天性时，你是否想说，一个人很容易就能学会一种东西，另外一个人学起来则比较困难？一个人稍微学一下，就能学到好多知识；反之，另外一个人虽然勤勉地学了好长时间，可还是学了就忘？又或者，你是否想说，有的人的身体是他的头脑的好仆人，而有的人的身体则是一种妨碍？要区分生来有天赋的人和没有天赋的人，这些难道不是那种差异吗？

格劳孔：我想没有人能找到其他区分的标准了。

苏格拉底：以上述提到的那些依据，能否指出在人们的诸多活动中男性在哪些方面上逊于女性？这些活动必须是女人以专家自命，假如男人胜了，她们就会觉得害羞，怕成为笑柄的，诸如织布、烹饪、做糕点这类活动，你觉得我们要不要逐一列举出来呢？

格劳孔：你说得没错。我们可以这么说，一种性别在所有事情上都远不如另一性别。虽然许多女人在许多事物上确实要比许多男人强好多，但总的看来，情况是就同你说的一样了。

苏格拉底：我的朋友，所以任何一项管理国家的工作，都不会因为某个人在干就专属于这个人，这一点对男人女人来说都一样。各种的天赋才能男女两性都具备，因此不管什么职务，男女都可以参加，但就总体来说，女性要弱于男性一些。

格劳孔：非常对。

苏格拉底：那是不是所有工作一个不留地都分配给男性呢？

格劳孔：啊，那怎么行？

苏格拉底：我觉得可能这么说可能更妥，比如，一部分女人有搞医药的天赋，其他人则没有；有的女人有音乐天赋，有的却没有。

格劳孔：正如你所说。

苏格拉底：那可不可以说，有的女人有运动天赋，爱好战斗；有的女人天生不爱运动，从而不爱战斗？

格劳孔：可以这么说。

苏格拉底：同理，也应该可以说有的爱智，有的厌智，有的刚烈，有的懦弱，是吗？

格劳孔：也可以这么说。

苏格拉底：所以，我们断定，有的女人具备担任守卫者的才能，有的却没有。那么我们在挑选男性守卫者的时候，难道不能参照同样的标准吗？

格劳孔：可以。

苏格拉底：这样说来的话，其实女人男人都可以胜任国家守卫者的工作，只不过女人稍显弱些罢了。

格劳孔：显然是这样。

苏格拉底：假如说男女在守卫者方面的天赋和才能相近，那么我们就应该挑选这种女子和这种男子同住一起担负起守卫者的职责，是吧？

格劳孔：当然。

苏格拉底：给予具备同样天赋的人同样的工作，对吧？

格劳孔：没错。

苏格拉底：问题又回到了原点，给守卫者的妻子们进行音乐和体育上的训练，并不违背自然。

格劳孔：毫无疑问。

苏格拉底：如此说来，当前的传统做法就不合乎自然了，而我们提出的法律准则并非是不切实际的空想，而是非常合乎自然的。

格劳孔：似乎是这样的。

苏格拉底：接下来让我们继续考虑的问题是，我们的建议行不行得通？假如行得通的话，它们是否为最好的？

格劳孔：是这个问题。

苏格拉底：我们其实已经认同这些建议是行得通的，不是吗？

格劳孔：是的。

苏格拉底：那接下来还有一个问题，需要我们统一一下意见，即我们提出的建议可行，是不是最好的呢？

格劳孔：显然是的。

苏格拉底：好，显然为了教养守卫者，对于天赋才能一样的女子和男子，我们提供给他们的是同样的教育方法吧。

格劳孔：应该是同样的教育。

苏格拉底：你对接下来有什么看法？

格劳孔：具体指的是什么问题呢？

苏格拉底：你认为男人是有些好有些差，还是所有男人都是差不多呢？

格劳孔：当然不一样。

苏格拉底：那么，在我们建立的这个国家里，什么样的男人能称得上是好男人？所谓的好男人是受过正规良好教育的守卫者呢，还是受过制鞋技术教育的鞋匠呢？

格劳孔：这个问题实在是太可笑了。

苏格拉底：我当然清楚这个问题是可笑的，不过需要你告诉我，守卫者是不是国家里最好的公民？

格劳孔：是最好的，比其他人好得多。

苏格拉底：那女守卫者是否也是最好的女人？

格劳孔：也是最好的。

苏格拉底：你觉得，在一个国家还有其他什么事情能比造就这些出类拔萃的女人和男人更好的呢？

格劳孔：没有。

苏格拉底：那么，这是接受我们所描述过的音乐和体操教育的结果吧？

格劳孔：当然是的。

苏格拉底：因此我们的立法不但可以实现，对国家而言毫无疑问也是最有益的，不是吗？

格劳孔：确实是的。

苏格拉底：那么，就让我们的守卫者的妻子赤身裸体吧，因为她们的美德将成为她们的长袍。让她们共同承担战争和保家卫国的辛劳吧。只不过在劳动的分配中，女人将被分配给较轻的劳动，因为她们的天性较弱。而在其他方面，她们的职责将和男子一样。当有人讪笑出于最美好目的而赤身进行锻炼的女子，他的笑声将表明他所摘的‘智慧果还未熟’[①]，他自己对他所笑的东西全无所闻，不知道他要做什么。有谚语说“有用者是为贵，

① 该句出于品达的诗行。

有害者是为卑”。这句谚语不仅现在是最好的谚语，将来也是。

格劳孔：我完全同意。

二　论婚姻与子女抚育

苏格拉底：现在，在讨论妇女立法问题上，可以说我们已经成功地摆脱了这个难题，所幸没被浪头吞没。这里，我们规定了男守卫者与女守卫者所做工作相同，与此同时还证明了这个建议不仅可行，还对国家特别有益。

格劳孔：的确如此，你躲过了一个大浪头。

苏格拉底：那是因为你没看到第二个浪头，看到以后你就不会说妇女立法这个浪头大了。

格劳孔：哦，继续讲下去，我道想看看。

苏格拉底：上面的这个论证和前面的所有论证所得出的结论，在我看来，就是下面要提到的这条法律。

格劳孔：什么样的？

苏格拉底：因为这些女人归这些男人共有，所以他们中的每一个人都不得互相搭配组成一夫一妻的小家庭。儿童也同样公有，父母不知道哪一个是自己的子女，子女也不知道究竟谁才是自己的父母。

格劳孔：这个浪头真比前面说的那个大多了，它不但让人质疑它的可行性，还会怀疑它有没有什么益处。

苏格拉底：毫无疑问，没人会否认妇女儿童一律公有最有益处。只是在我看来，是否行得通这个问题势必会引起较大的争论。

格劳孔：我觉得这两个问题都会引起大争论。

苏格拉底：这么说来，我就要腹背受敌了。原本我认为你也觉得这个建议是有益的，若是那样的话，那我就可以集中来讨论是否行得通的问题了。

格劳孔：这两个问题，你都休想逃避，这下被我发现了，你必须说出道理来。

苏格拉底：我接受我的命运。但请给我宽限一些时日，让我做个梦来犒劳一下我的大脑，就像做白日梦的人习惯在独自行走时用做梦来犒劳自己。他们绝不会先让怎样实现愿望的难题烦恼自己，不让“可不可能”的顾虑将自己劳累，而宁愿想象已经如愿以偿着手计划，并兴奋地描述愿望实现后的打算。这就是他们的方式，不想力求完美因此也从未完美。我也开始懒散了，假如你允许的话，我想先忽略可不可行的前提而假定我们的提议是可行的，然后探寻统治者将怎样实施这些安排。另外，我将证明一旦计划得到实施，那么不管对城邦还是守卫者，都将带来最大利益。假如你不反对，我会先借你的帮助着力思考这一措施的优势，然后是可能性问题。

格劳孔：这我赞成，请继续讲下去。

苏格拉底：我觉得，假如治理者和他们的辅助者都名副其实的话，辅助者应该接受命令，而治理者要做的是发布命令，在有些事情上他们可以依照法律发布命令，有些事情可以斟酌着再依照法律的精神发布命令。

格劳孔：没错，继续。

苏格拉底：假如你是他们的立法者，你已经挑选出了一些品质相同的男人和女人，然后把这些女人派给这些男人。这些男女在一起同吃同住，都没有任何私有财产，在一起共同锻炼，只因天然的需要导致两性的结合。我说的这种情况，你觉得是不是一种必然的最终结果呢？

格劳孔：这是情欲的必然非几何学上的必然。就大多数人的行为来说，情欲的必然要远比几何学的必然更有强制力和说服力。

苏格拉底：的确是这样。不过，格劳孔，在我们这幸福的国家里，在两性行为方面或其他行为方面，这件事必须以一种有序的方式进行。再说，统治者是不能容许他们毫无章法，破坏秩序，要知道，这是在亵渎我们的国家。

格劳孔：是的，这是不对的。

苏格拉底：如此说来，婚姻大事就必须安排得庄严神圣，只有婚姻是庄严神圣的，才是最有益的。

格劳孔：诚然。

苏格拉底：那么，如何做才能最有益呢？格劳孔，你是否注意过你家的那些猎狗和纯种公鸡的交配与生殖情况？

格劳孔：什么？

苏格拉底：它们都是纯种且是优良品种，那它们交配和繁殖情况能否证明比别的优秀一些呢？

格劳孔：是的。

苏格拉底：那么，你是一味地增加繁殖数量，还是花很大的气力去挑选优秀品种进行培育繁殖呢？

格劳孔：我当然会选择最优秀的加以繁殖。

苏格拉底：你挑选出来加以繁殖的，是其中最幼小的，还是年老的，或者是那些正值壮年的呢？

格劳孔：当然选的是那些正值壮年的。

苏格拉底：假如你不这样选种，那么你家的猎狗和公鸡的品种质量就会慢慢退化，是吗？

格劳孔：是的。

苏格拉底：一般情况，马和其他兽类也一样吗？

格劳孔：毫无疑问是。

苏格拉底：天啊！我亲爱的朋友，假如这个原则也同样适用于人类的话，那我们的统治者该需要多么精湛的技艺啊！

格劳孔：也适用啊，但是为什么说需要精湛的技艺呢？

苏格拉底：因为他们不得不大量使用我们前面讲过的那种药物[①]。通常情况下，那些按规定饮食不服药的病人，一般医生就足够了，假如病人需要服药，那就需要医生敢作敢为才行。

格劳孔：是的。不过，你说这个和我们要讨论的问题有什么关联呢?

苏格拉底：前面我们提过，谎言都是被统治者用来作为药物的，这样的话，大抵也是统治者为了自己的利益撒的谎。

格劳孔：是的，说得没错。

苏格拉底：在他们结婚和生育方面，那这个说法就相当对。

格劳孔：这是怎么回事?

苏格拉底：从上面推出的结论里可以推断，我们已经确立了一条原则，也就是最优秀的男女应该尽可能多地交合，最差的男女则应该尽量少。假如种族要保持一流，他们应该抚养一类人结合所生的后代，而放弃另一类。这种事情必须成为只有统治者才能够知道的秘密，要不然我们的族群就会有另外的危险，按照守卫者的说法——爆发叛乱。

格劳孔：很对。

苏格拉底：依据法律规定，新婚应当有假期，新郎新娘要宴请宾客，祭拜神明，诗人作赞美诗，祝贺嘉礼。统治者还要结合战争、疾病以及别的因素来综合考虑结婚人数的多寡，适当保持人口数量，使国家的人口规模不至于过大或过小。

格劳孔：当然是这样。

苏格拉底：为此，我们必须发明一种巧妙的抽签办法，以便以后每次不符合要求求偶失败的时候，只会怪自己运气不好而不会抱怨统治者。

格劳孔：诚然。

苏格拉底：我认为，除了其他的荣誉和奖励，那些在战争中骁勇善战、功勋卓著的年轻人，统治者一定要给予一系列的奖赏，并提供更多的择偶

---

① 这是个比喻。

机会，进而培育出更多优良的下一代。

格劳孔：完全正确。

苏格拉底：生下来的孩子就交给管理这些事情的官员教养。另外，这些抚养孩子的官职也同时向男女开放。

格劳孔：是的。

苏格拉底：在抚养孩子这事上，这些官员保密工作要做好，那些优秀者的孩子，他们会带到托儿所由住在城里另一区的保姆抚养，而剩下那些一般的或生下来有先天缺陷的孩子，他们也会秘密地处理了。

格劳孔：没错。只有这样才能保证城里人种的高品质延续下去。

苏格拉底：他们要为养育他们做准备。当母亲奶水充足时，他们会把孩子的母亲带到育儿所，但要尽可能留意不让她们认出自己的亲生孩子。如果需要更多奶水，可以雇用奶妈。喂奶的过程要留心，不能拖延过长，这样母亲在夜间可以不起床也没有其他麻烦，所有这些会交给保姆和服侍的人。

格劳孔：照你这么说，守卫者抚养孩子的事情安排起来非常简单，也非常轻松啊！

苏格拉底：是的。接下来，让我们规划第二部分。刚才说过，我们要挑正值壮年的人生儿育女。

格劳孔：诚然。

苏格拉底：你是否认同，一个女人壮年期大概是二十年，男人壮年期大概是三十年的这种说法？

格劳孔：你认为是哪些年龄段？

苏格拉底：二十岁到四十岁的女人应为国家抚养儿女，而男人的壮年期则可以到五十五岁。

格劳孔：你说的这年龄，就是男女身心两方面都旺盛时期吧。

苏格拉底：我们觉得，超过这个年龄的人如若再生孩子就是亵渎国家的，是非正义的举动。即便超龄的人生了孩子不被人发觉，他们也是得不到同正式婚礼一样的，来自祭祀和整个国家的祝福。因为这样的祝福是希望下一代更胜过上一代，能给国家带来更多的益处，而这样的孩子是愚昧和淫乱的产物，所以他是得不到众人为他祈福的。

格劳孔：非常正确。

苏格拉底：即便是在壮年时期的男女，未经统治者允许苟合生下的孩子，也同样使用这样的法律，因为他们给国家生下了一个私生子，这是不合法的，亵渎神明的。

格劳孔：对极了。

苏格拉底：然而，这条法律只适用于那些规定年龄段里的人。过了那个年龄段，我们就允许他们在一定范围内自由。但是，男人不可以娶自己的女儿和外孙女，也不可以娶自己的母亲和外祖母。同理，女人不可以和自己的儿子、父亲结婚，也不可以和自己的孙子、祖父结婚，以此类推。我们准许这一切，但在准许的同时又要下达严格的命令，禁止任何可能发育的胎儿出世。假如这样的胎儿还是出生了，那么父母一定要明白这种结合的产物不可能被养育，并且做出相应的安排。

格劳孔：你讲得都非常有道理，不过你讲的那些关系，他们怎么样才能分辨得清楚呢?

苏格拉底：他们永远也不可能知道。从婚礼那天开始，当时结婚的新郎将把七个月或十个月后降生的所有男孩都称为他的儿子，把所有女孩都称为他的女儿，他们将称他为父亲，他将称他们的孩子为他的孙子、孙女，而孙子、孙女将把年长的一代称为祖父、祖母。他们将把他们父母在一起期间生的所有人都称为兄弟姐妹，而我刚才说过，他们之间是禁止通婚的。但这一点不应理解为绝对的禁令。假如命运偏爱他们，他们又获得了菲斯[①]神谕的批准，法律将准许他们结婚。我们的安排就是这样。

格劳孔：对极了。

---

① 菲斯：指太阳神阿波罗。

苏格拉底：所以说，格劳孔，这就是所谓城邦里妇女儿童公有的做法。这个做法已经是最佳的做法了，它和这个城邦的其他制度保持一致，下面我们就会充分证明这一点，你认为呢？

格劳孔：是这样的。

三　论和睦相处

苏格拉底：在认同这个观点前，是否要先问一下自己，至善的国家制度是什么，立法者追求的至善又是什么，还有极恶是什么，等等。其次，我们是否还要考虑一下，刚才提出的那些是循着善的足迹呢，还是循着恶的足迹呢？

格劳孔：是的。

苏格拉底：对于一个国家而言，有什么事是比分裂更恶呢，有什么画比团结更善的呢？

格劳孔：当然没有。

苏格拉底：所谓团结，是不是就是要让全体公民尽可能地做到不管养生送死都能万家同欢万家同悲，这样才能维系团结呢？

格劳孔：的确如此。

苏格拉底：如果即便同处一国，同一遭遇，但由于各人的感情体验不同，那团结不是就因此而破裂了。

格劳孔：当然。

苏格拉底：这种情况之所以会发生，难道不是由于公民们无法异口同声地说“我的”“非我的”“别人的”等这些词语吗？

格劳孔：正是。

苏格拉底：也就是说，管理最好的国家其实就是保证大多数人对同样的东西，能够同样地说“我的”“非我的”。

格劳孔：这是最好的。

苏格拉底：或者说，这种情况与个人的状况最为接近。就好比身体，整个身体构成了一个王国，灵魂是王庭的中心，拥有统治的权柄。哪怕一根手指受伤，就会牵动灵魂，整个身体对那伤处感同身受。对身体的任何一部分我们都可以这样说：要是它们遭受伤害将感到痛苦，要是伤痛缓解将感到快慰。

格劳孔：照你的意思，管理得当的国家其实就好比各部分痛痒相关的一个有机体。

苏格拉底：每一个公民的境遇都时好时坏，这个时候国家就可能会说，受苦的是国家的一部分，因此要有福同享，有难同当。

格劳孔：一个管理得特别好的国家必须是这样的。

苏格拉底：我们再回过头去看看，我们的国家里还能不能看到我们前面认同的与其他国家不同的那些品质。

格劳孔：是该这样做。

苏格拉底：我们的国家和其他国家一样，有治理者也有人民，是吗？

格劳孔：是这样。

苏格拉底：他们彼此互称公民，是吗？

格劳孔：是的。

苏格拉底：其他国家里的老百姓对他们的统治者，除了称呼公民以外，还称呼他们什么呢？

格劳孔：好多国家称呼他们首长，平时称呼他们治理者。

苏格拉底：那我们的国家呢，除了称呼他们公民外还称呼他们什么？

格劳孔：保护者与辅助者。

苏格拉底：他们又是如何称呼人民的？

格劳孔：纳税者与供应者。

苏格拉底：其他国家的统治者怎样称呼人民呢？

格劳孔：奴隶。

苏格拉底：统治者彼此之间又是如何称呼的呢？

格劳孔：同事们。

苏格拉底：我们的呢？

格劳孔：守卫者与同事们。

苏格拉底：在其他国家里，统治者相互间是不是有的以朋友相称，有的却不是？

格劳孔：没错，这现象很普遍。

苏格拉底：他们是把同事中的朋友看作自己人，其他同事则视为外人，是吧？

格劳孔：是的。

苏格拉底：我们的守卫者们怎么样，是否也有人把同事视为外人？

格劳孔：肯定不会。他会把他身边的人都视为自己的亲人，不管是他的兄弟、姐妹，或者儿子、女儿、孙子、孙女，还是他的父亲、母亲，或祖父、祖母。

苏格拉底：你说得非常正确。让我再问你一遍，他们只是名义上的一家人，还是在他们的一举一动中都如说的那样言行一致呢？比如，他们说‘父亲’这个词时，是不是意味着对父亲的照顾，以及法律要求履行的子女的孝敬、义务和顺从呢？一旦他违反这些义务时，会不会被视为一个不虔敬的不义之人，神和人都不会善待他呢？全体公民会反复叮嘱孩子们，对那些与他们亲如父母家人的人，他们应该以这样的态度来对待？

格劳孔：这是必要的。亲属关系只停留在表面，而无行动配合，毋庸置疑是空谈。

苏格拉底：这个国家有别于其他国家的地方就在于，在这里大家都会异口同声地赞颂“我的”这个词儿。任何一个人遇到好事，大家就都说“我的境遇好”；假如有人遭遇不幸，大家就都说“我的境遇不好”。

格劳孔：是的。

苏格拉底：我们刚才是不是讲过，只有这种认识这种措辞才能让彼此团结？

格劳孔：我们讲过，而且我认为非常正确。

苏格拉底：和普通公民相比，守卫者更应该有事物公有的意识，把这些事物称为“我的”，而且他们还应当因此同甘共苦。

格劳孔：非常正确。

苏格拉底：除了国家的制度外，妇女儿童的公有是否也是守卫者同甘共苦的原因？

格劳孔：毫无疑问，这是主要的原因。

苏格拉底：还记得我们说过，至善的国家就是把国家整体视为个人的身体，管理好各个部分，休戚相关，同甘共苦。

格劳孔：我们的认可一致，说得非常对。

苏格拉底：我们还可以说，在辅助者中间妇女儿童公有对国家来说也是最大的善，也是这善的来源。

格劳孔：完全可以这样说。

苏格拉底：这个说法和我们前面说的话实际上是相同的。我记得我说过，守卫者是不允许有私人的房屋、土地以及私人财产的。他们的报酬是从公民那里得来的，然后大家一起消费。真正的守卫者就是这个样子。

格劳孔：你说得正确。

苏格拉底：我们讨论过的和正在讨论的这些规划，能不能让他们成为名至实归的守卫者？他们是不是会维护国家统一，不霸占公有的东西，不把妇女儿童看作私有的，不各顾各的不管他人疾苦？我觉得，最好他们还是看法一致，行动一致，团结一致，甘苦与共。

格劳孔：说得对。

苏格拉底：要知道，人和人之间的矛盾都和财产、儿女与亲属的私有相关联。守卫者一切事物公有，没有私有财产，因此他们彼此不可能有矛盾。那么，彼此涉讼、彼此互控的事情，不就不在他们那里发生了吗？

格劳孔：他们之间不会发生诉讼。

苏格拉底：那他们之间不太会发生行凶殴打的事情了。我们可以告知公民，年龄相仿的人之间，自卫是善的和正义的，这样一来，就可以给他们锻炼身体提供动力了。

格劳孔：非常正确。

苏格拉底：这样一条法令还有一个好处，一个怒气冲天的人通过自卫来发泄怒气，那争吵就不至于走极端了。

格劳孔：诚然。

苏格拉底：还有权力应该交给年长者，让他们用权力去管理和监督年轻人。

格劳孔：这个道理非常清楚。

苏格拉底：很显然，年轻人通常是不大会对老年人动武的，只有一种情况是例外的，那就是在统治者的命令下。通常而言，畏惧和羞耻这种心理会阻止他们对老年人无礼的。羞耻之心会阻止他去冒犯父辈的人，畏惧之心使他害怕受害者来自于儿辈、兄弟或父辈的援助。

格劳孔：结果当然是这样。

苏格拉底：那我们城邦里的法律要从各信方面敦促守卫者们彼此和平相处。对吧？

格劳孔：是的，要和平！

苏格拉底：只要他们内部没有纷争，那城里的其他人也就不会与其有过节了。

格劳孔：是的，不担心。

苏格拉底：如此的话，他们也可以摆脱一些不值得操心的琐碎无聊的事情，这些事我几乎不愿去谈。犹如奉承富人，劳神操心养活一家大小的事，借债还钱，以及绞尽脑汁攒钱给妻子仆役花费等此类琐碎的事情一样，实在不值一提。

格劳孔：这个道理显而易见。

苏格拉底：他们就不用操心这些了，犹如生活在极乐世界，过着比最幸福的奥林匹克胜利者还要幸福的生活。

格劳孔：怎么会呢?

苏格拉底：实际上，奥林匹克的胜利者仅仅享到了公民应受赐福的一部分就被认为是幸福的了[①]，而公民赢得了更加辉煌的胜利，并拥有公共开支支付的更为完善的供养。他们赢得的胜利是整个城邦的拯救，他们和他们的后代被加戴的冠冕是全部生活需求的满足。他们活着的时候，从他们的国家手中获得奖励，死后会拥有隆重的葬礼。

格劳孔：待遇真是优厚。

苏格拉底：在刚开始辩论的时候，你记不记得有人斥责我们没给守卫者幸福，说他们掌握一切，到头来自己却一点儿私有的东西也没有？我想你还记得，我说过我们会在适当的时候回到这个问题上来，因为当时我们更多关心的是如何去教养一名名副其实的守卫者，使国家这个整体得到幸福，而不是只为某一个阶级出发去考虑一个阶级的幸福。

格劳孔：我记得。

苏格拉底：既然我们的扶助者的生活，已经被证明比奥林匹克运动会的胜利者的生活要好得多，那么还有必要去拿它和鞋匠、其他匠人，以及农民的生活做比较吗?

格劳孔：我也觉得没有必要。

苏格拉底：我们不妨再重申一次我在别的地方说过的一些话。要是我们的守卫者一直被那种愚蠢的快乐观念所困扰，不满足于现有的适度的安稳的，在我们看来是最好的生活，一味追求与守卫者本身身份不符的幸福生活，最终只会靠玩弄权力损人利己，那么他迟早会明白赫西俄德所说“在

---

① 奥林匹克的获奖者可得到终生免费的城邦供养。

某种意义上半多于全”这话的意思！

格劳孔：只要他听我的劝告，他还会回到原来的生活状态。

苏格拉底：那么你是否同意，男人和女人将会拥有诸如我们所描述的一种共同的生活方式，其中包括共同的教育和共同的孩子；他们将共同监督公民，不管公民是留在城邦之内还是外出作战；他们将如同狗似的，一起保持警戒，一起去打猎；只要有可能，男人和女人将永远共有一切事物。在这么做之时，他们将把事情做到最好，不仅不违反两性的自然关系，还会保持这种关系。

格劳孔：我同意。

四　不和与战争

苏格拉底：接下来我们要研究的问题是，这样的共同关系真正在人与人之间建立起来，和其他动物的共同关系是不是相同？假如是，那我还想问到底应该怎么做？

格劳孔：我正打算提这个问题，被你抢先一步了。

苏格拉底：在战争中他们将如何去做，我以为一切都是明摆着的。

格劳孔：该怎么做？

苏格拉底：不用说，他们当然会一起远征。他们还会带上他们最强壮的孩子，就像工匠教育自己的孩子那样，让孩子见识一下他们长大后将不得不做的工作。除了看看，他们还必须在战争中提供帮助、发挥作用，服侍他们的父母。难道你从来没有注意到，早在触碰陶轮之前，陶工的孩子就见识了制陶，并且在制陶中提供了帮助？

格劳孔：我看到过的。

苏格拉底：难不成陶工倒比守卫者更需要重视孩子的教育和技能实习，为的是将来更好地从事这项工作？

格劳孔：这种想法实在是太荒唐了。

苏格拉底：在这点上，人似乎和动物无异，越是在下一代面前，越是骁勇善战。

格劳孔：确实如此。但是，苏格拉底，你要知道胜败乃兵家常事，这么做要冒多大的风险！倘若失败了，他们和自己的下一代都绝对无法幸免，乃至自己的国家都会陷入万劫不复的境地。

苏格拉底：你的话正确。难道就因为如此，他们就永远不必冒任何危险吗？

格劳孔：我绝无此意。

苏格拉底：假如非要冒这样的险不可，那冒险且取得胜利的人不正好因此而锻炼了自己吗？

格劳孔：显然如此。

苏格拉底：一个长大后要成为军人的人，年少时不去见识一下战争的真面目，可能就会以为不该去冒这个风险，或者冒不冒差别不大，他们的这个想法你认同吗？

格劳孔：肯定不会。冒不冒这个险，对于要做军人的人有很大的差别。

苏格拉底：因此，让孩子们从小实地见习战争是非常必要的，当然我们也需要考虑怎么样让他们正确处理危险，以免伤害到他们，这不就两全其美了吗？

格劳孔：是的。

苏格拉底：首先，就他们的父辈而言，不至于一点军事经验都没有吧？他们应该懂得哪些战役是危险的，哪些是不危险的吧？

格劳孔：他们理应多少懂点儿。

苏格拉底：因此他们可以不带他们去参加有危险的战役，而让孩子实地见习不危险的战役。

格劳孔：对。

苏格拉底：其次，孩子们应该交给那些年长的且经验丰富的领导者或是教师们去带，绝对不能交给滥竽充数的军官。

格劳孔：是该这样。

苏格拉底：可是，我们也要清楚，意外是难以避免的。

格劳孔：的确是的。

苏格拉底：所以，为了以防万一，最初之时我们就要给孩子们装上翅膀，让他们必要时可以振翅高飞。

格劳孔：什么意思？

苏格拉底：我的意思是说，必须让他们从小就骑在马上，等他们学会骑马了，就带着他们骑马去看战争。他们骑的马必须勇敢、好战，但又最容易驯服、最快。通过这种方式，他们就能对将来他们自己的事获得敏锐的觉知。假如有了危险，他们只需跟着他们年长的领导者逃跑就行了。

格劳孔：我觉得你的话是对的。

苏格拉底：那么，我们该怎样规定军事纪律呢？战场上的士兵，要如何对待自己人，如何对待敌人？我不知道我的想法是不是正确？

格劳孔：请把你的想法告诉我。

苏格拉底：我的意思是，要不要把那些开小差逃跑，丢盔弃甲，或者由于胆怯犯了其他类似错误的士兵下放去做工匠或者农夫？

格劳孔：当然要。

苏格拉底：那么，那些被敌人活捉后做了战俘的士兵，我们要不要将他们作为礼物送给敌人，随敌人怎么处理？

格劳孔：完全可以。

苏格拉底：你是否赞成一个在战场上英勇的士兵应当首先受到战场上战友们的致敬，再受到少年和儿童的致敬？

格劳孔：完全赞成。

苏格拉底：他还应该受到他们向他伸出右手的这种方式的欢迎，是吧？

格劳孔：应该。

苏格拉底：不过，我下面的话你肯定不会赞成。

格劳孔：什么话？

苏格拉底：你赞成不赞成他吻每一个人，且每一个人也要亲吻他？

格劳孔：完全赞成。我还想就这条法令再补充一点，在战争期间不许反对他爱任何人。理由非常简单，当他爱着无论男人或女人时，他还有急切的动力去赢得光荣。

苏格拉底：好极了。而且我们都已经说过，应该多给优秀人才结婚的机会，以便让他们尽可能地多生孩子。

格劳孔：是的，我们确实这样说过。

苏格拉底：不过，根据荷马的说法，还有以下的正当方式也可以用来敬重年轻人中的勇士。荷马的诗篇告诉我们，战争中的阿雅斯英勇异常，使得他在宴席上受到全副脊肉的赏赐。这样的赏赐对他们而言，既是一种荣誉又可以增强他们的体质。

格劳孔：说得极是。

苏格拉底：说到这里荷马至少可以作为我们的榜样。我们也将在献祭时或类似的场合，根据勇敢者的勇敢程度，用赞美诗和我们刚才提到的那些荣誉，向他们致敬，不管他们是男人还是女人。我们还将用“上座、肉和斟满的杯子”向他们致敬。在向他们致敬的同时，我们还锻炼了他们。

格劳孔：你说得好极了。

苏格拉底：那么，那些死后英名远扬的人，我们是不是应该说，他是名门望族的黄金种子？

格劳孔：绝对可以。

苏格拉底：不仅如此，我们要不要相信，赫西俄德在《工作与农时》里提到的黄金种子死后成为“置身河岳的精灵，保卫下民的救星”？

格劳孔：一定要。

苏格拉底：那要不要向阿波罗询问一下，然后照他的指示以厚葬这些战死的勇士？

格劳孔：还有别的方式吗？

苏格拉底：在将来的岁月，他们的坟墓要按时祭扫，像尊崇神明一样尊重他们。还有那些在自己平凡的一生中也表现得非常优秀因年老或是其他原因去世的人，我们也必须授予他们同样的荣誉，对不对？

格劳孔：肯定是对的。

苏格拉底：接下来，我们再来谈谈，我们的士兵应当怎样对待敌人？

格劳孔：你指哪方面？

苏格拉底：首先就是处理俘虏，将他们转变为奴隶这方面。希腊人征服别的希腊城邦之后，常常会将同一种族的人降为奴隶，你认为这种做法是正义的吗？还是不仅自己不这样做，还极力劝阻其他城邦也不这么做看起来更符合正义呢？毕竟后者的做法会让人体会到有被蛮族征服的危险，希腊人才能因此都团结起来，互不伤害，你说呢？

格劳孔：不用说，自然是希腊人大家团结一致的好。

苏格拉底：那么，既然这些士兵不希望把战败的希腊人变成自己的奴隶，那也有必要去说服其他希腊人也不要把战败的希腊人作为奴隶。

格劳孔：当然。这样一来的话，希腊人就内部团结，一致对外了。

苏格拉底：那么，在战场上胜利者最好别去夺被击毙的敌人武器以外的东西，是吧？假如强制规定他们要搜剥敌尸财物的话，那并非一下子就让那些贪生怕死之徒找到了不去乘胜追击的借口了吗？从古至今，有多少军队因此断送了胜利的可能乃至自己的生命！

格劳孔：的确是的。

苏格拉底：劫掠尸体难道还不野蛮、贪婪吗？把死尸当敌人，却让真正的敌人只是丢下了战斗装备逃走，这难道不够卑劣、女人气吗？这种行为不很像一只狗咬不到攻击它的人却向砸中它的石块狂吠吗？

格劳孔：非常像。

苏格拉底：所以，我们一定要禁止我们的士兵抢劫死尸，战场上就算是敌方的死者也要安葬。

格劳孔：真的，我们必须这样做。

苏格拉底：为了表示与其他希腊人的友好关系，缴获的武器也最好别作为捐献的祭品送到庙里，特别是希腊人的武器一定不要送去。除非神的旨意如此，否则同是希腊人的武器恐怕真不能作为祭品被送到庙里去，这么做只会亵渎神明。

格劳孔：你说得实在是太对了。

苏格拉底：我们的士兵又该如何对待蹂躏敌方希腊人的土地和焚烧敌方希腊人的房屋的问题呢？

格劳孔：对于这个问题，我很想聆听你的看法。

苏格拉底：依我看，他们既不能蹂躏敌方希腊人的土地，更不能焚烧他们的房屋。他们最多只能运走对方一年的庄稼。需要我告诉你真正的原因吗？

格劳孔：当然需要。

苏格拉底：我觉得，正如“战争”与“内讧”这两个不同的词一样，事情也有两种完全不同的种类。所谓两种不同的事情，一种是内部的，自己人的；另一种是国外的，敌方的。内部的冲突称为“内讧”，对外的冲突称为“战争”。

格劳孔：这是非常恰当的区分。

苏格拉底：那么，这句话你是不是也会认为很恰当呢？在我看来，希腊人之间的所有事情都属于内部的，只有希腊人和蛮族之间的关系才属于外部敌我的？

格劳孔：说得很对。

苏格拉底：因此，希腊人和蛮族是天然的敌人，希腊人抗拒蛮族，或是蛮族侵略希腊人，这些冲突都是外部的，都必须叫作“战争”，假如是希腊人同希腊人冲突的话，这冲突是内部的，朋友间的冲突，就如同是希腊本民族不幸染病，兄弟不和罢了，因此这种冲突只能叫做“内讧”。

格劳孔：我同意你的看法。

苏格拉底：来说说“内讧”问题吧。请想一想，当我们所说的内乱发生的时候，一个城邦分裂了，假如双方夷平了对方的土地、焚烧了对方的家园，这种内斗是多么无德啊！真正的爱国者，是绝不会把他的保育者和母亲撕成碎片！征服者也许有理由夺去被征服者的收成，但他们依然需要心存和平之念，而不要永远把战争进行下去。

格劳孔：是的，这种做法比较文明，比较合乎人情。

苏格拉底：好。你正在创建的国家难道不是一个希腊人的城邦吗？

格劳孔：一定是的。

苏格拉底：那么，你建的这个城邦里的公民难道不是文明的君子吗？

格劳孔：是的。

苏格拉底：那么，我们要不要他们热爱自己的同族希腊人，要不要热爱希腊故国的河山，要不要热爱希腊人共同的宗教信仰？

格劳孔：当然要的。

苏格拉底：那他们会不会把同族之间的不和和冲突也视为“内讧”而非“战争”？

格劳孔：当然会的。

苏格拉底：即便他们现在真的有冲突，但是他们彼此都还期望有一天能重归于好，是不是？

格劳孔：完全是这样。

苏格拉底：他们是善意告诫，是教导者，其目的不在于恶意毁灭，因而他们不是敌人。

格劳孔：非常正确。

苏格拉底：他们对无辜者的战争的最终目的，只是为了给对方压力，让对方赔礼谢罪。他们和无辜者既然是希腊人，不论男女，他们就会将对方的大多数（少数罪魁祸首除外）视为自己的朋友，从而不会轻易地蹂躏希腊人的土地，焚毁希腊人的房屋。

格劳孔：我同意你的说法。我们国家里的公民就应该这样对待自己的同族人。至于蛮族，他们的态度和方式就要像目前希腊人对付希腊人那样。

苏格拉底：那好，我们要不要给守卫者再制定一条法律，即不准蹂躏土地，不准焚烧房屋？

格劳孔：同意。假如我们觉得我们此前制订的所有法律都非常好，那么我们或许就达成了一致意见。不过，苏格拉底，我还是要说，假如我们允许你以这种方式继续下去，那么你将完全忘掉在这场讨论开始时你抛到一边的另外一个问题：这样一种政体是可能的吗？要是可能，又会怎样成为可能？因为，只要你所提出的计划是可行的，我将特别愿意承认，它会给城邦带来各种好处。我还会补充你遗漏的东西——你的战士将是最勇敢的战士，他们绝不会离开他们的队列，因为他们全都彼此熟悉，每个人都将称另外一个人为父亲、兄弟、儿子。假如你建议女人加入他们的队伍，那么不管她们是在同一队列还是在后方，不管充当让敌人生畏的人还是作为辅助者以备不时之需，我知道她们都会是完全不可征服的。你可能还会提到好多家庭方面的好处，我也完全承认。我将承认所有这些好处，你想让我怎样我就怎样，只要你的这个城邦会成为现实。不过，既然我已经承认了，我们就不需要再多说它们了。接下来，就假定这个城邦是存在的，让我们现在就转向可能性和方式、方法的问题。其余的一切东西，完全可以忽略不讲。

五 论知识与意见

苏格拉底：看来，只要我稍不留神，你就就会毫不顾忌情面地对我的议论来了一次突然袭击。你可能还不明白，刚才我好不容易才避开了两个浪头，现在你紧接着又向我掀起了第三个浪头，还是最大最厉害的一个浪头。我认为，等到你看完听完关于这个浪头的事以后，你绝对会理解我的担心和犹豫，因为马上要讨论的这个问题会显得那样的怪异和奇特。

格劳孔：你越是如此地推诿，我们越不能轻易放过你。不管怎样，你都要告诉我们该怎样实现这种制度。不要浪费时间了，继续讲吧。

苏格拉底：好吧，我们首先要弄明白，我们最早是从研究“什么是正义”“什么是非正义”的问题开始的。

格劳孔：不错，那又怎样呢？

苏格拉底：哦，没有什么，我想说的问题就在这里。我们找到了什么是正义的话，那是不是就要求正义的人和正义本身[1]在各方面都毫无差别，还是只要正义的人比别人更体现正义，更接近正义本身，我们就满意了呢？

格劳孔：哦，我们只要求尽量接近标准就可以了。

苏格拉底：最初我们研究正义和非正义的定义以及绝对正义和绝对非正义的人是什么样的（我们先假定存在这种人的话），其目的就是能有一个样板。这些样板为的是依据这些标准来判断我们幸福与否、幸福或不幸

① 这里指柏拉图说的理念。

的程度。我们是不指望现实中能出现和样板一样的东西的。

格劳孔：你说得非常对。

苏格拉底：假如一个画家，用精湛的技艺描绘了一个极其完美的理想美男子，不过他证明不了他实际存在，那能不能就因此说这是个糟糕的画家？

格劳孔：不，不能这样说。

苏格拉底：我们刚才不是说我们正在用词句创造一个至善的国家吗？

格劳孔：的确是这样。

苏格拉底：假如我们也不能证明一个现实中的国家和我们所描述的理想状态一样的话，那可不可因此就说我们的描述是最糟糕的呢？

格劳孔：当然不可以。

苏格拉底：道理就在这儿。不过，我为了让你听得高兴，尽力为你解释什么情况和哪个方面我描述的那些东西最能接近现实。请你把刚才认可的那些话再说一遍。

格劳孔：我认可了什么话？

苏格拉底：有可能说到就一定做到吗？或者真理往往做到的比说到的要少？也许有人不这样认为，你是怎么认为的呢？

格劳孔：同意。

苏格拉底：所以，那些我用词句描述的东西也就不可能彻底做到，你也就不要让我一直证明了。你必须承认，只要有一个国家治理得非常接近于我们所描写的那个样子就应该满足了。你肯定会满意的，是不是？

格劳孔：我也很满意。

苏格拉底：接下来第二件要做的事情是，想办法指出有哪些现行的法条的缺陷阻碍了他们接近我们所描绘的那个样子？通过哪些细微的变动能够让他们尽可能接近我们所描述的样子？假如只要变动一项就可以了，那自然是最好不过的，假如变动一项还不行，那就变动两项，总之变动得越微越理想。

格劳孔：确实如此。

苏格拉底：假如这样，我们就可以说有一项可以引起改革的变动虽然它很难，却是可能实现的。

格劳孔：那是什么变动呢？

苏格拉底：哦！我觉得那个被我们比喻成最大最奇特的浪头正在一步步地逼近我们，不过我还是会坚持说下去，即便我会因此被淹没和溺死在讥笑和藐视的浪涛当中，我也不后悔。好，你们继续听我说下去。

格劳孔：说下去吧。

苏格拉底：除非哲学家成为王，或这个世界的王和王子拥有哲学的精神和能力，能把政治上的伟大和智慧合二为一，那些在此两者中顾此失彼的平庸之辈必须靠边站，要不然城邦将永远无法摆脱罪恶，我坚信，众城邦甚至整个人类都将永无宁日。直到那时，我们这个城邦才可能存在，才能得见光明。我亲爱的格劳孔，这就是我的想法，要不是它显得太离谱，我或许早已欣然把它说出来了。因为，要相信除此之外别无他法——不管私下的还是公共的——幸福，确实是件难事！

格劳孔：苏格拉底，你这样信口开河，在我们面前乱讲大道理，恐怕很多大人先生们都会甩掉衣服，捡起武器对你发起攻击了。如果你找不到强有力的证据来辩护，只是弃甲而逃的话，那最终你只能为人所耻笑了。

苏格拉底：是你把我搞得这么尴尬的。

格劳孔：我做得完全正确，不过我是不会袖手旁观的，我说过会竭尽全力帮助你的。我会用善意和鼓励帮助你，回答你的问题时，也可能比其他人答得更恰当得多。因此请相信，真理还是站在你这边的，我会大力支持你，还是试着去说服那些怀疑派吧。

苏格拉底：既然有你的大力支持，那就应该勉力而为了。我认为，要还击你刚才提到的那些怀疑，最好的办法就是先对我们提出适合做统治者的那类哲学家做个科学的界定。对其界定明确后，我们就可以不用害怕那些质疑了，因为我们可以非常明确地指出研究哲学和艺术的事情天然就属于爱智者的哲学家兼政治家。至于其他人，不会研究哲学没关系，只要知道追随领导者就非常合适了。

格劳孔：事不宜迟，那就赶快给哲学家一个明确的界定吧。

苏格拉底：那好，请跟我来吧，我希望我可以设法给你一个满意的解释。

格劳孔：说下去吧。

苏格拉底：你应该还记得，假如一个人是某一样东西的爱好者，那他就会喜欢这东西的全部，而不只是其中的一部分。

格劳孔：我还不是太理解，需要你的提点。

苏格拉底：格劳孔啊，也许别人可以那样答复，但像你这么好色的男子应该知道，所有青春少年在情人的怀里都会莫名地生出痛苦或者爱意，思忖着对方是否值得自己的深情眷顾。你和你的情人不就是这样吗？他长着一个塌鼻子，你就赞美他有迷人的面庞；长着鹰钩鼻子，你说有王族气象；其鼻子若既不塌也不是鹰钩状，就说是匀称优雅。他面庞黝黑，就是有男人气；面容白皙，则是诸神之子；至于他们说得好听的“蜜白”脸色，难道不是情人在喃喃耳语时创造出的名称吗？假如那种“蜜白”出现在青年的脸颊上，它难道不和苍白正相反吗？总而言之，为了不放掉青春所绽放的每一朵花，没有你找不到的理由，没有你不会说的话。

格劳孔：假如你只是为了证明的需要，把我当作你所说的“爱者”的代表的话，我愿意充当。

苏格拉底：下面我们再说爱喝酒的人怎么样？你有没有注意到他们每一种酒都爱喝，并且还可给每一种酒一个爱的道理。

格劳孔：的确如此。

苏格拉底：至于爱荣誉的人，大概的道理也是如此。即便做不上将军，做连长也可以；得不到大人物的捧场，让小人物捧捧也觉得非常过瘾。只是无论如何，他们是不会抛弃荣誉的。

格劳孔：是的，不错。

苏格拉底：那好，请你再重复一次我刚才的那个问题，一个人爱好一样东西，是爱它的全部呢，还是只是一部分呢？

格劳孔：当然是全部。

苏格拉底：我们是不是可以说，哲学家喜爱的不只是智慧的一部分，而是智慧的全部。

格劳孔：是的，他爱全部。

苏格拉底：如果一个人不爱学习，尤其是他年轻时，从而无法清楚地判断什么是有益，什么是无益的，我们是不会说他是一个爱学习的人，或一个爱智的人。这个道理就如同我们不会称一个不饿且不想吃东西的人为爱食者一样，我们也不会说他有好胃口。

格劳孔：非常正确。

苏格拉底：假如那种对任何学问都有所涉猎，且不知疲倦总是好奇的人能不能称作爱智者或哲学家？

格劳孔：假如好奇能造就一个哲学家的话，那么你会发现很多古怪的人也都可以被叫作哲学家啦。喜欢观看的人都喜欢学习，因此必须被包括在内啦？而假如业余的音乐爱好者也可以侧身哲学家之列，那就不太相称了，因为他们是世界上最不热衷于哲学讨论这类事务的人。他们如若不反对就已经很不错了。一到酒神节[①]他们就到处赶场，无论城里还是乡下（又有什么差别？），只要有音乐演出，他们总会出现在那里把每场合唱都听到，就好像把耳朵租出去了一样。我们会把这些以及品位相似的人，还有各种二流技师都称为哲学家吗？！

苏格拉底：当然不要。他们只是有点像哲学家罢了。

格劳孔：那么，什么样的人算是真正的哲学家呢？

苏格拉底：那些眼睛盯着真理的人。

格劳孔：这话非常正确，不过你讲的到底是什么意思呢？

苏格拉底：这话和别人说不明白，不过，我想你应该会同意。

---

① 酒神节：亦称狄俄尼索斯节，最初是为丰产之神举行的祭仪。

格劳孔：什么观点？

苏格拉底：美与丑是对立的，也是独立的。

格劳孔：哦，当然。

苏格拉底：但它们同时是既对立又统一的。

格劳孔：是的。

苏格拉底：其他对立相反的事物也能这么说，比如，正义与非正义，善与恶，以及其他类似的概念。这个说法就以下面这种方式表述也能成立。就它们本身而言，它们各自都是单一的，但由于它们会和行动及物体相结合，结合以后就都不是单一的了。

格劳孔：你说非常对。

苏格拉底：那么我要画条线把两类人分开。一边是你说过的看戏迷、艺术迷、爱干实务的人，一边是我们将要讨论的一类人，也就是能配得上哲学家这个名号的这类人。

格劳孔：你说的是什么意思？

苏格拉底：那边的那种人是声色的爱好者，他们喜欢美的声调、美的色彩、美的形状以及一切由此而组成的艺术作品，但事实上他们在思想上并不认识美本身和爱美。

格劳孔：的确如此。

苏格拉底：这边的这种人可以从美本身的角度来理解和领会美，这种人不是很少吗？

格劳孔：确实很少。

苏格拉底：有人能认识美的事物却意识不到美本身；假如别人去引导他获得美的知识，他却无法跟随。我想问，这样的人是醒着，还是在一场梦中？想想，假如有人面对两类不同的事物，把相似者看成是真实的事物本身，那么不管他睡着还是醒着，他不都是在做梦吗？

格劳孔：我承认他的一生就如同在梦中。

苏格拉底：再来说另一类人吧。这类人与前者相反，他认识美本身，不但可以清楚地分辨美本身和包含美本身在内的许多具体事物，而且不会将具体事物和美本身混淆。你说说看，这类人的一生，是醒着还是睡着呢？

格劳孔：他是完全清醒的。

苏格拉底：那好，我们就说这类人的心智具有“知识”，前者在我们看来心智只有“意见”，你说对不对？

格劳孔：当然是对的。

苏格拉底：如果刚才我们说的惹怒了那些只有“意见”没有“知识”的人，他们大发雷霆，怒斥我们在欺骗他们，那么我们要不要因此委婉地告知他们，其心智缺了知识呢？

格劳孔：我们要婉转地让他们知道这一点。

苏格拉底：那要对他们如何说呢？我们可不可以说，我们不妒忌他们有知识，相反我们都因此觉得非常高兴。紧接着再问他们下面这个问题，一个有知识的人，知道的是一点点呢，还是一点儿也不知呢？你来帮他们回答看看。

格劳孔：我会这样答复，这个人总是知道一点点的。

苏格拉底：你说的这个“一点点”是“有”还是“无”？

格劳孔：我们怎么可能会知道“一点点”是“有”还是“无”呢？

苏格拉底：无论从哪个角度而言，我们都可以断言，完全有的东西是全然可知的，同样的道理，完全没有的东西也就是完全不可知的。

格劳孔：是可以这么说。

苏格拉底：假如有这么一种东西，它既有又无，那么我们可不可以说是介于全然有与全然无之间的？

格劳孔：可以。

苏格拉底：既然知识与有相关，无知与无相关。只要有这些东西，我们就必须找出和介于无知与知识之间状况相对应的东西来。

格劳孔：是的。

苏格拉底：刚才我们不是已经说过一种叫作“意见”的东西了吗？

格劳孔：有的。

苏格拉底：它和知识是属于同一种能力，还是不同种能力呢?

格劳孔：它应该属于另一种能力。

苏格拉底：由于意见与知识分属于不同的能力，那与之相关的东西就自然不一样了。

格劳孔：必然是的。

苏格拉底：假如我们说知识天然地与有相关，那就可以说知识就是知道有和有者的存在状况。不过，我认为有必在这里停下来，在深入探讨之前，我要做个区分。

格劳孔：究竟是什么区别呢?

苏格拉底：首先，我们身上以及其他所有东西所具有的功能要先划归为一类，划为我们能从事各种力所能及工作的“能力”这一类。比如，看、听都是这种能力之一，假如你同意我做这样的归类。

格劳孔：我也是如此理解的。

苏格拉底：那么，我现在就先告诉你对这些功能的印象。纵然功能不具备颜色、形状或其他类似的外观，无法直观体现出来，但在许多场合，我可以根据它们的功能分出各类事物的那种特质。我只关注功能的相关者和效果。这个也就是这些功能之所以称之为功能的依据。假如它们与同一件事相关，且完成的也是同一件事，那么就可以称它们是同一功能，假如与相关的事不同，所完成的也不同，那必然是不同的功能，你是怎么认为的呢?

格劳孔：我的意见和你一样。

苏格拉底：我亲爱的好朋友，就言归正传吧。请你告诉我，你认为“知识”是一种能力呢，还是属于其他属类?

格劳孔：我没有别的归类法，能力是所有功能中力量最大的一种。

苏格拉底：那“意见”呢?它也不属于能力范畴，而属于其他范畴?

格劳孔：不是。我们之所以能形成意见，就因为我们有形成意见的能力，而不是其他。

苏格拉底：可是，就在刚才你还说知识与意见是两码事啊。

格劳孔：是的，因为将绝对不会有错误的东西和容易有错误的东西混为一谈，肯定不是明事理之人的所为。

苏格拉底：好极了。那我们的看法就一致了，意见和知识不是一回事。

格劳孔：是的，它们不是一回事。

苏格拉底：它们拥有的能力不同，与它们相关的东西也就各有不同。

格劳孔：必然如此。

苏格拉底：在我看来，知识应该是与“有”相关，因为知识就在于认识“有”的状况。

格劳孔：是的。

苏格拉底：至于意见，它的能力就在于形成意见。

格劳孔：是的。

苏格拉底：知识的主体与意见的主体相同，但可知的东西和可以对之形成意见的东西是相同还是不相同呢？

格劳孔：依我们刚才同意的原则来判断，它们一定是不同的，我们提到过不同能力的对象必然是不同的。既然意见与知识是不同的能力，那它们的对象就不可能一样。

苏格拉底：假如说“有”是知识的对象，那它自然就不可能是意见的对象，意见的对象另有他物，对吗？

格劳孔：对的。

苏格拉底：那意见的对象是否为“无”？还是说“无”连作为意见的对象的资格都不具备呢？你考虑一下，一个人有意见，他的意见一定是有对象的，倘若一个人有意见，却是对无的意见，有这种可能吗？

格劳孔：这是不可能的。

苏格拉底：因此，一个有具体意见的人他的意见一定是有具体对象的了，是吗？

格劳孔：是的。

苏格拉底：无是不能称为某种具体对象的，只有称作“无”。

格劳孔：对的。

苏格拉底：那我们就把关于“无”者称作无知，把关于“有”者称作知识。

格劳孔：非常正确。

苏格拉底：这么说一个人，意见的对象既不是有也不是无。

格劳孔：确实都不是。

苏格拉底：看来意见既非无知，亦非知识。

格劳孔：是这样。

苏格拉底：那它可不可说是比起知识更明朗，比起无知更阴暗呢？

格劳孔：都不是。

苏格拉底：那你是把意见看作比知识阴暗，而比无知明朗的东西。

格劳孔：是这个想法。

苏格拉底：意见介于两者之间吗？

格劳孔：是的。

苏格拉底：因此，意见就是介于知识和无知之间的东西了。

格劳孔：绝对是的。

苏格拉底：前面我们已经说过，一样东西假如既有又无，那它就处于完全的有和完全的无之间，与之对应的能力也介于知识和无知之间，是吗？

格劳孔：对的。

苏格拉底：不知你看到没有，意见就是那个介于知识和无知间的东西了。

格劳孔：看到了。

苏格拉底：接下来，我们就要去既有又无，不能简单判断它就是有或是无的那种事物了。只要找到它，意见的对象我们也就找到了。于是，我们就把极端的东西与极端相关联，中间的东西就与中间相关联。我这么说你同意吗？

格劳孔：同意。

苏格拉底：我们都认同了这些准则，现在让那位爱看风景的人有话就说吧，我来一一回答他提出的问题。我就要问一位不承认绝对的、不可改变的美的理念的绅士，在他看来美是繁多的。我说，先生，您这位喜欢美的景象的人，不能接受别人说美是“一”，正义是“一”，或任何事物都是“一”，请您屈尊告诉我们，在所有这些美的事物中，有没有一个美的事物是完全不包含丑的？或者，正义中不包含不正义的？又或者，神圣中不包含不神圣的？

格劳孔：肯定有。许多美的东西都会以某种方式显现出既美又丑的一面的，至于你说的其他东西也是这样。

苏格拉底：照这样说来，有很多东西就是另外一些东西的双倍吗？它们不但是有些东西的双倍，同时也可能是另一些东西的一半，是吗？

格劳孔：是的。

苏格拉底：我们还把一些东西看成是大的或小的，轻的或重的，那么按刚才所说，难道不能把大的看作小的，小的看作大的，轻的看作重的，重的看作轻的吗？

格劳孔：都是可以的，它们能彼此互换。

苏格拉底：这些多样性的东西中的任何一个是不是都只能说是这样的而不能说成如有些人主张的那样的呢？

格劳孔：在宴会上，人们会问一些模棱两可的谜语。小孩之间也会这样，如他们问的阉人打蝙蝠的谜语。他们在谜语中问，他用什么打它，它又停在什么上面。[①]那些事物就像这些模棱两可的谜语。我正在说这些单个的事物也是一种模棱两可的东西，同样具有双重的含义。你既不能在你的头脑中把它们界定为“是”或“不是”，也不能把它们界定既“是”又“不是”，

① 古代手抄本边注给出了谜语的两种版本，其中一个是：一个是男人又不是男人用一块是石头又不是石头（浮石）打了一只坐在是树枝又不是树枝（芦苇）上的一只是鸟又不是鸟的东西（蝙蝠）。

还不能把他们界定为既非“是”又非“不是”。

苏格拉底：你用什么办法解决这个问题呢，除了是非之间，你有什么办法更好地为它在两者之间找到一个好的位置呢？要知道，不可能找到比不存在更暗的地方，看起来更不实在的地方，同样地也不可能找到比存在有更明朗的地方，看起来更实在的地方。

格劳孔：说得极是。

苏格拉底：由此我们发现，普通人对美的东西和其他东西的看法都会游移在绝对存在和绝对不存在之间。

格劳孔：确实是。

苏格拉底：只不过，我们在前面已达成一致意见，假如我们可以找到了这类东西，这类东西就一定是意见的对象，而并非知识的对象，这种东西能够被介于二者之间的能力所理解，且游移在中间地带。

格劳孔：是的，是同意了。

苏格拉底：其实就算在他人的指导下，那些看过了许多美的具体事物，许多正义的具体事物，好多其他的类似具体事物的人，却始终看不到美本身、正义本身，等等。我们只能说，他们对一切都只能有意见，他们对事物有意见却谈不上有所知。

格劳孔：这是必然的。

苏格拉底：相反地，我们要怎样评价那些认识到了事物本身，甚至永恒事物的人们？他们算得上是有所知不只是有意见吧？

格劳孔：那我们一定说他们具有知识。

苏格拉底：我们可不可说，这类人专注于知识的对象，而上面提到的那类人专注的对象是意见的对象？我敢肯定你还记得，我曾说过，后者只是注意到美声美色的美以及其他具体的种种美，绝不会注意到实实在在的美本身？

格劳孔：是的，还记得。

苏格拉底：因为如此，我们送给他们爱意见者的名号，而不称他们为爱智者，这不算是对他们的冒犯吧，他们不会跟我们发脾气吧？

格劳孔：只要他们肯听我的劝，那就不会生气，因为他们知道对真理发脾气是错误的。

苏格拉底：那我们是不是要把爱智者这个名号送给那些专心于每样东西本身的人，而不是爱意见者？

格劳孔：是的，毫无疑问。

第六卷

一　论真假哲学家

苏格拉底：这样一来，格劳孔，经过这么多的辩论，也经过了不少的努力，我们终于弄明白了，哪类人才是真哲学家，哪类人是假哲学家了。

格劳孔：也许吧，但是这是因为这个问题要是不经过一段长时间的辩论是很难得到答案的，要知道，欲速则不达呀。

苏格拉底：我认为并非是这样。我还是认为，假如讨论被限制在这个主题上，我们原本可以对这二者有更好的认识。然而，其他问题还在等着我们。人们想知道（这也是必须考虑的）正义者与不正义者的生活在哪方面不同。

格劳孔：那么，接下来我们该讨论什么问题呢？

苏格拉底：是的，我们应当考虑紧接着要讨论的问题。既然哲学家是能把握永恒不变事物的人，而那些做不到这一点，还让千差万别事物的多样性搞得晕头转向的人就不是哲学家，那么，对于这两种人，我们应该让哪一种当城邦的领袖呢？

格劳孔：你说我们怎么回答才对呢？

苏格拉底：我觉得，谁看来最能守卫城邦的法律和习惯，谁就能做城邦的护卫者。

格劳孔：说的对。

苏格拉底：再说，一个人，无论是看守什么事物的，应当用一个盲者呢还是用一个视力敏锐的人去担当呢？这个问题的答案应该是显而易见的吧？

格劳孔：当然是再清楚不过了。

苏格拉底：有些人，他们实在缺乏对每件事物的真实存在的知识，他们的灵魂中没有清晰的原型。他们缺少能够直视绝对真相的画家的眼睛，从而能依照原作做修复工作；他们不拥有对另一个世界的完美图景，依照其来颁布美、善、正义的法律。假如一切还没有被制订，也就不可能捍卫和守护其秩序了。你认为，这样的人难道不是瞎子吗？

格劳孔：真的，这种人与盲者没有多大区别。

苏格拉底：另外，还有一种人，他们知道任何事物的实在，而且在经验方面也不少似上述那种人，在任何一种美德方面也不差似上述那种人，那么，我们还不任命这种人当守卫者反而去任命上述那种类似盲者的人当守卫者吗？

格劳孔：确实，不挑选这种人当守卫者是荒唐的，假如他们在经验和其他美德方面都不差的话，因为他们这种懂得事物实在的知识或许是一切美德中最大的美德呢。

苏格拉底：现在我们不是应该来讨论这样一个问题了吗：同一的人怎么可能真的具有这两个方面优点的？

格劳孔：当然应该。

苏格拉底：那么，正如我们最初评论的一样，首先我们必须探知哲学家的本性。我必须站在他所在的地方理解他。当我们理解他，那么假如我是正确的，我们将承认这种品质的结合是可能的。假如他们将这些品质集于一身，那么只有他们应该成为城邦的统治者。

格劳孔：是吗？

苏格拉底：让我们一致假定，这一点是哲学家天性方面的东西吧，也就是永远酷爱那种能让他们看到永恒的不受产生与灭亡过程影响的实体的知识。

格劳孔：我同意，就将这一点作为我们一致的看法吧。

苏格拉底：那么，再让我们一致认为：他们爱关于实体的知识是爱其全部，不会情愿拒绝任何一部分，无论其大小、高贵与否。这完全就像我们前面在谈到爱者和爱荣誉者时所说过的那样。

格劳孔：你说得没错。

苏格拉底：那么请接下来研究一个问题：假如他们一定是我们所说过的那种人，那么在他们的天性里除此之外还应该具有另外一种品质。

格劳孔：什么品质?

苏格拉底：一个“真”字。他们永远不愿苟同一个“假”字，他们憎恶假，他们爱真。

格劳孔：也许是的吧。

苏格拉底：我的朋友呀，并非仅仅“可能”如此，而是“完全必定”如此，也就是说，一个人天性爱什么，他就会珍惜所有与之相近的东西。

格劳孔：正确。

苏格拉底：你还能找到什么比真实与智慧关系更相近的吗?

格劳孔：不能了。

苏格拉底：那么，同一天性能够既爱智慧又爱假吗?

格劳孔：不管怎么样也不可能。

苏格拉底：因此，真正的爱知识的人应该从小时起就一直是追求全部真理的。

格劳孔：毫无疑问是。

苏格拉底：再说，凭经验我们知道，一个人的欲望在一个方面强时，在其他方面就会弱，这完全就像水被引导流向了一个地方一样。

格劳孔：是的。

苏格拉底：当一个人的欲望被引导流向知识及所有这类事情上去的时候，我觉得，他就会参与自身心灵的快乐，不去注意肉体的快乐，假如他并非一个冒牌的而是一个真正的哲学家的话。

格劳孔：这是必然的。

苏格拉底：这种人肯定是有节制的，是无论如何也不会贪财的；因为，别的人热心追求财富和巨大花费所要达到的那种目的，是绝对不会被他们当作一件重要事情对待的。

格劳孔：是这样。

苏格拉底：我们还需要注意区分哲学和天性的另一个标准。

格劳孔：哪一点？

苏格拉底：你可不要疏忽了任何一点胸襟偏窄的毛病。因为哲学家在不管神还是人的事情上始终是追求完整和完全的，没有什么比器量窄小和哲学家的这种心灵品质更不相容的了。

格劳孔：绝对正确。

苏格拉底：那么，一个人眼界广阔，观察研究所有时代的所有存在，他又怎么可能会极其看重生命呢？

格劳孔：不可能的。

苏格拉底：因此，这种人也不会把死看作一件可怕的事情吧？

格劳孔：绝对不会。

苏格拉底：那么，胆怯和狭隘看来于真正哲学家的天性无关吧？

格劳孔：我看不会。

苏格拉底：一个性格和谐的人，既不贪财又不偏窄，既不自夸又不胆怯，这种人怎么可能会待人刻薄、处事不正呢？

格劳孔：不会的。

苏格拉底：所以说，这也是你在识别哲学家或非哲学家灵魂时所要观察的一点，即这人究竟从小就是公正温良的呢还是粗暴凶残的。

格劳孔：的确。

苏格拉底：我想，对于这一点，你也不会疏忽的。

格劳孔：哪一点?

苏格拉底：那就是一个人学习起来聪敏还是迟钝呀。一个人做一件事假如做得不愉快，费了好大的劲但却成效甚微，你觉得他还能真正热爱这项工作吗?

格劳孔：不会的。

苏格拉底：还有，一个人要是健忘，无论学习了什么都会忘得一干二净，他还能不是一个头脑空空的人吗?

格劳孔：怎能不是呢?

苏格拉底：所以说，一个人假如劳而无功，他最后一定深恨自己和他所从事的那项工作。

格劳孔：怎能不呢?

苏格拉底：因此，一个健忘的灵魂不能算作真正哲学家的天性，我们始终认为哲学家要具有良好的记性。

格劳孔：完全对。

苏格拉底：再有，我们还应该继续坚持，认为天性不和谐、不适当只能导致没分寸，不能导致别的什么。

格劳孔：一定是的。

苏格拉底：在你看来，到底是真理与有分寸相近呢还是与没分寸相近呢?

格劳孔：和有分寸相近。

苏格拉底：因此，除了别的品质而外，我们还得寻求天然有分寸而温雅的心灵，它本能地就非常容易导向每一事物的理念。

格劳孔：毋庸置疑，还得注意这一品质。

苏格拉底：我们还没有以某种方式给你证明，上面列述的诸品质是，一个要充分完全地理解事物实在的灵魂所必须具备的又是相互关联的，是吗?

格劳孔：是最必需的。

苏格拉底：综上所述，如果一个人生来不具有良好的记性、敏于理解、豁达大度、温文尔雅、爱好和亲近真理、正义、勇敢和节制，那么他是不可能会很好地从事哲学学习的。不过，假如是一个具备了这些优良品质的人从事这一学习，对此你还有什么可指责的吗？

格劳孔：对此即使嫉妒之神也无法挑剔了。

苏格拉底：因此，只有像这样的在他们教育完成了，年龄成熟了的时候，你才肯把国家托付给他们，对吗？

（在一旁的阿得曼托斯，在这时插话了。）

阿得曼托斯：是的，苏格拉底，没人能对这些陈述做出反击，不过当你以这种方式说话时，你的听众的头脑里闪过一种奇怪的感觉。他们觉得，由于他们自己在提出问题和回答问题方面缺乏技巧，结果在辩论的每一个步骤，他们都会在毫无察觉的情况下被带偏了一点儿。这些小小的偏离累积起来，到了讨论终结时，他们会发现，它们已经造成了一个巨大的颠覆，他们以前的所有观点似乎都被翻了个底朝天。就犹如笨拙的跳棋手最终被高明的对手封堵无子可下，也发现他们自己最后被封堵了一样。在这个以话语为招数的新游戏中，虽然他们自始至终都是对的，却无话可说。正在发生的情况告诉我，我们中的任何一个人也都可能会说，虽然他不能在辩论的每一步用话语和你对抗，不过他看到了一个事实：献身哲学的人不仅在青年时期将哲学当作教育的一部分来学习，还把哲学当成他们成年时期的追求，他们中好多的人变成了，且不说是个完全的坏蛋，也是个稀罕的怪物。即使那些被认为是他们中最好的人，也被你吹捧的这种学习变成了对这个世界无用的人。

苏格拉底：你认为他们说的这些话是错的吗？

阿得曼托斯：我不知道，但我非常高兴能听到你的意见。

苏格拉底：你可以听到的意见大概是“我觉得他们说得对”。

阿得曼托斯：既然我们一致认为哲学家对城邦没什么用处，那么你的“在哲学家统治城邦之前城邦不能摆脱邪恶”的这个论断又怎能成立呢?

苏格拉底：你的这个问题需用比喻来解答。

阿得曼托斯：啊，我觉得你根本不习惯于用比喻说话!

苏格拉底：我认为，让我陷入这样一种没有希望的讨论，你不觉得很可笑吗?不过，假如你听了那个比喻，我想象力的贫乏会让你觉得更加可笑。因为，最好的人在他们的城邦中被对待的方式是如此糟糕，因此世上没有一种东西能与它相比。因此，假如我准备为他们的事业辩护，我就必须借助虚构将好多的东西拼成一个形象，就好比绘画中山羊与雄鹿合成的神物一样。比如，现在有一支舰队或一条船，船长长得比船员们都高大强壮，但他的耳朵和眼睛却有点儿不好使，航海知识也不怎么全面。水手们为谁掌舵而相互争吵起来。尽管从未有人学过航海技艺，也说不出有谁教过他，在何时学过，但在每个人看来自己都有权掌舵。有人甚至还说航海技艺是教不出来的，有人进行驳斥时，他恨不得将那人剁成肉块。他们堵住船长，恳求他把舵柄交出来。可有人被选中而他们败落了，于是他们杀掉了那几个人抛尸舷外。紧接之后，他们用酒和麻药先将可敬的船长麻倒，然后发动了叛乱，夺取了船，私分了货物。他们吃啊、喝啊，就这样继续航行，就像人们所预料的那样。协助他们在密谋夺船中出谋出力的支持者被恭维为水手、领航人和航海家，其他人则被他们骂为废物。然而，真正的领航员必定会留意年份、季节、天空、星辰和风向，以及他技艺所包含的一切——假如他真正胜任对船的掌控。不管人喜欢不喜欢，他必定会成为舵手。而他们从来没有认真想过权威须与操舵技艺结合的可能，他们说领航人时也没有这层意思。现在船只处在叛乱的状态中，由发动叛乱的船员掌控，而一个真正的领航员会被如何看待呢?他会不会被他们称为空谈家、仰望星空的痴人和废物呢?

阿得曼托斯：是的。

苏格拉底：那么，我觉得你是不再需要听我来解释这个比喻了，因为你已经明白了，实际上我是用它来说明一个真正的哲学家在城邦中的处境的。

阿得曼托斯：的确。

苏格拉底：那么，你碰到哪位绅士对哲学家在我们这些城邦里不受尊重的状况感到惊讶，就请你首先把这个比喻解释给他听听，再努力使他相信，如果哲学家受到尊重，那才更是咄咄怪事呢！

阿得曼托斯：行，我你会的。

苏格拉底：你还要告诉他，如果他说哲学家中的最优秀者对于世人无用，这是对的；但是同时也要让他明白，最优秀哲学家的无用其责任不在哲学本身，而在别人不用哲学家。因为，船长求水手们受他管带或者智者趋赴富人门庭，都是违反自然法则的。“智者们应趋富人门庭”这句俏皮话是错误的。真正合乎自然的事理应当是这样，即一个人病了，无论他是穷人还是富人，应该是他趋赴医生的家门去找医生，任何要求管治的人应该是他们自己登门去请有能力管治他们的人来管他们。统治者要是真是有用的，那么他去要求被统治者受他统治是不自然的。你假如把我们当前的政治统治者比作我们刚才所说的那种水手，把被他们称作废物、望星迷的哲学家比做真正的舵手，你是正确的。

阿得曼托斯：绝对没错。

苏格拉底：因此，根据这些情况可以看出，在这样一些人当中，哲学这门最可贵的学问是不大可能得到反对者尊重的；然而使哲学蒙受最为巨大、最为严重毁谤的还是那些自称也是搞哲学的人——他们就是你在指出哲学的反对者说大多数搞哲学的人都是坏蛋，而你心里所指的那些优秀者也是无用的；我当时也曾肯定过你的话是对的。是不是这样？

阿得曼托斯：是的。

苏格拉底：其中的优秀者所以无用，究竟是什么原因我们并没有解释清楚？

阿得曼托斯：已经解释清楚了。

苏格拉底：那么，我们接下来是不是要表明，大多数哲学家的变坏是不可避免的，以及假如可以做得到的话，让我们再试着证明这也不能归咎于哲学了，是吗？

阿得曼托斯：当然了。

苏格拉底：让我们通过问答的方式，从回忆我们前面描述一个要成为美而善者的人必须从小具备的天性处说起吧。假如你还记得的话，真理是他时时处处要追随的领袖，要不然他就是一个和真正哲学一点儿关系都没有的江湖骗子了。

阿得曼托斯：是这么说过的。

苏格拉底：这一点不是跟今人对哲学家的看法刚好相反了吗？

阿得曼托斯：是的。

苏格拉底：不过，我们有没有为他辩护的权利，我们可以这样说，知识的真正爱好者永远追求着“是”，那是他的天性。他不会停留在个体的多样性上，那只是一种表象，他会继续下去，直到依靠灵魂中亲切的本源性的力量，获得任何事物根本的真实本质的知识，在此之前他的爱不会减弱，锋刃不会变钝。这力量将他拉近“是”、与“是”交融直到合而为一，生产出理智和真理。他将拥有知识，将真实地生活、成熟。到那个时候，艰辛与阵痛才会告终。

阿得曼托斯：理由不能再充分了。

苏格拉底：这种人会爱虚假吗？或者正相反，他会恨它呢？

阿得曼托斯：肯定会恨它的。

苏格拉底：真理带路，我想我们大概可以说，不会有任何邪恶跟在这个队伍里的。

阿得曼托斯：这怎么可能呢？

苏格拉底：真理的队伍里倒是有一个健康的和正义的心，由节制伴随着。

阿得曼托斯：正确。

苏格拉底：我再也犯不着逐一列举哲学家的美德了，因为你当然记得，勇敢、庄严、理解力和记忆力是他自然的天赋。除此之外，你曾经反驳说，虽然没有人能否认我当时说的话，不过假如你抛开言辞去关注事实，那么在说到的人中，有一些显然是无用的，大多数则彻底堕落了。我们接下来被引导着去探寻这些指控的理由；现在已经到了询问大多数人变坏的原因的这一步，而这一必须回答的问题又把我们带回到真正的哲学家的考察和定义上来了。

阿得曼托斯：是这样。

二　论伪哲学家

苏格拉底：我们接下来必须研究哲学家天性的败坏问题，也就是为什么大多数人身上这种天性败坏了，而少数人没有；这少数人就是虽没被说成坏蛋，但被说成无用的那些人。考察完这些，我们再考察那些打扮成哲学家样子，自称是在研究哲学的人，看一看他们的灵魂天赋，看一看这种人是在如何奢望着一种他们所不能也不配高攀的研究工作，并且以自己的缺乏一贯原则，所到之处给哲学带来了你所说的那种坏名声。

阿得曼托斯：你所说的败坏都是些什么？

苏格拉底：我将尽我所能，试着解释给你听。在我看来，任何人都会同意我们这一点，也就是像我们刚才要求于一个完美哲学家的这种天赋是很难能在人身上生长出来的，即使有，也是只在极少数人的身上才会生长出来。你难道不这样认为吗？

阿得曼托斯：的确难得。

苏格拉底：请注意，败坏它的那些因素何其强大、何其多啊！

阿得曼托斯：有哪些因素？

苏格拉底：其中最奇怪的情况是，我们所称赞的那些自然天赋，其中每一个都能败坏自己所属的那个灵魂，拉着它离开哲学；这些品质包含勇敢、节制，以及我们列举过的其余这类品质。

阿得曼托斯：这听起来荒唐。

苏格拉底：此外还有全部所谓的生活福利，比如，美观、富裕、身强体壮、在城邦里有上层家族关系，以及与此关联的一切，这些因素也都有这种作用。不知你是不是明白了我的意思？

阿得曼托斯：我明白；不过我还是非常高兴期望能听到你更详细的论述。

苏格拉底：把问题作为一个整体来正确地理解，这样你就会觉得它非常容易理解，对于我前面说的那些话你也就不会认为它荒唐了。

阿得曼托斯：那么你希望我如何来理解呢？

苏格拉底：我们知道，所有的胚芽或种子（不管植物的还是动物的）假如得不到与其生命适合的养分、季节、地点，那它愈是强壮，离达到应有的发育成长程度就愈远，因为恶对善比对不善而言威胁更大。

阿得曼托斯：是的。

苏格拉底：因此我觉得这也是非常合理的，假如得到的是不适合的教养，那么最好的天赋就会比差的天赋所得到的结果更坏。

阿得曼托斯：是的。

苏格拉底：阿得曼托斯啊，同样的，我们还可以说，天赋最好的灵魂受到坏的教育之后就会变得比谁都坏吗？或者，你觉得巨大的罪行和纯粹的邪恶往往来自天赋差的，而并非来自天赋好的却被教育败坏了的人吗？要知道，一个天赋贫弱的人是永远不会做出任何大事的，不管这样的大事是好是坏。

阿得曼托斯：不，还是你说得对。

苏格拉底：同样的比喻也适用于我们的哲学家。他就如同一株植物，假如拥有了适宜的养分，他必然会成长并臻于至善。不过，假如他被撒播到不适宜的土壤里，他就会成为最毒的野草，除非他受到某种神圣力量的护佑。难道你真的认为，就如同人们经常说的那样，我们的青年被智者败坏了？或者那些传授辩论术的私人教师对他们的败坏值得一提[①]？说这些事情的公众难道不是最大的智者吗？难道他们不是按照他们自己的心愿在教育塑造男女老少，使之成为完美的吗？

阿得曼托斯：什么时候这么做了？

苏格拉底：当他们聚在一起，坐在议会里，或在法庭上、剧院、军营以及其他公众爱待的地方，在那里有喧嚣鼓噪和喊叫鼓掌，他们夸大其词地对某些言行进行颂扬，肆意对某些事情进行声讨，这些颂扬与声讨声在石柱与聚会场地中回响、扩张。此时正如他们所说，一个年轻人的心难道不会在他的胸膛内狂跳吗？有什么私人训练[②]能让他坚定地抵御那势不可当的舆论洪流呢？他拥有的善恶观念，难道不就是公众普遍拥有的善恶观念吗？难道他不会照着他们做的去做吗？难道他不会成为他们那样的人吗？

阿得曼托斯：苏格拉底啊，这是完全必然的。

苏格拉底：有一个最重要的“必然”，还从未提到过呢？

阿得曼托斯：是哪一个？

苏格拉底：这些教育家和诡辩家在用言词说不服的时候，通常就会用行动来强加于人。你没听说过他们用剥夺公民权、罚款和死刑来惩治不服的人吗？

阿得曼托斯：他们确实这样干过。

苏格拉底：那么，你觉得会有什么别的诡辩家或私人教师的教导有希望能在这种力量悬殊的对抗中取得胜利呢？

阿得曼托斯：一个也没有。

---

① 反讽的说法，借指苏格拉底在民主雅典的境遇。

② 就是上面所说的智者、辩术士的训练。

苏格拉底：没错，连起这种念头都是一种极大的愚蠢。因为用美德教育顶着这股公众教育的势力造就出一种美德来，这样的事情现在没有，过去不曾有过，今后也是永远不会有的。我的朋友，所有这些，我当然指的是人力而非神功，正如俗语所说神功不是一码子事。你大可以相信，在当前这样的政治状况下，若有什么德性得救，得到一个好的结果，那都是神力保佑的。我说这话是不会有错的。

阿得曼托斯：我没有异议。

苏格拉底：那么，此外还有一点也希望你没有异议。

阿得曼托斯：哪一点？

苏格拉底：就是那些以挣钱为目的的私人教师被多数人称为智术师，把他们视为自己的对手，但其实他们教的并没有别的，而只是多数人的观念而已，也就是集会时大多数人的意见，或者说是众人意见的杂烩——这就是他们的智慧。我或许能够把他们[①]比作一个豢养着一头生猛而强壮的野兽的人，他对那畜生的习性和欲求了如指掌。这个人明白如何走近并接触它，明白它在何时因为何事而有危险，或是驯服的，它的各种吼声意味着什么，别人发出的什么样的声音能让它被安抚或能激怒它。你还可以进一步推想，当他不断照料把它养得越来越成熟，他就会把他的知识称为智慧，把它打造成一套技艺进行传授。虽然他对他所讲的这个规则、那个感受的表述并没有一个真正的概念，不过他仍然完全根据那头大畜生的品位和习性，把这称为值得尊敬的，把那称为耻辱的，把这称为善的，把那称为恶的，把这称为正义的，把那称为不正义的；他宣称，那头野兽喜欢的东西就是善的，不喜欢的东西就是恶的。除了说必然的东西就是正义、高贵的，他对它们作不出别的描述。他完全就不明白，也没有能力给别人解释它们二者各自的本质及两者之间的天壤之别。凭宙斯的名义，这样一个人难道不是一个稀罕的教师吗？

---

① 指摸熟大众意见的智术师。

阿得曼托斯：是的。

苏格拉底：有人觉得不管在绘画、音乐，还是甚至政治上，他的智慧就是懂得辨别五光十色的人群集会时所表现出来的喜怒哀乐，那么你认为他和上述饲养野兽的那种人又有何区别呢？假如一个人和这种群众搞在一起，把自己的诗或别的什么艺术作品或为城邦服务所做的事情，全都摆放到他们的面前来听取别人的批评，不在乎群众承认他的权威，那么这种所谓“迪俄墨得斯的必须”就会使他创作出（做出）他们所喜欢的东西（事情）来。然而，在证明他们关于可敬和善的观念时，他们给出的理由却是极为荒谬的？

阿得曼托斯：没有听说过，我想以后也不会听到的。

苏格拉底：那么，请你牢记所有这些话的同时，再回想到前面的问题上去。能有许多人承认或相信真实存在的只有美本身而并非众多美的事物，或者说，有的只是任何事物本身而不是许多个别特殊的东西？

阿得曼托斯：绝对不可能。

苏格拉底：因此，能有许多人成为哲学家吗？

阿得曼托斯：不可能。

苏格拉底：因此，哲学家必然会受到世人的责难，是吧？

阿得曼托斯：是必不可免的。

苏格拉底：那些跟众人混在一起讨取他们赞许的私人教师，他们非难哲学家也是必然的。

阿得曼托斯：很明显是这样。

苏格拉底：从这些情况你能够发现，天生的哲学家是用什么办法坚持自己的研究一直走到底的呢？请你考虑这个问题时不要离开我们前面讲过了的话。我们曾一致同意：敏于学习，强于记忆、勇敢、大度是哲学家的天赋。

阿得曼托斯：没错。

苏格拉底：这种人从童年起不就往往一直是孩子中的尖子吗，特别是假如他的身体素质也能和灵魂的天赋相匹配的话？

阿得曼托斯：为什么不是呢？

苏格拉底：我觉得，他的亲友和本城邦的同胞都会准备等他长大了用他为自己办事的。

阿得曼托斯：当然。

苏格拉底：因此他们将跪到他的脚下，向他祈求，向他致敬，估量着他将来的权力，向他献媚。

阿得曼托斯：此现象非常常见。

苏格拉底：在这种情况下，一个犹如他那样的人可能会做什么呢？特别是考虑到他来自一个大城邦，身家富贵，且又是一个高大正派的青年公民[①]。他通常会野心勃勃，幻想自己既能处理希腊人的事务，又能处理野蛮人的事务。他如果头脑里有了这样的想法，难道就不会自我膨胀、自视甚高，乃至妄自尊大？

阿得曼托斯：他肯定会这样。

苏格拉底：处于这种精神状态下的一个人，假如此时有别人轻轻地走来对他说真话，说他头脑糊涂，需要理性，而理性是只有通过奴隶般的艰苦磨炼才能得到的，你以为在这种恶劣环境里他能轻易听得进不同的话吗？

阿得曼托斯：绝对不能。

苏格拉底：即使我们假定，这个青年由于素质良好，非常容易接受忠言，听懂了一点点，动了心，被引向了哲学之路，我们可以设想，这时他原来那个圈子里的人由于预感到自己将不再能得到他的帮忙，你认为他们将会怎么样动作呢？他们就不说任何话做任何事来阻挠他被说服并使任何想说服他的人都无能为力——既用私人阴谋又用公众控告来达到这个目的吗？

阿得曼托斯：这是完全必然的。

苏格拉底：那么，这个人还会坚持研究哲学吗？

---

① 指苏格拉底的学生亚西比德。

阿得曼托斯：根本不可能了。

苏格拉底：你看我们说得没错吧：构成哲学家天赋的那些品质本身要是受到坏教育或坏环境的影响，就会成为某种背离哲学研究的因素，跟所谓的美观、富裕，以及所有这类的生活福利一样。

阿得曼托斯：说得没错。

苏格拉底：我亲爱的朋友，适合于最善学问的最佳天赋——我们说过，它在任何情况下都是不容易得到的——其灭亡的道理就是如此，也就说这么多。对城邦和个人作大恶的人出自这一类；同样，造大福于城邦和个人的人——假如碰巧有潮流带着他朝这方向走的话——也来自此类；反之，天赋平庸的人不管对城邦还是对个人都是做不出什么大事来的。

阿得曼托斯：绝对正确。

苏格拉底：那些最配得上哲学的人就这么很轻易地离弃了哲学，使她孤独凄凉，他们自己也因而过着不合适的、不真实的生活；与此同时，那些配不上的追求者看到哲学没有亲人保护，乘虚而入，玷污了她，并使她蒙受了她的反对者加给她的那些恶名——说她的配偶有些是百无一用，而大多数是最应该对许多罪恶负责的。

阿得曼托斯：是的，这些话的确有人说过。

苏格拉底：没错。一些卑微的小人看到这块载满美名的土地向他们开放，便好比逃离监狱的人一样进入了一座能庇护他们的神殿，从他们的行当跳进了哲学的门槛，而说不准他们在他们原来的小手艺方面还非常能干。虽然哲学境况可悲但依然保持着自身的高贵，是各种技艺所不具备的。因此，多数人虽然天性残缺却被吸引。他们灵魂的残疾与受损是他们的平庸所致，就如同他们的行当和手艺损伤了他们的身体。这些难道能避免吗？

阿得曼托斯：是的。

苏格拉底：他们不正像一个刚从监狱中释放出来时来运转的癞头小铜匠吗？他洗了个澡，穿了件新外套，打扮得像一个新郎，去和他主人的女儿——一个失去了照顾，处于贫穷孤独境地的姑娘——结婚？

阿得曼托斯：一模一样。

苏格拉底：这样的一对能生出什么样的后代呢？难道不是劣等的下贱货吗？

阿得曼托斯：必然是。

苏格拉底：那么，当那些不配学习哲学的人，不相称地和哲学结合起来时，我们该说他们会“生出”何种思想和意见来呢？他们不会“生出”的确可以被恰当地叫作诡辩的，其中没有任何真实的，配得上或接近于真知的东西来吗？

阿得曼托斯：的确。

苏格拉底：因此，阿得曼托斯，配得上哲学门徒之名的只有一小部分人：他也许是某些高贵的、受过良好教育的人，被城邦驱逐而被哲学扣留并为她服务，堕落风化不会影响到这里，让他能献身与她；他也许是出生在一个普通小邦的一颗高尚灵魂，他蔑视那里的政治而不屑于知晓；他可能是神赐予哲学的少有之人，他离开了应该轻视的艺术，走向了她[①]。他们也可能是一些被我们的朋友赛格斯[②]的缺陷所束缚的人——赛格斯生活中的所有都企图让他背离哲学，但健康欠佳却让他远离了政治。放在我内里的指示的情况不值得说道，因为这种情况非常稀见，尽管并非不曾有过。当有人成为这个少数人中的一员，会感受到拥有哲学有多么甜美、多么幸福，他们看够了大众的疯狂，他们知道没有一个政客是真诚的，那些人中没有一个是正义的卫士可以与之并肩作战、共同生存下去。他也有可能被比作一个落入兽群的人，他不愿与他们狼狈为奸，但他也难以独自抵御他们全部的凶残本性，他由此看到他对城邦和他的朋友没有用处，不能造福于自己和他人，而最终撒手人寰。他保持着他内心的安宁，走着他自己的路。就好比一个在狂风卷起的尘暴和暴雨中躲避于墙下的人，他看到世界充满

---

① 这里可能就指柏拉图自己。

② 赛格斯：苏格拉底的门徒。

邪恶，只要他能独善其身，面对邪恶和不公正保守纯洁，在安宁和善意中抱着光明的希望辞世，就心满意足了。

阿得曼托斯：噢，他生前的成就不算最小呀！

苏格拉底：算不上最小，但也称不得最大。要不是碰巧生活在一个合适的国度里，一个哲学家是不可能有最大成就的，因为只有在一个合适的国家里哲学家本人才能得到充分的成长，进而能保卫自己的和公共的利益。哲学受到非议的原因以及非议的不公正性，我觉得我解释得已经够清楚的了。你还有什么话要说吗？

三　哲学家的城邦

阿得曼托斯：我再没有什么要说的了，不过你看当今的政治制度哪一种适合于哲学呢？

苏格拉底：现有政体中没有一个适合哲学的本性，而这正是我要指责它们的地方。因为这导致哲学的本性被扭曲和异化，如同种子被撒播到异乡而变异，迫于当地水土而改变了性质。哲学的生长也是这样，不仅没有保持自己的特性，反倒堕落变质，蜕变成另外的样子。但是，假如有朝一日，哲学在城邦中完美地实现了她之所是，她真正的神圣将展现在人们眼前，而其他的一切，不管是人的天性或制度，都不过是凡尘俗务。现在，我终于知道你要问那个城邦是什么样子了。

阿得曼托斯：你猜错了。我要问的是另一个问题，也就是它是不是我们在描述“建立”的这个城邦。

苏格拉底：从别的方面看，它就是我们的国家；但是还有一点我们以前曾说过，也就是在这样一个国家里，必须永远有这样一个人物存在，即他对这个国家的制度抱有和你作为一个立法者在为它立法时相同的想法。

阿得曼托斯：是的，那曾经说过的。

苏格拉底：不过，对它的解释还不怎么充分；你的插言反驳曾使我们害怕，而这些反驳也确实表明：这一讨论是漫长的和困难的；单是剩下来要解释的这个部分也绝不是容易的。

阿得曼托斯：还有什么需要解释的呢？

苏格拉底：这样的问题就是：一个受哲学主宰的城邦怎样可以不腐败呢？一切远大目标沿途都是有风险的，俗话说得好，好事多磨嘛。

阿得曼托斯：还是让我们把这个问题弄清楚了，以结束这一解释工作吧。

苏格拉底：意愿不是问题，假如说缺少什么的话，那就是缺少能力，因为只有这一点可能妨碍我。还要请你注意，我将是多么热忱和勇敢地宣称，这个城邦应该用和当前完全相反的做法来从事哲学研究。

阿得曼托斯：怎么做法呢？

苏格拉底：就目前而言，人们研究哲学时还是少年，他们在童年和成家立业之间这个阶段学习哲学。他们在最初接触到它的最困难部分（我指的是推理论证）时放弃了学习，他们这就被认为是一个真正的哲学家了。以后，要是他们有机会应邀去听一次别人的哲学辩论，就认为这是件大事了，因为在他们看来，这种事是应该在业余的时间做的。等他们老了，在大多数情况下，他们比赫拉克利特的太阳熄灭得更彻底，因为他们再也不能重新亮起来了。

阿得曼托斯：那么，应该怎么样呢？

苏格拉底：正好相反。在童年和少年期，他们的学习和他们学的哲学内容应该符合他们幼小的年龄。当他们长大成人的过程中，应该给予他们的身体以特别的照顾，以便将来他们有体力可以为哲学服务。随着年龄的增长、智力开始成熟，应该让他们加强灵魂的锻炼。不过，当我们的公民体力衰退，退出了公民与军事的事务，就让他们随心到各地游历，不再参与要务，因为我们希望他们在这世上生活幸福，希望他们在圆满此生后在另一个世界也能一样幸福。

阿得曼托斯：我相信你的话非常热忱，苏格拉底。不过，在我看来，你的大多数听众甚至会更热忱地反驳你，永远不会被你说服的，其中尤其是特拉叙马霍斯。

苏格拉底：请你别挑起我和特拉叙马霍斯争吵，我们刚交了朋友，以前也原非敌人。我们将不惜一切努力，直到或是说服了他和其他人，或是达到了某种成果，以便在他们重新投胎做人并且碰上此类讨论时能对他们有所帮助。

阿得曼托斯：你预言了一个不短的时间呀。

苏格拉底：我说的时间和永恒根本没法比。不过，假如我们说服不了大众，也没有什么可奇怪的，因为，他们根本没有看到过我们所说的东西成为现实，他们看到过的只是一种人为的生硬的堆砌词语的哲学——它不像我们进行论证时这样自然地结合词语。一个在言行两方面尽可能和至善本身完全相称相像的人统治着一个同样善的国家，这样的事情，他们从未见过，因而更谈不上多见。你说是这样吗？

阿得曼托斯：无疑是这样。

苏格拉底：我亲爱的朋友，他们也没有听到过足够的自由人的正当论证。因为这种论证目的在于想尽一切办法为得到知识而努力寻求真理，而对于那种只能在法庭上和私人谈话中导致意见和争端的狡黠和挑剔是敬而远之的。

阿得曼托斯：他们是没听到过这种论证。

苏格拉底：正是因为这些缘故，且由于预见到这些缘故，所以我们尽管害怕，还是迫于真理不得不宣称：只有在某种必然性碰巧迫使当前被称为无用的那些极少数的未腐败的哲学家，出来主管城邦（不管他们出于自愿与否），并使得公民服从他们管理时，或者，只有在正当权的那些人的儿子、国王的儿子或当权者本人、国王本人，受到神的感化，真正爱上了真哲学时——只有在这时候，不管城市、国家还是个人才能达到完善。我觉得没有理由一定说，这两种前提（或其中任何一种）是不可能的。要是当真不可能，那么我们受到讥笑，被叫作梦想家，就的确应该了。不是吗？

阿得曼托斯：是的。

苏格拉底：所以，假如曾经在遥远的古代，或者目前正在某一我们所不知道的遥远的蛮族国家，或者以后有朝一日，某种必然的命运迫使最善的哲学家管理国家，我们就准备竭力主张：我们所构想的体制是曾经实现过的，或正在实现着，或将会实现的，只要是哲学女神在控制国家。这并非不可能发生的事情，我们觉得是可能的，同时我们也承认这是件困难的事情。

阿得曼托斯：我也这样认为。

苏格拉底：你的意思是大众并不这样认为？

阿得曼托斯：是的。

苏格拉底：哎呀，我的朋友，别伤害民众，他们的思想会改变的。假如你不带着争斗、挑衅的情绪，而抱着劝慰的态度和善地对待他们，消除超出他们所需的教育带给他们的反感，向他们展现哲学家的真实样子，正如你刚才描述哲学家的性格和职业一样描述他们，那么人类就会明白，你所说的哲学家与他们认为的不同。如果他们以这种新的方式看待哲学家，他们肯定会改变他们对他的看法，给出另外一种回答。有谁会对一个爱他们的人抱有敌意呢？假如某个人是和善的、不嫉妒的，那么他会嫉妒一个不嫉妒的人吗？不，让我替你回答，个别人可能有这样苛刻的秉性，但人类的绝大多数都没有。

阿得曼托斯：你可以相信，我赞同你的看法。

苏格拉底：你是不是和我一样觉得，群众对哲学厌恶的根源在伪哲学家身上？这些人闯进与他们无关的地方，互相争吵，充满敌意，并且总是进行人身攻击——再没有比这种行为和哲学家更不相称的了。

阿得曼托斯：嗯，是最不相称的。

苏格拉底：阿得曼托斯，我们都知道，一个真正专心致志于真实存在的人是确实无暇关注琐碎人事，或者充满敌意和妒忌与人争吵不休的；他的注意力始终放在永恒不变的事物上，他看到这种事物相互间既不伤害也不被伤害，按照理性的要求有秩序地活动着，因而竭力摹仿它们，并且竭尽所能让自己像它们。或者说，你认为一个人对自己所称赞的东西能不模仿吗？

阿得曼托斯：不可能不模仿。

苏格拉底：所以说，和神圣的秩序有着亲密交往的哲学家，在人力许可的范围内也会使自己变得更加有秩序和更为神圣。但是毁谤中伤是无所不在的。

阿得曼托斯：的确是。

苏格拉底：那么，假如有某种必然性迫使他把在彼岸所看到的原型实际施加到国家和个人两方面的人性素质上去，塑造他们（不仅塑造他自己），你认为他会表现出自己是塑造节制、正义以及一切公民美德的一个蹩脚的工匠吗？

阿得曼托斯：绝不会的。

苏格拉底：但是，假如群众知道了我们关于哲学家所说的话都是真的，他们还会粗暴地对待哲学家，还会不相信我们的话：不管哪一个城邦，假如不是经过艺术家按照神圣的原型加以描画，它是永远不可能幸福的？

阿得曼托斯：要是明白了这一点，他们就不会粗暴对待哲学家了。但是请你告诉我，这个图画怎么个描法呢？

苏格拉底：他们会先从图画上擦去城邦和人们的习俗，露出干净的画板表面。这项工作其实是很困难的，但无论容易与否，他们与其他立法者的区别也就在这里。也就是说，除非他们找到或自己做出一个干净的基底，要不然他们将不会对个人与城邦着手做任何事情，不会撰写任何法律。

阿得曼托斯：他们是对的。

苏格拉底：擦净之后，你不觉得他们就要拟定政治制度草图了吗?

阿得曼托斯：当然是啰。

苏格拉底：制度拟定之后，我觉得，他们在工作过程中大概会不时地向两个方向看望，即一个方向看绝对正义、美、节制等，另一方向看他们努力在人类中描画出来的它们的摹本，用各种方法加上人的肤色，让它更像人，再根据荷马也称之为像神的那种特性——当它出现于人类时——作出判断。

阿得曼托斯：正确。

苏格拉底：我觉得，他们大概还要擦擦再画画，直至尽可能地把人的特性画成神所喜爱的样子。

阿得曼托斯：这幅画不管怎么样是最好的画了。

苏格拉底：到此，被你所描述的那些粗暴地冲击我们的人，是不是已经转而相信这位制度设计师是一位应该称颂的人？他们曾大为光火，因为我们曾要将城邦交到他的手上。他们听到刚才的内容会不会有稍许的平静呢?

阿得曼托斯：倘若他们是明白道理的，一定温和多了。

苏格拉底：他们还能以何种理由来反对呢？他们能否认哲学家是热爱存在和真理的吗?

阿得曼托斯：那样就荒唐了。

苏格拉底：他们能不能认为，我们所描述的这种天性是至善的近亲呢?

阿得曼托斯：也不能。

苏格拉底：那么，他们能否认，受到合适教养的这种天性的人，只要有，就会是完全善的哲学家吗？或者，他们宁可认为我们所反对的那种人是完全善的哲学家呢?

阿得曼托斯：绝对不会的。

苏格拉底：那么，当我们说，只有在哲学家成为城邦的统治者之前，不管城邦还是公民个人都不能终止邪恶，我们用理论想象出来的制度也不能实现，当我们如此说的时候他们还会对我们的话生气吗?

阿得曼托斯：或许怒气小些。

苏格拉底：我们是否可以说，他们不单是怒气小些了，而是已经变得非常温和了，完全信服了，以至单是羞耻心（假如没有其他什么的话）也会使他们同意我们的论断了呢?

阿得曼托斯：一定的。

苏格拉底：因此，让我们假定他们赞成这个论断了。那么还会有人反对另一论断吗：国王或统治者的后代生而有哲学家天赋是可能的事情?

阿得曼托斯：没有人反对了。

苏格拉底：这种哲学天才既已诞生，还会有人论证他们必定腐败吗?尽管我们也承认，使他们免于腐败是件不容易的事，但是有谁能断言，在全部历史的所有阶段，他们中就永远不会出现哪怕一个人能免于腐败?

阿得曼托斯：怎能有人这样断言呢?

苏格拉底：这样的人只要有一个就够了，假如有一个城邦服从他，他可以在这里实行其全部理想制度的话，虽然眼下这个制度还没人相信。

阿得曼托斯：是的，一个就够了。

苏格拉底：因为，他既成了那里的统治者，把我们描述过的那些法律和惯例制订出来，公民们情愿服从——这确实并非不可能的。

阿得曼托斯：的确。

苏格拉底：那么，别人赞同我们的看法，这是什么奇怪的不可能的事情吗?

阿得曼托斯：我认为不是。

苏格拉底:再说,既是可能的,那我觉得这已充分表明,这些事是最善的。

阿得曼托斯：是的。

苏格拉底：现在我们说，如果我们的计划能够实现，那是最善的；实现尽管有困难，但不是不可能的。

阿得曼托斯：结论确实是这样。

四　哲学家与善德

苏格拉底：既然这个问题好不容易结束了，接下来我们是不是应该去讨论其余的问题了呢？这些问题具体包括：我们国家制度的救助者怎样产生，也就是通过什么学习和训练产生的，以及他们将分别在什么年龄上着手学习每一门功课。

阿得曼托斯：是的，必须讨论这些问题。

苏格拉底：我曾经忽略了拥有女人、生育孩子、任命统治者这些麻烦的问题，因为我知道完备的城邦会遭到嫉妒而又难以实现。但是这点小聪明并没有帮我多大忙，因而还得必须讨论它们。妇女和儿童的问题被解决后，我们必须从头开始考察统治者的问题。你或许还记得，我们曾经说过，他们必须热爱他们的国家，能够经受住苦乐的考验，不管在艰难、危险还是其他任何关键时刻，都不会丧失他们的爱国精神。假如什么人做不到这一点，他就会被抛弃。但是，假如什么人始终表现完美，就好比不怕火炼的真金，他就会被任命为统治者，不管生前身后都会得到褒奖。我们此前曾说到过这种事情，但我们把讨论转移了，给它蒙上了面纱，因为我们不想引发这个现在已经被提出来的问题。

阿得曼托斯：你说的完全是真的，我记得。

苏格拉底：我的朋友，我们当时没敢像现在这样冒险把大胆的话说出来。现在让我们勇敢地主张：必须确定哲学家为最完善的守卫者。

阿得曼托斯：好，就是这个主张。

苏格拉底：你要清楚，这样的人自然是极少数，因为，各种天赋——

我们曾主张他们应具备它们作为受教育的基础——一起生在同一个人身上是罕见的，各种天赋大都是分开的。

阿得曼托斯：你说的是什么意思呢？

苏格拉底：你知道，敏于学习、强于记忆、机智、灵敏，以及其他诸如此类的品质，还有进取心、豁达大度，它们是很少愿意生长到一起来，并且有秩序地和平稳定地过日子的；那些完全具有这些品质的人会在偶然性指挥下被灵敏领着团团乱转，于是失去全部的稳定性的。

阿得曼托斯：你的话是真的。

苏格拉底：人们可能宁可信任一个天性稳定的人——这种人在战争中诚然是不容易为恐怖所影响而感到害怕的，但是学习起来也不容易受影响，似乎是麻木了，学不进去。当有什么智力方面的事需要他们努力工作时，他们就会没精打采、哈欠连天。

阿得曼托斯：是这样的。

苏格拉底：但是我们说过，一个人必须兼具这两个方面的优点且结合妥当，要不然就不能让他受到最高教育、得到荣誉和权力。

阿得曼托斯：对。

苏格拉底：你不认为这种人是不可多得的吗？

阿得曼托斯：自然是不可多得的。

苏格拉底：因此，胸怀远大的人不仅必须经历我们前面说过的劳苦、恐怖、快乐中考验，还必须经历从前我们没有说过的：我们必须把他们放在许多学习中“操练”，注意观察他们的灵魂有没有能力胜任最大的学习，或者，看他们是否不敢承担它，正像有的人不敢进行体力方面的竞赛一样。

阿得曼托斯：你这样考察是非常对的，但是你所谓的最大学习是指什么？

苏格拉底：你是不是还记得，我们在辨别了灵魂里的三种品质之后曾比较研究了关于正义、节制、勇敢和智慧的定义。

阿得曼托斯：假如不记得，我就不配再听下去了。

苏格拉底：你也记得，在这之前说的话吗？

阿得曼托斯：什么话？

苏格拉底：假如我没记错的话，我们曾经说，假如有什么人想看到她们完美状态时的样子，就必须走一条漫长、比较曲折的道路，她们会在道路已尽时出现。我们可以在先前讨论的基础上作一种通俗的说明，这种说明对于你来说已经足够了，不过在我看来却极不确切，可当时问题就这样继续了下去。你说说，你是否已经满意了？

阿得曼托斯：我觉得这一方法让我，也让这里这几个人看到标准了。

苏格拉底：不。我的朋友，哪怕只有一点点够不上真实存在事物的水平，都是绝对不能作为标准的，这是因为任何不完善的事物都是不能作为别的事物的标准的。虽然有些人有时认为自己已经做得够好了，无须进一步研究了。

阿得曼托斯：许多人都有这种惰性。

苏格拉底：确实是。但对于城邦和法律的守卫者而言，这是最要不得的。

阿得曼托斯：是的。

苏格拉底：因此守卫者必须走一条曲折的更长的路程，还必须劳其心努力学习，像劳其力锻炼身体一样；要不然就像我们刚才所说的一样，他们将永远不能把作为他们特有使命的最大学习进行到完成。

阿得曼托斯：这些课题还不是最大的？还有什么课题比正义及我们所描述的其他美德更大的呢？

苏格拉底：是的，还有更大的。那就是，关于正义之类美德本身我们也必须不满足于像现在这样观其草图，我们必须注意其最后的成品。对于这些较小的问题我们尚且能够费尽心力、坚持不懈地工作，以便实现对它们最完全透彻地了解，而对于最大的问题反而觉得不值得最完全最透彻地了解，这岂不荒唐？

阿得曼托斯：的确。但是你认为我们会放过你，不问一问：这最大的学习是什么，你认为它是和什么有关系的吗？

苏格拉底：我有这个思想准备，你随便问吧。不过，我可以肯定这个答案你听过好多遍了，在我看来，你现在要么是没听懂，要么就是来找我麻烦来的。因为我已经告诉过你多次，善的理念就是最高的知识，其他所有一切都只是通过它们对善的应用而变得有用且有益。你不可能不知道我将要说的话，因为你常常听我说：我们所知的太少；而没有她，任何知识或所有的拥有都是没有益处的。假如我们不拥有善的东西，那么你认为拥有其他一切还有什么价值？或者，假如我们不拥有美和善的知识，其他一切知识还有什么价值呢？

阿得曼托斯：真的，我认为是没有什么益处的。

苏格拉底：再说，你也明白众人都认为善是快乐，高明点的人认为善是知识。

阿得曼托斯：是的。

苏格拉底：我亲爱的朋友，你也知道，持后一种看法的人说不出他们所谓的知识又是指的什么，最后不得已只好说是指善的知识。

阿得曼托斯：真可笑。

苏格拉底：他们一开始就会指责我们不懂善，然后给善下定义时又把我们当作好像是懂得善的。这怎么可能不可笑呢？因为，他们说它是关于善的知识，他们在这里用“善”这个词仿佛我们一定懂得它的意思似的。

阿得曼托斯：对极了。

苏格拉底：那些将快乐当作他们的善的人同样感到困惑，因为他们被迫承认，既有善的快乐，也有恶的快乐。

阿得曼托斯：一定的。

苏格拉底：在我看来，他们这是等于承认同一事物又是善的又是恶的，是吧？

阿得曼托斯：一定的。

苏格拉底：那么，毫无疑问，这个问题涉及的困难实在是太多了？

阿得曼托斯：的确。

苏格拉底：请问，大家不是还看到过下列这些吗？大多数人在正义和美的问题上都宁可愿意要被意见认为的正义和美，而不愿意要实在的正义和美，不管是在做事、说话，还是拥有什么时都是这样。至于善，就没有人满意于有一个意见认为的善了，大家都追求实在的善，在这里“意见”是不受任何人尊重的。

阿得曼托斯：的确是的。

苏格拉底：另外，任何人的灵魂都追求善，都把它当作自己全部行为的目的。他预感到这样一种目的是存在的，然而又有些犹豫，因为他既不知道善的性质，也不像确信别的事物的存在那样确信善的存在。就这样，他也不知道其他事物中什么是善的。对如此重要的一个原则，城邦中最优秀的人怎么可能浑然不知？要知道，我们把一切都委托给了他们。

阿得曼托斯：绝对不行。

苏格拉底：总之我认为，一个人假如不知道正义和美怎样才是善，他就没有足够的资格做正义和美的守卫者。我揣测，没有一个人在知道善之前能确切地知道正义和美。

阿得曼托斯：你的揣测很好。

苏格拉底：因此，只有一个具有这些方面知识的守卫者监督着城邦的政治制度，这个国家才能完全地走上轨道。

阿得曼托斯：这是必然的道理。不过，苏格拉底啊，你主张的到底是，善知识呢还是快乐呢，还是另外的什么呢？

苏格拉底：我一向了解你这个人，我知道你是不会满足于只知道别的人对这些问题的想法的。

阿得曼托斯：苏格拉底啊，要知道，像你这样一个研究这些问题已如此长久的人，只谈别人的意见不想谈自己的看法，在我看来也是不对的。

苏格拉底：但是，一个人对自己不懂的东西，你认为他有权力夸夸其谈吗？

阿得曼托斯：那样当然不应该；不过，一个人把自己想到的作为意见谈谈也没什么关系。

苏格拉底：你有没有注意到，所有纯粹的意见都是糟糕的？从其中挑选出最好的来也是盲目的；或者说，你认为那些脱离理性而有某种正确意见的人，和瞎子走对了路有何不同？

阿得曼托斯：没什么不一样。

苏格拉底：因此，当你可以从别人那儿得知光明的和美的东西时，你还想要看丑的、盲目的和歪曲的东西吗？

格劳孔：肯定不会。但是，苏格拉底，快到目的地了，你可别折回去呀。你不是曾给正义、节制等作过一个解释吗？你现在也只要给善作一个同样的解释，我们也就满意了。

苏格拉底：没错，我亲爱的朋友，我至少会同样感到满意的。不过，我忍不住担心我做不到，而我轻率的热情会给我带来嘲笑。不，亲爱的先生们，我们目前还是别追问善的真正性质了，因为在我看来，追问这个问题非我力所能及。至于善的儿子，它与善最像了，假如我能确定你们想听的话，我倒乐意谈谈。否则的话，就算了。

格劳孔：行，你就讲儿子的情况吧。至于那位父亲的描述，你先欠着我们的债吧。

五　论真善美

苏格拉底：我确实希望我能还债，你也能获得关于那位父亲的描述，而不是像现在这样，只获得关于那个孩子的描述。可是，还是把后者当作利息收下吧。与此同时，你们要当心，别让我提供一份错误的账目，虽然我们不打算骗你们。

格劳孔：好，我们尽量当心。你只管继续讲下去吧。

苏格拉底：是的。不过，我必须先和你达到谅解。我还要提醒你，让你回想一下，我在这一讨论过程中提到过的也曾在别的地方多次提到过的那个说法。

格劳孔：什么说法？

苏格拉底：老话题，就是一方面我们说有很多种美的东西、善的东西存在，并且说每一种美的、善的东西又都有多个，我们在给它们下定义时也是用“很多”这个词表达的。

格劳孔：我们是这样做的。

苏格拉底：另一方面，我们又曾经说过，有一个美本身、善本身，以及一切诸如此类者本身；相应于上述每一组多个的东西，我们又都假定了一个单一的理念，假定它是一个统一者，而称它为每一个体的实在。

格劳孔：我们是这样说的。

苏格拉底：正如我们所说的那样，人可以看见很多东西，却不认识它们；理念可以知道但却不能被看到。

格劳孔：的确是这样。

苏格拉底：那么，我们是用我们的什么来看可以看见的东西呢？

格劳孔：用视觉。

苏格拉底：我们不是还用听觉来听，用别的感官来感知可以察觉到的东西吗？

格劳孔：当然是这样。

苏格拉底：但是，你有没有注意到，或者你知道不知道感觉的创造者在使我们的眼睛能够看见和使事物能够被看见这件事情上，花费了多大的力气吗？

格劳孔：我从来没有注意过这一点。

苏格拉底：那么就来研究这个问题吧。听觉和声音是否需要另一东西，才能够使其听见和被听见？

格劳孔：完全不需要。[①]

苏格拉底：我觉得，对于其他感觉而言，即便不是全部，也大多数不需要。不过，你知道有什么感觉是需要这种东西的吗？

格劳孔：我不知道。

苏格拉底：你没有注意到视觉和可见的东西有此需要吗？

格劳孔：什么意思？

苏格拉底：在我看来，虽然眼睛里面有视觉能力，具有眼睛的人也企图利用这一视觉能力，虽然有颜色存在，但是，假如没有一种特别适合这一目的的第三种东西存在，那么，人的视觉就会什么也看不见，颜色也不例外。

格劳孔：你说的这种东西究竟是什么呀？

苏格拉底：我所说的，就是你称之为光的那种东西。

格劳孔：你说得很对。

苏格拉底：因此，把视觉和可见性联结起来的这条纽带，远远超过了起联结别的感觉和可感觉性的纽带。由于光是它们的纽带，因此而言不可轻视。

格劳孔：应该是大可敬的。

苏格拉底：在你看来，天上的哪个神是光的主人？是谁拥有光使我们的眼睛能够很好地看见，使事物能够很好地被看见？

格劳孔：你指的显然是太阳，这和大家认为的一样。

苏格拉底：那么视觉和这个神的关系是不是这样呢？

格劳孔：怎样？

苏格拉底：不管是视觉本身也好，或者是视觉所在的那个被我们叫作眼睛的器官也好，都不等同于太阳。

格劳孔：当然不是。

---

① 柏拉图当时的科学观念大概认为不存在这种介质。

苏格拉底：但是我觉得，在所有的感觉器官之中，眼睛最像是太阳一类的东西。

格劳孔：没错，它最像太阳。

苏格拉底：眼睛所具有的能力，是不是取自太阳所放出的射流？

格劳孔：是的。

苏格拉底：因此，太阳一方面不是视觉，另一方面是视觉的原因，又是被视觉所看见的，这些难道不也是事实？

格劳孔：是的。

苏格拉底：所以，我们所说的善在可见世界中所产生的儿子——那个很像它的东西——所指的就是太阳。太阳跟视觉和可见事物的关系，正像可理知世界里面善本身跟理智和可理知事物的关系一样。

格劳孔：为什么是这样的呢？你能不能再详细地解释一下？

苏格拉底：你知道，当事物的颜色不再被白天的阳光照耀，只是被夜晚的微光所照之时你用眼睛去看它们，你会感觉你的眼睛变得非常模糊，简直跟盲人一样，就好像你的眼睛里根本没有清楚的视觉一样。

格劳孔：确实如此。

苏格拉底：不过我觉得，当你用眼睛去看太阳照耀的东西的时候，你的眼睛就会看得非常清楚，同是这双眼睛，却显得有了视觉。

格劳孔：是的。

苏格拉底：灵魂就好比眼睛。当灵魂注视着真理和存在照射于其上的东西时，灵魂察觉到了那个东西，领会了那个东西，并且灵魂与智慧一道熠熠生辉。但是，当灵魂的视线转向生成和寂灭的微光时，他就只有意见了，并且视若无睹。他先有一种意见，接着又是另外一种意见，就好像没有智慧那样。是这样吗？

格劳孔：是这样。

苏格拉底：那么，我让你命名为善的理念，就是将真理赋予已知事物、将认识的能力赋予认识者。你将认为它是科学的起因；而只要真理成为知识的对象，它还会成为真理的起因。善的观念还是美的，就像真理和知识，而假如你觉得它比真理和知识更美，那么你就对了。在之前说过的例子中，假如我们说光和视觉像太阳，那么我们是没错的，然而它们毕竟不是太阳。同理，在另外一个领域里，我们可以认为科学和真理像善，但不是善，善拥有一种更高更荣耀的位置。

格劳孔：假如善是知识和真理的源泉，又在美方面超过这二者，那么你所说的是一种多么美不可言的东西啊！你肯定不可能想说它是快乐的吧？

苏格拉底：格劳孔，神是允许的，可我绝对没这个意思。那么请你以这种方式对它的形象作进一步的探讨吧！

格劳孔：如何探讨呢？

苏格拉底：我猜想你会说，太阳不仅使一切可以看见的对象能被看见，并且还使它们产生、成长和得到营养，但这些并非太阳本身产生出来的。

格劳孔：没错。

苏格拉底：因此，我们可以说那些被认知的东西作为善的结果存在于被认知的东西之中，除这之外，其结果也存在于它们之中。尽管善本身并非实在，可是在尊严和能力上远超出实在的东西。

六　论可知与可见世界

格劳孔（带着一种非常滑稽的认真劲插话说了起来。）：阿波罗啊！你可以作证！夸张不能再超过这个啦！

苏格拉底：没错，这种夸张的责任应该归结于你，是你逼着我把我对这个问题的想法说出来的呀!

格劳孔：无论如何，还是请你继续讲你的想法吧；关于太阳的比喻假如还有什么要说的就继续吧，千万别想丢掉一些什么。

苏格拉底：是的，还有很多话要说。

格劳孔：那么请继续，不要漏了什么，哪怕一点点。

苏格拉底：我将尽力而为；但是我觉得有许多东西将不得不略去。

格劳孔：别省略。

苏格拉底：那么，请你正如我所说的那样设想一下，有两股统治势力，一个统治着可知世界，另一个统治着可见世界——免得你以为我在玩弄术语，我没说“天界”，我能否认定你是懂得可见世界和可知世界?

格劳孔：是的，我懂得。

苏格拉底：那么，现在请拿起一根绳子，把它分成不相等的两部分，然后再以相同的比例把它们分别分成两个部分。假定第一次分的那两部分中，一个对应可见世界，一个对应可知世界，然后再比较第二次分成的部分，以表示清晰与模糊的程度，你就会发现，可见范围的第一部分由影像组成。我所说的影像，首先指的是阴影，其次指的是水中的映像和诸如固体的、光滑的、擦亮的物体上的映像。你懂我的意思吗?

格劳孔：我懂你的意思。

苏格拉底：现在我们来说说第二部分。第一部分是它的影像，它是第一部分的实物，也就是我们周围看到的动物以及一切自然物和全部人造物。

格劳孔：好，就这样吧。

苏格拉底：你承认不承认，可见世界的这两个部分的比例表示真实性或不真实性程度的比例，影像与实物之比正如意见世界与知识世界之比?

格劳孔：我会承认，毋庸置疑。

苏格拉底：请你再进而考察可知世界划分的方法吧。

格劳孔：是怎样划分的?

苏格拉底：就是说，这个世界可以被划分成低级与高级两个部分，在低级部分里面，灵魂把可见世界中的那些本身也有自己的影像的实物作为影像；研究只能由假定出发，而且不是由假定上升到原理，而是由假定下降到结论；在高级部分里，灵魂相反，是从假定上升到高于假定的原理；不像在低级部分中那样使用影像，而只用理念，完全用理念来进行研究。

格劳孔：我不太明白你所说的话是什么意思。

苏格拉底：既然这样，我们再来解释一次，你就会更明白我的意思的。你知道，研究几何学、算学以及这一类学问的人，首先要假定偶数与奇数、各种图形、三种角以及其他诸如此类的东西。这些东西被看成已知的，看成绝对假设，无需对他们自己或别人做任何说明，假定这些东西是任何人都明白的。他们就从这些假设出发，通过首尾一贯的推理最后达到他们所追求的结论。

格劳孔：没错，这我知道。

苏格拉底：你也肯定知道，尽管他们利用各种可见的图形并对其进行讨论，但是处于他们思考中的实际上并非这些图形，而是这些图形所摹仿的那些东西。他们所讨论的并非他们所画的某个特殊的正方形或某个特殊的对角线等，而是正方形本身、对角线本身等。他们所做的图形乃是实物，有其水中的影子或影像。但是现在他们又把这些东西当作影像，而他们实际要求看到的则只有用思想才能“看到”的那些实在。

格劳孔：是的。

苏格拉底：所以说，这种东西尽管的确属于我所说的可知的东西一类，但是有两点除外：其一，在探索它们的过程中必须要用假设，灵魂由于不能突破与超出这些假设，因此不能向上活动而达到原理：其二，在探索它们的过程中利用了在它们下面一部分中的那些实物作影像——尽管这些实物也有自己的影像，并且是比自己的影像来得更为清楚更为重要。

格劳孔：我懂得你所说的是几何学和同几何学相近的学科。

苏格拉底：当我谈到可知世界的另一部分的时候，你就会明白我说的是另外一种知识。这种知识是理性借助辩证法的力量达到的，她把假设只当作假设来利用，而并非当作原理。换句话说，她只把假设当作进入一个高于假设的世界的出发点和步骤，以便超越它们飞升到一切的总的法则；她坚守着“总”，以及基于此的一切。不借助任何感性事物，她再次一步步下降，出发于众理念，经由众理念，最终息止于众理念。

格劳孔：你的话我多少明白了一些，但还不完全明白，因为在我看来，你似乎是在描述一种真实艰巨的任务。但是，不管怎样，我已经清楚你要说什么了。你想说，辩证法这门科学所沉思的知识及存在比仅从假设出发的所谓技艺观念更清晰。技艺的观念也不借助感觉而是通过理智来研究。不过，由于它们是从假说开始的，并且不能上升到一种原理，因此在你看来，那些研究它们的人似乎没有对它们运用较高的理性。当然了，假如能给它们增加一种绝对原理，它们还是可以成为较高的理性认识的。另外，我觉得，你会把与几何及其他同源学科相关的那种方式称为理智而非理性，将理智视为介于意见和理性之间的东西。

苏格拉底：你已经完全明白了我所要表达的意思。现在你得承认，相应于这四个部分有四种灵魂状态：相当于最高一部分的是理性，相当于第二部分的是理智，相当于第三部分的是信念，相当于最后一部分的是想象。让我们把它们按比例排列起来，给予每一个以和各部分相当程度的真实性。

格劳孔：我明白你的意思，也同意你的看法，并且愿意按照你的看法把它们排列起来。

第七卷

一　拯救“洞穴”中人

苏格拉底：现在，让我作个比喻，以区分受没受过教育的人的本质。假设有一个洞穴式的地下室，它有一条长长的通道通往外界，好让亮光能够射进洞穴。在这洞穴，有一些被绑住了头颈和腿脚的人从小就住在里面，不得动弹的他们只得盯着洞穴后壁。而他们背后的不远的地方，有一些东西在高处燃烧并发出火光。在火光和这些囚禁者之间有一条凸起的路，路边筑着一排矮墙，就仿佛傀儡戏演员表演木偶时使用的屏障，它天然地横亘在自己和观众之间。

格劳孔：我看见了。

苏格拉底：接下来，假设有这么一些人举着用木料、石料或其他材料制作的假人和假兽，从矮墙后面走过。而这些路人他们中有的在说话，有的并没有说话。

格劳孔：你打的比方很奇怪，那些被囚禁的人也特别的奇怪。

苏格拉底：我并不这么认为，其实他们和我们一样。你说说看，这些囚徒能看到的东西除了火光投射到他们对面洞壁上的阴影，还有什么关于自己和同伴的呢？

格劳孔：只要他们一直保持头颈被绑不能转动的话，他们是看不到别的东西的。

苏格拉底：那么这些人除了看到过路人举的东西的阴影以外，还能看到过路人的其他东西吗？

格劳孔：肯定不能。

苏格拉底：如果囚徒们互相讨论，那你不认为他们在谈论阴影的时候，其实思维中考虑的是事物本身吗？

格劳孔：那是的。

苏格拉底：让我们进一步假设，有一路人经过时发出了声音，囚徒听后做了回应，那你不觉得囚徒们会认为他是洞壁上移动的阴影发出的声音吗？

格劳孔：他们一定会这样想。

苏格拉底：所以，这种人除了阴影是不会想到其他什么实在的。

格劳孔：无疑是这样。

苏格拉底：现在，再看看那些囚徒获释并且被纠正错误后，接下来自然发生的情况。首先假设，他们中的一个人意外获释，突然被迫站了起来并转动脖子，走起来并朝光亮看过去，那么他将感到剧烈的疼痛。刺眼的强光，让他感到痛苦，并无法看到以前他看到过它们的影子的那些实物了。再假设，有人对他说其实他以前看到的只是一种幻影，而现在他更加接近“是”了，他的眼睛转向了更真实的存在，他的视野更清晰了，他会怎么回答呢？与此同时，你还可以进一步想象，当有物体通过时，他的引导者指着那些物体要求他说出它们的名称，他会不会不知所措？他会不会觉得，与现在被展示给他的物体相比，他以前看到的影子更真实？

格劳孔：更真实得多呀！

苏格拉底：假如让他看着火光本身，他的眼睛会因此感到痛苦，最终他还会选择那些从前他看的比后来的实物更为清晰的影像的，会不会这样呢？

格劳孔：会这样的。

苏格拉底：再设想一下，就算有人强行拉他走上一条陡峭崎岖的坡道，直至走出洞穴见到了外面的阳光，却不让他走在阳光里。这么做只会让他恼火，并因强制而感到痛苦，同时还会觉得眼冒金星，以致任何一个被称作是真实的事物他都看不清了，你觉得是这样吗？

格劳孔：噢，一下子根本看不清。

苏格拉底：所以这需要一个循序渐进的过程，他只能一步一步慢慢学会在洞穴外面的高处看得见东西。他最初看影子看得最清楚，接着是人和其他事物的水中映像，然后才是事物本身。在这之后，他会凝望月光、星光和闪烁的夜空。与白天的太阳和太阳光相比，他看夜空和星辰会不会看得更清楚？

格劳孔：当然喽。

苏格拉底：这样一来，他最终能看着太阳了，甚至直接观察太阳本身也没太大的问题了，而其他事物的本来面目也可以以原来的方式被他识别了，再也不需水中的倒影或影像，或是其他媒介中显示出的影像了。

格劳孔：这是一定的。

苏格拉底：接下来，他会据此得出结论，正是太阳主宰了世界的一切，和四季交替以及时间轮回，他们从前通过某种曲折看见的所有事物的起因也是这太阳。

格劳孔：当然了，他会得出这样的结论的。

苏格拉底：当他回想起自己当初被囚禁的穴居，自己那时的智力水准，和他那些还在禁锢中的伙伴们，你认为，他会不会为自己的这一提升而感到幸运不已，同时也为他的伙伴们感到可惜呢？

格劳孔：确实会的。

苏格拉底：假设那些囚徒们养成了一种习惯，假如有什么人能够最快地观察到正在通过的影子并且说出哪个先过去、哪个后过去、哪些一起过去，谁因此能最好地预见到未来将要通过的影子，他们就授予他荣誉。那么，你觉得那个获释的人还会在乎这样的荣誉和光荣吗？他还会嫉妒那些获得荣誉和光荣的囚徒吗？他难道不会和荷马一起说“当一个穷主人的穷仆人更好”，并且忍受一切也不愿意和他们有一样的想法、过一样的生活？

格劳孔：我觉得，他宁可受再大的痛苦也绝对不愿意回去过囚徒生活的。

苏格拉底：那我们再想象一下，假如他又回到洞穴中去，他坐在原来他自己的位置上，他的眼睛是不是会因突然离开阳光而变得什么都看不见呢？

格劳孔：一定是这样的。

苏格拉底：由于此刻他的眼睛还没适应黑暗，因此视力还非常模糊，要重新适应黑暗中的视觉习惯也要经过很长一段时间。你猜想，假如这个时刻有人趁火打劫要他和别的囚徒较量一下“评价影像”，他会不会因此遭到众人的嘲笑？大家是不是一定会认为就因为他上去了一趟，回来就失去视觉了，甚至会说这一趟走得毫无意义和没有任何价值？假如允许杀掉释放他们的人的话，你认为他们不会杀掉他吗？

格劳孔：他们一定会的。

苏格拉底：亲爱的格劳孔，你现在可以把这一整篇寓言与前面的讨论联系起来了。那个囚室就是可见世界，火光就是太阳，而假如根据我可怜的信念你把向上的旅程解释为灵魂上升到可知世界的过程，那你就理解了我的意思。在你的要求下，我已经解释了这一点。至于我的解释正确与否，那只有神知道。不过，不管真假，我的看法是，在知识的世界中，善的观念是最后一个显现的，并且人只有通过努力才能看到他。只要被发现，他也就会被认定为所有美的、正义的事物的共同创造者，是这个可见世界中光的父母和光的主宰，是智慧世界中理性和真理的直接源泉。此外，不管是在公共生活还是私人生活中，假如什么人按照理性行事，那么他必然看到了善的观念。

格劳孔：就我所能了解的，我都同意。

苏格拉底：那好，也请你认同我下面要说的这个吧，千万不要惊奇。你知道，那些已站在某一高度的人是断然不愿意碰那些琐碎俗事的，他们希望自己的心灵永远逗留在高处的真实之境。只要我们的比喻恰当，这一切应该不足为怪吧。

格劳孔：是的。

苏格拉底：再说，这些人一旦从神圣的观察再回到人事，你会认为他们在做这些事情时的样子非常可笑非常古怪吗？你觉得，他在尚未习惯黑暗的环境，什么东西都看不清楚的时候，就在法庭上的辩论中与人争讼关于正义的影子或产生影子的偶像，与从未见过正义本身的人辩论关于正义的观念，那会怎么样呢？

格劳孔：一点也不值得奇怪。

苏格拉底：任何有常识的人都不会忘记，有两种原因会引起眼睛的昏花，要么因为失去光明，要么因为由黑暗进入光明。肉眼是这样，理性的眼睛也同样是这样。记得这一点的人见到有人视觉出现昏花就不会不假思索地嘲笑了。他会先问那人的灵魂是否刚失去了光明的生活，因为不习惯黑暗而变盲，或是刚由黑暗进入到了白昼，被炫目的光辉耀花了双眼。他将对其中一种生命状况与境遇感到庆幸，而对另外一种感到怜悯。他更有理由为从地下走入光明的灵魂欢笑，而不会向离开外面的光明返回洞穴的灵魂致意。

格劳孔：你说得非常有道理。

苏格拉底：既然你觉得可以了，那我们就可以有接下来的这些看法了。实际上，眼下的教育并不如某些人在自己的职业中所宣称的那样，教育可以弥补灵魂中缺失的知识，就好似教育如视力般弥补了盲人的视觉缺陷一般。

格劳孔：他们确实如此说过。

苏格拉底：我们现在已经能够证明，我们拥有具备眼睛一般功能的学习器官，我们的灵魂也具备知识的能力。只要整个身体不改变方向，眼睛就不会由黑暗转向光明。同样的道理，作为整体的灵魂也必须转离变化的世界，它的“眼睛”才会转向正面看到实在，最后看到其中最明亮者，也就是我们所所说的善者，是吧？

格劳孔：是的。

苏格拉底：于是这其中就蕴涵着一种灵魂转向的技巧，即怎么样才能使灵魂更有效地转向的技巧。这种技巧的前提，是肯定灵魂本身有视力，而非重新为它创造新的视力，它不过是认为现有的视力无法准确地掌握方向，或是在看不该看的方向，只要想方设法努力促使它转向就可以了。

格劳孔：很可能有这种技巧。

苏格拉底：因此，灵魂的某些所谓德性看上去好像具有身体的某些优点，它们即便不是先天所生，也可以通过后天习惯和训练被放进灵魂；而智慧这种德性却比它们神圣得多，并且不会丧失；借助“转向”，它有可能会成为有用和有益的，也有可能会变成无用而有害的。你难道从来没有观察过那些聪明的坏人？他们目光锐利，但里面闪出的却是浅薄的智慧。他是多么渴望！那卑微的灵魂将通向目标的路又看得多么清晰！他们绝非盲目，但他敏锐的目光却被迫为邪恶服务。他如果越是聪明，那么他的危害就会越大。

格劳孔：这没错。

苏格拉底：但是，假如我们从年轻的时候起就教育和训练这类灵魂，让他们摆脱与生俱来的欲望，那些来自于变化世界的，纠缠着他们的灵魂视力只注意感官物欲的欲望。如果摆脱了这些欲望，这些人的灵魂就有一部分被转向了真理，那么他们就会如同现在重视那些欲望一样转向敏锐地发现和面对真理了。

格劳孔：极有可能。

苏格拉底：因此，我们不能让没受过教育且丝毫不了解真理的人，和被任命终身从事研究的人去治理国家的。这个结论是上述的必然结论，难道不正确吗？第一种人对待所有的公私活动归根结底都是为了一个生活目标，而后者一直认为自己已经超脱了生活着的世界，进入了乐园，因而不会有任何作为。

格劳孔：正确。

苏格拉底：作为国家的建立者，我们的职责就是要让最优秀的灵魂因达到我们前面说是最高的知识高度，看得见善，并由此上升至善的高度。就算他们已经攀到了那般高度，我们也不允许他们做他们正在做的事情。

格劳孔：什么意思？

苏格拉底：我的意思是，他们会只逗留在上面，再不愿回到囚徒的群体中去，同他们同甘共苦。

格劳孔：照你的意思，当他们已经可以过上高一层次的生活的时候，我们仍然要委屈他们，让他们过较低级的生活，是这样吗？

苏格拉底：朋友，看来你已经忘了，我们刚开始提过的我们的目的是整个国家作为整体的幸福，而不单独只求一个阶级的幸福啊。因而说只有运用说服或强制，使全体公民彼此协调和谐，如此才能让大家共同分享彼此向国家提供的各种利益。它之所以在城邦里要造就这样的人，其目的很显然是让他们团结成一个密不可分的整体，要防止他们各行其是。

格劳孔：我忘了，你的话非常正确。

苏格拉底：事实上，格劳孔，你注意到没有，我们强迫我们的哲学家照顾、保护其他人，这并非不正义。我们将给他们解释，在其他的城邦中，他们那种人没有被迫承担政治辛劳，并且这是合理的，因为他们是根据他们自己的美好意愿长大的，政府不应该强迫他们。他们是自学成才的人，要让他们从未获得的文化显示出任何感激之情不是我们所期望的。不过，我们把你们带到这个世界上，是想让你们成为众人的统治者，成为你们自己和其他公民的君王。与他们相比，我们让你们接受了更好、更完善的教育。因此，你们更有能力承担双重的责任。你们中的任何一个人之所以轮到了，就必须下到地下的公共住处里，养成在黑暗中观看的习惯，原因也正在这里。要是你养成了那种习惯，那么你的视力将比洞穴里的居民好一万倍，你会知道那几种影子是什么以及它们代表什么，因为你已经看到过真正美的、正义的、善的事物。如此的话，我们的城邦，也是你们的城邦，将不再仅仅是个梦想，而会成为现实，并且将会在一种与其他城邦不同的氛围中受到管理。在其他的城邦中，人们仅仅因为影子就彼此争斗，并且热衷于权力斗争，因为在他们眼里，权力是一种很好的东西。然而，真相却是，统治者最不情愿统治的城邦常常是最好的、局面最安定的城邦，统治者最热衷于统治的城邦通常是最糟糕的城邦。

格劳孔：一定的。

苏格拉底：纵使大多数时间，我们的学生还是允许生活在高一层次的，不过我想问的是，你认为我们的学生听了上面一番话，他们还在轮值时拒绝分担管理国家的辛劳吗？

格劳孔：他们绝对是不会拒绝的，因为我们是向正义的人提出正义的要求。只是，他们要同当前的那些统治者的想法不一样，他们要把自己的公职视为一项义不容辞的责任来对待。

苏格拉底：亲爱的朋友，一个国家要想管理好，只有帮未来的统治者找到一种比统治国家更善的生活才行。这样的话才能保证国家由最富有的人来治理，不过需要特别注意的是，这里说他们富有并不是比钱财上的富有，而是富有幸福所必需的那种善的和智慧的生活。试想一下，如果一个统治者本身就是个缺乏个人福利的人，当他们投身公务时，他们最先想到的是怎么样中饱私囊，由这种人治理的国家，其结果也就可想而知了。如此一来权力成了大家纷纷争夺的对象，国家内部自相残杀到头来既伤了国家也伤了自己。

格劳孔：说得正确。

苏格拉底：那你说除了真正的哲学家以外，还有谁能淡泊名利，不过分重视权力？

格劳孔：确实举不出来了。

苏格拉底：所以防止权力争斗，我们就要挑选不爱权力的人掌权。

格劳孔：这是肯定的。

苏格拉底：那么，你说说看，还有没有别的人，除了我们刚才说的那些知道怎么样管理好国家的，过着至善生活的且有报酬可取的人外，可以被委任为国家的守卫者呢?

格劳孔：再没有别的人选了。

二　论算术教育

苏格拉底：好的，现在我们来考虑一下下面这些问题，你同意吗？这种人才应怎么样培养？怎样将他们从黑暗带到光明，或者就像传说的那样，把他们从下界带到诸神的世界?

格劳孔：当然愿意。

苏格拉底：因此，这可不比游戏中翻贝壳那样的简单，我们需要把他们的心灵从朦胧的黎明转向真正的白昼，上升到真正哲学的实在。

格劳孔：这点毫无疑问。

苏格拉底：那就有必要好好讨论一下，什么学问有这种能耐?

格劳孔：当然了。

苏格拉底：格劳孔，我再问问你，这种能够胜任把灵魂带离变化世界上升至实在世界的学问究竟是什么呢？话说到这里我突然想起来了，我们是不是曾经说过，这样的人年轻的时候必须是战场上的斗士?

格劳孔：这话我们是说过。

苏格拉底：那这门学问就还必须再有一种能耐。

格劳孔：什么能耐?

苏格拉底：战争中有用的。

格劳孔：假如可能的话，这点当然要有。

苏格拉底：我们前面提过，他们必须接受体操和音乐教育。

格劳孔：是的。

苏格拉底：体操关乎的是事物的生灭[①]，因为它会影响体质的增强与变弱。

格劳孔：这道理，显而易见。

苏格拉底：因此，它绝对不是我们所说的那门学问。

格劳孔：它不是。

苏格拉底：那音乐教育是吗？

格劳孔：正如你将记得的那样，音乐和体育是配对存在的，它们通过习惯的作用对守卫者进行训练，和声使他们和谐，节奏让他们懂得韵律，但这些都不会赋予他们知识。至于歌词，不管是传说的还是可能真实的，都具有与和声、节奏近似的因素。不过，在音乐中，没有哪种东西倾向于你正在寻找的那种善。

苏格拉底：你记得完全正确，这类因素其实是没有的。格劳孔，可是我们要找的学问到底是什么呢？你也清楚，类似手工技艺都是比较低层的学问。

格劳孔：的确是的。那么在音乐、体操和手艺之外还有什么学问呢？

苏格拉底：这样吧，既然我们都找不出别的学问，那就先找出一个都需要用到的东西吧。

格劳孔：那是什么？

苏格拉底：就是一种所有技术的、思想的和科学的知识都要用到的东西，同时也是大家都必须学习掌握的最重要的东西之一。

格劳孔：什么东西？

---

① 体操与变化世界相联系。

苏格拉底：一个极其平常的东西，即分辨“一”“二”“三”，其实就是数数和计算。难道所有技术和科学的知识不会用到它们吗？

格劳孔：是要用到的。

苏格拉底：战术不也用到它们吗？

格劳孔：这是一定的。

苏格拉底：因此，每逢帕拉墨得斯[①]在悲剧中出现，都显得阿伽门农是个不称职的可笑将军。难道你从来没有弄明白帕拉墨得斯是如何宣称他发明了数字并清点了船只，把在特洛伊的军队进行了编队吗？这意味着他们之前从来没有被清点过。而阿伽门农肯定是连他的脚趾头都数不清！假如他对数字一窍不通，他又怎么可能清点呢？假如这是真的，那他是哪种将军呢？

格劳孔：假如这一切是真的话，那他还真是个荒谬可笑的将军。

苏格拉底：这么说来，是不是计算和数数也可以视为一个军人必须掌握的本领？

格劳孔：当然是，即便只是一个普通人都尚且如此，更何况他还要指挥军队。

苏格拉底：那么，你和我想的是不是同一门学问呢？

格劳孔：哪一门学问？

苏格拉底：这门学问应该就是，我们正在寻找的那些本性能引领思想的诸多学问中的一种。尽管如此，如今却没有一个人能正确地使用它。

格劳孔：你这话是什么意思？

苏格拉底：我会竭尽全力解释给你听的。我首先想告诉你的是，我提到的那两种事物，一种有牵引力，一种没有牵引力，它们在我心里是怎么区分的。你愿意和我继续下去的，就请你告诉我，你究竟是同意什么和反

---

① 帕拉墨得斯：希腊神话中的英雄，参加了特洛伊战争，是希腊联军中最睿智的人。

对什么，这样才能让我更明白我说的是不是正确。

格劳孔：请说吧。

苏格拉底：好吧。实际上，有些感觉里的东西单靠感官就能够判断，是不用求助于理性思考的。不过，假如感官做不出可靠的判断的时候还是必须求助于理性的。

格劳孔：很明显，你指的是远处的东西或画中的东西。

苏格拉底：我感觉你并没有完全领会我的意思。

格劳孔：那你说的是什么意思呢?

苏格拉底：当我说“不需要思考的对象”，我指的是这对象不会引起相反的感觉，而“需要思考的对象”则是会引起相反的感觉。在后一种情况中,不管距离远近,对对象的感知都不能提供任何明确的非此即彼的理念。举一例说明，我的意思就会更清晰了，如有三根手指，分别是小指、无名指和中指。

格劳孔：好。

苏格拉底：我举手指为例，你别忘了它们可是在近处的东西，而现在我要你注意的是另外一点。

格劳孔：哪一点?

苏格拉底：其实每一个指头看上去都没太大差异，不管是哪个指头，不管是什么肤色，不管粗细，这些都不影响它仍是个指头。通常而言，没有人会因此去调动自己的理性思考什么手指的问题，或是提出其他的什么问题，视觉感官已经向人的思维做出判断，手指就是手指，它的反面也是手指。

格劳孔：是的。

苏格拉底：这种判断就不用依靠理性。

格劳孔：当然。

苏格拉底：不过，关于手指的大与小，同样也是对的吗？视觉足能分辨它们吗？一根手指处在中间还是两边没有区别吗？相似的，触觉足以察觉手指的粗细和软硬吗？至于其他感觉也是如此。在此类问题上，感觉能给出完美的提示吗？感觉在这方面的做法就是：与硬度有关的感觉也必然与软度相关，它只会提示灵魂，同一种东西感觉起来既硬又软。

格劳孔：是这样。

苏格拉底：当触觉告诉灵魂，同一物体是硬的也是软时，心灵就一定会提出“触觉说的硬是什么意思？”这个问题，或者像是感觉假如反馈说重的东西是轻的，或轻的东西是重的，那它所说的轻或重究竟是什么意思呢？

格劳孔：确实，这些性质感官无法判断，因此迷惑不解的心灵是要加以思考的。

苏格拉底：因此，在如此情况之下，灵魂就必须调动计算能力和理性进行努力研究，对传来的信息是一个还是两个进行判断。

格劳孔：当然。

苏格拉底：假如最终得出两个答案，那它们一定彼此不一样，是吗？

格劳孔：是的。

苏格拉底：因此，假如结果是两个，那势必是理性认为的各不相同的分离的两个，如果二者不能分离，那理性就会索性将它看成是一个了。

格劳孔：没错。

苏格拉底：我们也说过，视觉看见的大和小也并非分离状态，是吧？

格劳孔：是的。

苏格拉底：为了清楚地分辨它们，理性“看”大小，只得采用与感官不同的办法，分开看。

格劳孔：真的。

苏格拉底：我们首先要解决的问题就是，大和小到底是什么？

格劳孔：一定的。

苏格拉底：这就是我们之所以用“可知事物”和“可见事物”这两类不一样名称的原因。

格劳孔：太对了。

苏格拉底：我刚才说的，有些事物需要思考、有的事物不需要思考，把那些会同时给感官两种相对反应的事物定义为需要思考的事物，而那些引不起相对反应的则定义为不需要理性思考的事物，这些都只为了解释这个意思。

格劳孔：现在我明白了，而且我同意你的观点。

苏格拉底：那么，你认为数和“一”分别属于这两种事物中的哪一种呢？

格劳孔：我不知道。

苏格拉底：稍微思考一下，你就会明白，我们之前的讨论会做出回答。因为，假如单独的一个“一”能够被视觉或其他任何一种感觉察觉到，那正如我们在手指的例子中所说的那样，就没有任何东西把灵魂引向“是”。但是，假如一直存在某种矛盾，“一”成了“一”的反面并且牵涉到复数理念，那我们的头脑就会开始思考，灵魂就会感到困惑并且想做出询问“何谓绝对的一”的决定。就这样，“一”的研究具有了吸引头脑、改变头脑去思考真正存在的力量。

格劳孔：关于“一”的视觉的确有这方面的特点，我们看到的一是同一事物，但同时也是无限多。

苏格拉底：假如这个原理用在“一”这个问题上没什么问题，那其他的数不也就如此了吗？

格劳孔：当然。

苏格拉底：还有就是，算术和计算都与数有关。

格劳孔：当然。

苏格拉底：那这个学科看来可以把灵魂引导到真理上去。

格劳孔：是的，它超过别任何学科。

苏格拉底：如此说来，这个学科应该属于我们寻找的学科中的一分子。我们知道军人学会了它才会统领自己的军队；哲学家也要学，这样才能超越变化世界，进入真理世界，要不然他们就永远不会成为真正的计算者。

格劳孔：是的。

苏格拉底：我们的守卫者既是军人又是哲学家？

格劳孔：当然。

苏格拉底：那么，格劳孔，这或许就是法律适合规定下来的那种知识，我们必须努力劝说那些被指定为我们城邦的重要人物的人去学习算术。他们不应该只是业余学学，而且必须坚持学习直到他们仅用头脑就能明白数字的本质。他们也不能像商人那样为了买卖，而是为了军事用途，为了灵魂自身。因为，对于灵魂来说，算术会成为从变化的世界进入真理和“是”的世界的捷径。

格劳孔：你说得太好了。

苏格拉底：既然我们提到学习计算并非为了做买卖而是为了真理的话，那它就是一种精巧的，且对我们极有益处的工具了。

格劳孔：为什么？

苏格拉底：我们刚刚说过的，就像我常说的算术具有很大的提升作用，它迫使灵魂探讨抽象的数，反对将可见、有形的物体引入讨论。你知道，假如这方面的行家中有人在计算时企图分割纯粹的“一”，肯定会遭到其他内行的拒斥和讪笑。假如你用除法，他们就会用乘法，让一继续是一，而不会在分数中消失[①]。

格劳孔：你的话非常正确。

苏格拉底：格劳孔，要是有人问他们，你们谈论的到底是哪一种数，既然其中的“一”就是如你们主张的那样，“一”是个真实的整体，内部也不可分吗？你觉得他们会如何答复呢？

格劳孔：我认为他们肯定会说数只能用理性去把握，除此之外没有其他办法。

苏格拉底：我的朋友，你也看见了，这门学问着实是不可缺少的，它

---

① 当1被除以5时，可以看成变成了5个1。

会敦促灵魂使用纯粹理性通向真理本身。

格劳孔：的确如此。

苏格拉底：另外，你有没有进一步注意到，那些天生具有计算天赋的人往往也敏于学习其他的每一种知识；即使那些比较笨拙的人，即使他们没有从中得到别的好处，但只要他们接受过算术训练，也比他们不接受要敏捷得多？

格劳孔：是这样的。

苏格拉底：在我的观念里，算术各学科的学习中最难的，和它难度差不多的学科也不多。

格劳孔：确实如此。

苏格拉底：千万不要因为这些原因就忽略了它，我们可是要用它来教育我们国家里天赋最优的那些公民的。

格劳孔：这点我同意。

三　论几何学、天文学的教育

苏格拉底：好的，我们要找的学科算是确定下来了，接着再看看，还有哪一门学科对我们是有用的？

格劳孔：你说的是几何学吗？

苏格拉底：正是。

格劳孔：几何学，在军事上的作用是非常显著的。军事指挥官通常要考虑军队的安营扎寨，划分地段，以及作战和行军中纵队、横队和各种队形的排列问题等，显而易见，几何学影响是非常巨大的。

苏格拉底：当然，满足军事方面需要的几何学和算数知识也没有必要太多。我们需要重点注意的是，几何学中的知识大部分都比较高深，这些知识是不是有助于人们更容易把握善的理念？我们觉得，在各种学科当中人们的灵魂要着重努力学习的，是那些能够迫使灵魂转向神圣的真实的部分。

格劳孔：你说非常正确。

苏格拉底：因此，它若是能有助于灵魂转向真实实在，便有用；若不然，而是将灵魂引向了变化世界，则无用。

格劳孔：我们也赞成。

苏格拉底：于是，大多数就算只懂些几何学科皮毛的人也认同，这里几何学科的作用正好和几何学科行家们所说的作用完全相反。

格劳孔：怎么了？

苏格拉底：我不得不说，他们的话听起来实在是太可笑了。比如“画方”“作图”“延长”等问题，他们所用的推理都只为了实用，可其实这门学科的真正目的应该是知识。

格劳孔：绝对没错。

苏格拉底：那下面要说的这点，不知道大家是不是和我的意见一致？

格劳孔：哪一点？

苏格拉底：几何学的对象是永恒不朽的事物，而并非某种瞬间产生和灭亡的事物。

格劳孔：几何学就是用来认识永恒事物的，这点毋庸置疑。

苏格拉底：那么，我亲爱的朋友，几何学大致就可以用来把灵魂引向真理，并且有可能引导哲学家的灵魂转向上面，而不是下面。

格劳孔：一定能这样。

苏格拉底：基于此，理想国的公民就一定要重视几何学，更何况它还有重要的附带好处呢。

格劳孔：附带的什么好处？

苏格拉底：这种好处就好比你刚才提到的它在战争中有用。此外，学没学过几何学对别的学科的学习影响也很大，它对其他功课的学习帮助也会很大。

格劳孔：学没学过差异当然很大。

苏格拉底：那就这么定了，几何学就是第二门青年必学的功课，可以吗？

格劳孔：定下来吧。

苏格拉底：天文学是我们将要定下来的第三门功课，你赞同吗？

格劳孔：我赞同。学好天文学可以对年、月、四季有敏锐的观察力和理解力，这不仅有助于农事和航海事业，同样在行军作战中也有不小的作用。

苏格拉底：真有意思，你对世人的担心把我给逗乐了，你总防备给他们留下固执于无用的研究的印象。任何人都有一只灵魂的眼睛，而当其他研究让它失明了、目光浑浊了，这些研究会让它重新被净化、重新变得明亮起来；它比一万只肉体的眼睛还要珍贵得多，因为只有通过它才能看到真理。但是，我完全承认，让人相信这一点是不容易的。现在有两种人，一种人同意你的看法，把你的话当作启示；另外一种人认为你的话毫无意义，把它们当作无稽之谈，因为他们能从那些研究中看不到什么好处。因此，你最好马上做出决定，你想在辩论中和哪种人站在一起。你很可能会说，你和任何人都不想站在一起；你进行辩论的主要目标是为了你自己的提高，与此同时你也不介意别人能有所获益。

格劳孔：我宁可这样，我论述、提问、回答都是为了我自己。

苏格拉底：那你可能要稍微往后退一些，因为在几何学之后我们紧接着讨论的那个科目选得并不正确。

格劳孔：怎么不对？

苏格拉底：在讨论了平面之后，我们的讨论跳过了纯立体本身，直接跳跃到了有运动的立体事物，这显然不正确。正确的讨论顺序应从二维依次递进到三维，因为我认为三维是立方体和一切具有厚度的事物都具有的。

格劳孔：是这样。但是，苏格拉底，研究三维学科的发展好像并不好。

苏格拉底：没错。人们之所以所知之甚少有两个原因。第一，没有任何政府重视它们，这导致人们不愿意去研究它们，另外它们也比较难。第二，除非有导师，要不然学生无法学习。不过，一则导师很难找到，即使能找到，就目前的风气来看，学生都很自负，不见得愿意接受他的指导。然而，假如整个城邦成了这些研究的指导者，并且授予他们以荣誉，情况就不同了。到那时，弟子们会愿意来学习，进行持续、认真的研究，做出一些发现。因为即使是现在，虽然世人贬低它们，它们美好的比例受到损害，它们的信徒也无人能够说出它们的用途，但这些研究依然会由于其天生的魅力而艰难前行。假如它们能得到城邦的帮助，那么将来很有可能得见天日。

格劳孔：它确实非常有趣也非常有魅力。不过我想请你把话说得更清楚一些，你认为几何学是研究平面的吗？

苏格拉底：是的。

格劳孔：那你是不是先谈着天文学，接着又退了一步？

苏格拉底：是的。我太匆忙了，反倒耽误了你。原本接在平面几何后面的就应该是立体几何问题，只因它的发展程度太低，我匆忙中遗忘了它的存在，居然直接跳到了讨论运动中的立体的天文学。

格劳孔：是的，你是那样做的。

苏格拉底：那被忽略了学科，如果也在城邦管理方面有自己的作用的话，那天文学就可以作为第四学科了吧？

格劳孔：这可以。苏格拉底，你刚才批评我在评论天文学时有功利主义倾向，动机不够高尚。那么，我现在就改用你的原则来赞美它好了。要知道，这个学科也一定是迫使心灵向上看，带领心灵离开变化世界去往更高处的。

苏格拉底：或许大家都觉得是这样，不过我不在其中，我并不这样认为。

格劳孔：你认为怎样呢？

苏格拉底：我更应该说，在我看来，那些引导我们将天文学上升到哲学的人，他们是让我们向下看，而不是向上看。

格劳孔：为什么？

苏格拉底：其实，在你的头脑里，对我们关于上面的东西的知识，你的确会拥有一种崇高的理念。我可以断言，假如一个人仰起头来研究磨损的天花板，你仍然会认为他是用他的头脑来感觉而非用他的眼睛来感觉。这时，你很可能是对的，而我只是个傻瓜。不过我觉得，只有关于“是”和不可见之物的知识才能让灵魂向上看。假如一个人张开眼睛凝望苍穹，或眨巴着眼睛俯视大地，想领会某种特殊的感觉，可我不认为他能领会到什么，因为那样的东西根本与科学无关。不管他是通过水上还是陆地来探求知识，不管他是脸朝上漂着还是背朝下躺着，他的灵魂都是向下看，而不是向上看。

格劳孔：你批评得对，我的确是错了。你说目前学习天文学的方法有问题，那要达到我们的目的，你认为应该怎么做呢？

苏格拉底：我要告诉你，我们把这些装饰天空的天体视为最美最准确的，这一观点自然是正确的，但不要忘了，它们作为可见事物是远不及真实者。因此，它们也是具有真实的数和一切真实图形的，真正的快者和慢者是相关联着并托载运动的。我们的眼睛是看不到的真实者的，它仅为理性和思考所把握。对此，你有不同意见吗？

格劳孔：不，完全没有。

苏格拉底：因此，天空图只作为学习实在的参考图，这就和碰巧看见戴达罗斯[①]或其他画家画匠细心画出来的设计图寓意相同。任何一个具有几何知识的人，看到这种图画后虽然也会称赞画工精湛，可他们还是会认为那些以假当真，并企图在图上找到绝对真理的做法是极其荒谬的。

格劳孔：怎会不荒谬呢？

苏格拉底：当一个真正的天文学家看到星辰的运动的时候，他难道不

① 戴达罗斯：古希腊神话中的建筑师、雕刻家和发明家。

会有同样的感受吗？他难道不觉得，天空及天空中的东西是它们的创造者以最完美的方式设计的？不过，他永远也不会认为，夜与昼的比例，夜、昼与月的比例，月与年的比例，星辰与这些东西的比例，星辰彼此之间的比例，星辰与别的任何物质的比例，所有这些比例可能是永恒的，是没有丝毫偏差的，他认为这是荒谬的。不仅如此，假如辛辛苦苦地去考察它们精确的真相，那同样是荒谬的。

格劳孔：这样说来，我就同意你的观点了。

苏格拉底：因此，要说研究天文学的真正态度就应当像前面我们说过的研究几何学的方法一样，提出问题解决问题，将天空中那些可见事物视若无睹，如此才能保证正确使用灵魂中的天赋理智。

格劳孔：依你这么做，我觉得只会把天文学的工作复杂化。

苏格拉底：我认为，假如我们想充分发挥立法者的一切作用的话，那有些要求还需要提出来。你还想建议什么别的合适的学科吗？

格劳孔：还没有，需要想想。

四　论和声学的教育

苏格拉底：在我看来，运动应该有多种。一般情况下，只有哲人能列举出所有运动种类，不过我们也能举出其中的两种。

格劳孔：哪两种？

苏格拉底：一个是天文学，另一个是和它成对的东西。

格劳孔：具体是什么呢？

苏格拉底：既然眼睛是为天文学而准备的，那我也可以说耳朵就是为和谐的声音而准备的。就像毕达哥拉斯派[①]主张的那样，我们也应该赞同，这两个学科应该是兄弟学科，格劳孔，你说对不对？

格劳孔：对。

苏格拉底：如此重要的事情，需要不需要去问一下毕达哥拉斯派学者们，问问他们的意见和主张。只不过，这里我们的事情也要一直关注下去。

格劳孔：什么事情？

苏格拉底：那自然是阻止我们的学生去学习那些在我们要求之外的，且总达不到某事物目标的东西，就如同我们讨论天文学说的那样。有可能你还没注意到，他们研究和音问题时也犯了同样的错误。他们和当前的很多天文学者一样，费心费力去听音，并把可听音加以比量。

格劳孔：真的如此。他们确实荒谬。他们在研究的过程中，研究音程，辨认听音，就好比听隔壁邻居的谈话一样。有的人通过这一过程说是自己可以在两个音之间听出最小的音程，最小的计量单位，而另一些人则坚持说这些音彼此并没有什么区别。原因就在于他们全都是在用耳朵听而不是心灵。

苏格拉底：你说的是那些先生们戏弄、折磨琴弦，将它们架在琴轸上吗？我本来还可以将那个比喻继续下去，说说他们怎样用拨子敲击琴弦，怎样对琴弦进行控告，控告其落后或提前于声音，但要是这样的话，未免过于冗长乏味。因此，我只想说，我可不想向这些人询问关于和声的问题，我想询问的人是毕达哥拉斯派的人。因为，前者就像那些天文学家，也并不正确。也就是说，他们永远触及不到数的自然和谐，永远不会思考为何一些数是和谐的，而另外一些数却是不和谐的。

格劳孔：可这一般人都办不到。

苏格拉底：这门学科目的如果是为了找寻美者和善者，那我觉得它是

① 毕达哥拉斯派：活跃于公元前6世纪到公元前5世纪的一个学派，其成员大多数是数学家、天文学家、音乐家。

有益的，若目的并不为此，那必然是无益的。

格劳孔：非常正确。

五　论辩证法的教育

苏格拉底：我还觉得，为了防止劳而无功，对这些学科的研究必须要弄清它们之间的相互联系和亲缘关系，总结出最终认识和结论，只有这么做才能达到我们的既定目标。

格劳孔：我也觉得应该这样。苏格拉底，不过这样的话工作量就比先前大多了。

苏格拉底：你指的是序言[①]，是吗？你难道不知道这些学习全都是我们要学习的法律正文前面的一个序言吗？你应该不会就草率地认定学好这些学科的人就算是辩证学家吧？

格劳孔：不会的，除了极少数我碰到过的例外。

苏格拉底：不过，你觉得，如若一个人不能从逻辑角度对自己的观点作出论证的话，他能掌握我们主张应当具备的所有知识吗？

格劳孔：是不能的。

苏格拉底：格劳孔，我们终于听到了辩证法的赞歌。这就是那首只属于理性的乐章，不过我们依然可以用视觉来进行比喻。你可能还没有忘记，我们把视觉设想为稍后看到了真正的动物和星星，最后看到了太阳自身的

① 意即学习辩证法要先学数学、天文学等学科，就好比法律正文之前有个序文一样。

能力。辩证法也是如此。当一个人没有感觉到任何帮助，仅凭理智的照亮，走上了探索绝对的道路，通过纯粹理性坚持直到获得绝对的善的领悟。他发现他终于抵达了理性世界的终点，就如同视觉抵达了可见世界的尽头那样。

格劳孔：的确是的。

苏格拉底：那么，这整个思想的过程不能称为辩证的过程吗？

格劳孔：当然可以。

苏格拉底：那些被我们解放出来的囚徒，他们从影子转向形象再转到光，之后从地下的洞穴上升到阳光下，这时，他们还不能直接去看动物、植物和阳光，只能看到水中的神创造幻影和真实事物的阴影。这种能力将灵魂中的最高部分上升到对“是”中最高法则的沉思，就好比身体中最明亮的部分——视觉，由低到高转向去观看物质可见世界的最明亮的景象。这一点，我早就说过，只有通过前述各项研究和技艺的探索才能获得这种能力。

格劳孔：你的这个说法我赞同，你的说法虽然难以被相信，但从另外一个角度看，更难以否认。不过，既然我们可能要重复听多次，那就姑且假设事情确实如此，让我们继续像讨论序文一样讨论法律正文吧。请告诉我们，辩证法有何种能力，有哪几种，分别用什么方法？之所以问这么多问题，是因为我认为回答此类问题似乎有助于带我到休息地，最终到达旅程的终点。

苏格拉底：亲爱的格劳孔，在我看来，你是不能再跟着我了，不是我不愿意，而是我要你看的现在已经不是作比喻的影像了，是事物的实在本身了。当然我也是尽量去看，即便不能断定我们所看见的东西这么凑巧就是实在。不过可以肯定的是我们需要看到的就是这一类东西，你说是吗？

格劳孔：当然。

苏格拉底：但是，我也必须提醒你，通过别的途径是看不到实在的，只有两种人，即学过辩证法有能力的人和学过刚才我们列举过的那些学科的人，对不对？

格劳孔：这个结论我们可以肯定。

苏格拉底：可以肯定的是，不会有人坚称，会有其他的通过常规途径就能理解或弄清所有真实存在或任何事物真实本质的方法。因为，技艺总体来说和人的欲望、意见有关——或是为了制作和构造为目的而教养的，或是为了维护这样的制作和构造而教养。至于诸如几何之类的数学学科，就像我们说的，它们虽然对真正的"是"有所理解，但它们只是梦到了"是"。只要它们不去证实它们使用的假设，不对那些假设做出说明，它们就永远看不到活生生的实在。因为，假如一个人不知道他的第一法则，结论和中间的步骤也是由他所不知道的东西构成的，那他又怎么可能觉得这样一种通常的结构方法会成为科学呢？

格劳孔：无论如何都不能算。

苏格拉底：因此，能不通过假设就直达真理所在，并在那里找到可靠根据的，就只有辩证法这种研究方法了。如果灵魂的眼睛被埋在泥淖中，辩证法可以非常轻松地把它拉回来。同时，还指引它向上，再应用我们说过的那些学科的知识帮助它完成这个向上转变的过程。我们习惯称呼这些学科为知识，但它们应该拥有别的某个名称，而这个名称要比意见包含更大的清晰性，比科学包含更小的清晰性。前面我们曾用过"理智"这个名称，我认为现在没必要再去抠字眼，眼下还有如此重大的课题放在我们面前亟待解决。

格劳孔：是的。

苏格拉底：那么，就让我们暂时用之前用过的那些个名称吧。第一部分就叫作知识，第二部分叫作理智，第三部分是信念，第四部分是想象。我们还可以把第三、第四部分合称为意见，把第一、第二部分合称为理性。意见是产生世界里的，理性是关于实在世界的。理性和意见的关系与实在世界和产生世界的关系类似，别的诸如知识和信念的关系，还有理智和想象的关系却与理性和意见的关系基本相似。还有它们和这些灵魂状态对应的事物之间的关系，它们之下还可以分别进行细分，都可以分为能意见的和能理知的两个部分。格劳孔，我看先别去管这些问题，要不然我们就有可能因此陷入更长更复杂的辩论中了。

格劳孔：在我能理解的范畴内，我就认同。

苏格拉底：你是不是也同意，把一个能正确论证所有事物真实存在的人称作辩证法家？对于那些做不到，或者说无法做出准确论证的人，是不是就说他缺乏理性，看不见事物的实在呢？

格劳孔：我赞成。

苏格拉底：这个说法应该也适用于善者的问题吧？关于善的说法，你也会说同样的话吗？除非一个人能进行抽象和理性地界定善的理念，经受住所有反对意见的挑战并做好反驳它们的准备——并非诉诸意见而是诉诸绝对真理，并从不在辩论的哪一步有所动摇，除非他做到了这一切，那么你才可以说，他既知道善的理念，也知道种种善。要不然，他所领悟到的只是一个影子，一个只是意见赋予而非科学赋予的影子。他这辈子只是在做梦、沉睡，直至他生命结束的那一刻，是吗？

格劳孔：真的，我完全赞成你的说法。

苏格拉底：不过，那些犹如几何学里的无理线一样无理性的孩子，或者说眼下你还在用口头教育的孩子，我觉得你断然不会让他们来管理国家和决定国家大事的。

格劳孔：当然不会容许的。

苏格拉底：因此，你必须制定相关法律，以训练他们用最科学的方法提问和回答问题的能力。

格劳孔：没错，我们一起来制订那条法律。

苏格拉底：如此说来，我们的教育体制最上面的那个部分就应该是辩证法了，应该没有什么学科再高于它了吧？学完了辩证法，是否就代表着我们的课程学习也就完成了呢？

格劳孔：我同意。

苏格拉底：最后剩下要做的事情，就是怎么样选拔人才去学习这些课程，以及选拔哪些人才。

格劳孔：显而易见。

苏格拉底：你还记得我们之前是怎样挑选统治者的吗？

格劳孔：当然记得。

苏格拉底：一般而言，我们应该挑选同样的天性，优先挑选最可靠、最勇敢、最公正（假如可能的话）的天性。他们要具有高尚、慷慨的禀性，还要具有有利于他们的教育的各种天赋。

格劳孔：你想说的是哪些天赋呢？

苏格拉底：我的朋友啊，首先他们要热爱学习，还要认为学的过程比较容易，要知道灵魂在学习中的艰辛和痛苦要远远高于体力劳动，由于这种痛苦只有灵魂体会得到，而肉体体会不到，因而它更接近灵魂。

格劳孔：没错。

苏格拉底：另外，那些人还要有很强的记忆力，且他们必须是百折不挠，不惧怕一切痛苦和艰辛。否则很难想象，要经过如此漫长复杂的学习和训练，还会有什么人愿意承受如此的痛苦呢？

格劳孔：除了天赋极好的人外，应该是没人能承受得了吧。

苏格拉底：目前，我们的所有失误包括对哲学的轻视，都源自于研究哲学的人还不具备研究哲学的资格。

格劳孔：我不明白。

苏格拉底：首先，献身哲学的人不应跛行或犹豫不精进。我的意思是说，他不能一半勤奋，一半无所事事。比如说，这就像一个人爱好体育、狩猎和其他所有身体锻炼，却厌恶学习、聆听、探索的劳动。或者，假如他从事的是一种相反的活动，那么他瘸的就是另外一条腿了。

格劳孔：你的话说得很对。

苏格拉底：从真实的角度看，这种人的灵魂是不是也是个残废呢？他会嫌弃他人身上的虚假，看到这样的人他会发脾气，可对于自己却没这方面的要求，反而是顺其自然地接受了无意的虚假，还会若无其事地面对自己无知的缺陷，就好比一头猪在泥水中打滚一般。

格劳孔：这种人的灵魂就应该视为完完全全的残废。

苏格拉底：因此，一切关于节制、勇敢、宽宏大量以及所有美德的真伪，我们都要细细地思考一扁。如果个人或国家难以分辨这些美德的真伪，那就很有可能错误地任用一个假好人来管理国家。

格劳孔：确实会这样。

苏格拉底：那么，我们必须得防止这种错误的发生。假如我们挑出来的是身心健全的且能够接受我们长期训练和教育的人，那正义就能得到守卫，国家的制度也会得到维护。相反，我们选了另一类残废的人，结果只能是我们被哲学大大地嘲弄了。

格劳孔：那样的话是足够可耻的。

苏格拉底：事情虽说如此，可在此时此刻，我觉得自己变得是越来越可笑了。

格劳孔：为什么？

苏格拉底：我好像有点过于严肃，说得太激动了，居然忘了我们不过是在说笑而已。因为在讨论的过程中，看到哲学受到了不应有的诽谤，我顿时感到愤怒，所以在说到这些应对此负责的人时，我愤怒让我过于激动了。

格劳孔：说实话，我不觉得你刚才说得太过严肃。

苏格拉底：但是，我作为说话人感觉自己是这样。我现在要提醒你，虽然在以前的选择中，我们选择了老人，但在这方面，我们千万不能这么做。梭伦[①]曾经说，人老了能学会更多东西。梭伦说这话时脑袋犯晕了，因为人老朽了不仅跑不快，也学不了多少东西。只有人还年轻，才能承担任何繁重的辛劳。

---

① 梭伦（前 638—前 559）：雅典政治家、改革者、诗人，“古希腊七贤”之一，担任雅典第一执政官期间曾进行了著名的“梭伦改革”。

格劳孔：这有一定的道理。

苏格拉底：因此，我们刚刚说过的计算、几何和凡是要在辩证法学习之前预先学习的学科，都要教给年轻人，还不能强迫他们接受。

格劳孔：为什么？

苏格拉底：因为，对于一个自由人而言，是不应该被迫地进行任何方式的学习的，毕竟身体上的劳苦虽不影响身体健康，却会影响学习的效果。

格劳孔：真的。

苏格拉底：因此，我的朋友，请别强迫孩子们，采用游戏的方式来让他们学习吧，这样的话你才能更好地了解他们每个人的天性。

格劳孔：有道理。

苏格拉底：你应该还记得，我们曾经提到要让孩子们骑着马到战场上去观摩实习，让他们以一种安全的方式慢慢接近前线，也像小野兽一样尝尝血腥味。

格劳孔：我没忘记。

苏格拉底：在众多劳苦训练中，我们应当着重挑选出那些在战争观摩实习中表现最为出色的孩子。

格劳孔：要挑多大的孩子呢？

苏格拉底：只要必要的体育训练一结束就可以了。因为在这两三年里，他们是不容许干别的任何事情的。要知道，影响学习的最大因素其实就是疲劳和长时间的睡眠，加之，他们每个人在体操方面的表现也是考察他们整体素质的一种重要部分。

格劳孔：当然。

苏格拉底：该段时间之后，那些从二十岁起就给选拔出来的出色青年，我们要给予他们更多的荣誉。另外，我们还要求他们综合之前所学的知识，去研究彼此间的联系以及它们和事物本质的关系。

格劳孔：这是唯一一个能获得永久知识的途径。

苏格拉底：而且，与此同时，这也是测试有无辩证法天赋的重要方法。

有辩证法天赋的人才能从联系的角度看事物，反之则不然。

格劳孔：我同意。

苏格拉底：这些都是你必须加以思虑的观点。在被挑选出来的人达到三十岁的时候，哪一个最全面，且在学习、履行军人职责及其他被委派的责任方面最坚韧不拔，我们就必须把他们挑选出来，授予他们更高的荣誉。我们将必须在辩证法的帮助下考察他们，以便知道他们中有谁能放弃运用视觉和其他感觉，仅在真理的陪伴下就抵达“是”本身。但是在这里，我的朋友，你一定要警惕。

格劳孔：为什么这么说呢？

苏格拉底：你是否注意到，目前因辩证法而导致的恶果？

格劳孔：什么恶果？

苏格拉底：搞辩证法的人违反法律。

格劳孔：确有其事。

苏格拉底：这种状态你认为是不是不可原谅？它有什么让人感到奇怪的地方吗？

格劳孔：什么意思？

苏格拉底：我举个例子给你听。请你想象一个养子，他生在一个殷实富足的家庭，这个家族支脉庞大人口众多，而且有好多阿谀奉承的人。等他长大成人后，他知道他的“父母”并不是他真正的父母。不过，他没有能力找到自己真正的父母是谁在哪里。你猜在他不知道他们并非真正的亲人的时候，他会怎样对待那些阿谀奉承者和自称他父母的人？在发现真相后，他又会怎样？要不，我替你猜猜？

格劳孔：我愿意。

苏格拉底：那么，我可以猜想，在他知道实情之前，相对于身边的那些谄媚之人，他应该更尊重的是他的养父母和别的亲属，关心他们的需要，不会考虑对他们做出什么非法的事，或者说什么非法的话，发生重大的事情时，也会考虑听从他们的劝告。

格劳孔：是的，很可能如此。

苏格拉底：可一旦他发现了实情，我觉得，他就会转而去关心起那些谀媚之徒来，反倒是缺少对养父母的尊重和关心了：从那天以后，他就会益更加注意后者，与他们公开在一起，按照他们的生活方式生活，慢慢就会对养父母和其他亲属淡漠起来，除非他的天性特别正，兴许有可能不会发生这种情况。

格劳孔：你说的确实极有可能发生，可是这个比喻与从事辩证法的人又有什么联系呢？

苏格拉底：我解释给你听。什么是正义，什么是光荣？仿佛我们一出生就有了关于这些问题的观念，然后我们带着这些观念，被父母抚养成人，服从它们，尊重它们。

格劳孔：是的。

苏格拉底：同时，还有与之相反的生活习惯风尚。它们能够征服好多人，只因它们用快乐来鼓惑人们的灵魂，但它对正派的人起不到任何作用，正派人始终尊重和服从父亲的教诲。

格劳孔：的确有这种习惯和风尚。

苏格拉底：一个人处于这样状态中，假设有人问他什么是公正和什么是光荣，他按照立法者教给他的东西回答，他的话却遭到了各种各样的反驳，直到最后被迫相信没有什么光荣也没有什么可耻，没有什么正义和善也没有什么不正义与恶。他最珍视的所有观念都遭到了颠覆。你觉得，他还能像以前那样遵从、尊重他们吗？

格劳孔：他自然不会像以前那样尊重和服从。

苏格拉底：从前的那些原则和信念，既然对他来说已经失去了原来的约束力，他也不再尊重和服从，那么在他发现真理之前，他会采用什么样的生活方式呢？他会不会去采用那种蛊惑他的生活方式呢？

格劳孔：会的。

苏格拉底：那么，他就会从一个守法者变成一个违法者。

格劳孔：必然的。

苏格拉底：正如我刚才所说的那样，发生的一切都是以这样的方式从事哲学辩论的一个自然结果，这是可以原谅的，对吧？

格劳孔：这看起来是挺可怜的。

苏格拉底：因此，你必须好好引导那些已经三十岁的学生，应当谨慎对待类似的辩论，只为避免再度出现你可怜他们的局面，是不是？

格劳孔：是的。

苏格拉底：最好最重要的预防措施，就是不要让他们在年轻时就去尝试辩论。我敢肯定你早就发现了，年轻人一旦开始与人辩论，就会因为好玩好斗，而问题想着跟各种各样的人辩论，不但会模仿别人的互驳，还会自己反驳别人，就好比喜欢追咬周围的人的小狗那样，只不过他们是用言辞咬人的。

格劳孔：完全是这样。

苏格拉底：那么，他们在经历过多次的驳倒他人和被他人驳倒之后，就极有可能产生一种非常强烈的怀疑情绪，对从前的一切进行怀疑，结果很自然就是既损坏了自己，也损坏了整个哲学事业在世人心目中的信誉。

格劳孔：说得对极了。

苏格拉底：不过对于年纪稍大点儿的人来说，就不会轻易如此疯狂了，他对只会耍嘴皮子的人不感兴趣，他只效法那些为了真理而辩驳的人。他们处世非常注意把握分寸，懂得自己的最终目的在于让哲学信誉提高而并非信誉降低。

格劳孔：对。

苏格拉底：我之所以说这么多，目的就只为了预防这一点。参与这种讨论的人必须是具有适度和坚定品格的人，我们是不会允许什么人随随便便都可以进来。必须像现在这样，是吧？

格劳孔：完全是的。

苏格拉底：那假如也像体操训练那样，专心研习辩证法的话，两倍于体操训练的时间是不是足够了呢？

格劳孔：你是不是想说，用六年至四年的时间？

苏格拉底：是这意思，就定为五年吧。这段时间结束之时，他还会被要求回到洞穴里去，强制去负责指挥战争及一切适合青年人干的公务，保证他们的实际工作经验不逊于他人。除这之外，他们还要在公务中接受考验，我们才能考察他们是否会在各种公务面前保持自己的立场不退缩。

格劳孔：留给这个阶段多长时间呢？

苏格拉底：十五年。等他们到了五十岁年纪，就让那些依然幸存并且在其人生的每次行为、在知识的每个分支中都出类拔萃的人最后走向圆满吧。到了那个时候，他们必须抬起灵魂的眼睛去看那能够照亮世间万物的宇宙的光，看到绝对的善。因为，善不仅是他们安排城邦和个人生活所依据的模式，也是安排他们的余生所依据的模式。他们要把哲学当作他们的首要追求，但当机运降临他们的时候，他们也要为政治操劳，为公众的利益实施统治。他们不能把这么做当作某种英雄之举，而是当作一种职责。等他们将与他们相像的下一代教养成人，让下一代替代他们成为城邦的统治者之后，他们就可以离开，前往幸福之岛并且居住在那里。城邦将为他们举行公祭，献上祭品。假如菲斯神谕允许的话，城邦要把他们当作半神来尊崇；假如不允许，也至少要把他们当作有福的神一样的人来尊崇。

格劳孔：苏格拉底，你就像一个雕刻师完美地结束了统治者形象的雕塑工作了。

苏格拉底：格劳孔啊，请不要忘记，我们说的统治者里还有妇女。因此，千万不要意为我说的只适用于男人。换句话说，只要妇女们也具备同样的天赋，我刚才提到的一切关于男人的原则同样适用于出身于他们中间的她们。

格劳孔：对，假如她们也要和男人一样参与一切活动，那就必须具备我们描述的那些品质。

苏格拉底：事实上，尽管我们提出的国家和制度在执行时阻力重重，但它并非全属空想，实现起来还是具备可能性的，只要选对路，这路就是我们前面说的那样。首先要保证让一个或多个掌权，由他们判断当前这些被认定为光荣的事情全都是没有价值和卑贱的事，而只有真正正义的事情才是光荣的。他们会把正义看作最重要的和最必要的事情，并通过推崇正义让自己的国家步入正轨。你觉得我说的对不对呢？

格劳孔：怎么做呢？

苏格拉底：那就是，他们一开始就应当把城邦里所有超过十岁的居民送到乡下，领走他们的孩子，让孩子不被他们父母的习惯所影响。他们将用他们自己的习惯和礼法来训练孩子，而这里的礼法也就是我们给他们制订的法律。若以这种方式，那我们谈论的城邦和制度将会最快、最容易地实现幸福，拥有这种制度的民族将获益最多。

格劳孔：这的确是非常便捷的途径。苏格拉底，我觉得，假如这种国家要得到实现应如何实现的方法，你已经充分说明了。

苏格拉底：至此，关于我们要建立的国家以及与之相应的那种人都已经谈完了。那我们到底需要什么样的人，这就已经非常清楚了。

格劳孔：是很清楚了，我也回答完你的问题了。

第八卷

一　论五种政体的堕落

苏格拉底：很好，格劳孔，到这里我们就得出结论了。那就是，一个安排得非常理想的国家里，妇女和儿童必须公有，一切教育必须公有。不管战时平时，各种事情男的女的一样干。他们的王则必须是那些被证明文武双全的最优秀人物。

格劳孔：这些我们意见是一致的。

苏格拉底：其次，我们也曾进一步确认了，治理者一经任命，就要带领部队驻扎在我们描述过的那种营房里；这里的一切，都是大家公有的，没有什么是私人的。除了上述营房而外，你是否还记得，他们还应该有些什么东西是我们已经同意过的呢？

格劳孔：是的，我没忘记。我们原来认为他们不应当有一般人所拥有的那些个东西。但是由于他们要训练作战，又要做守卫者，他们就需要从别人那里每年得到一年的供养作为护卫整个国家的一种应有的报酬。

苏格拉底：你的话非常正确。我们已经把这方面所有的话都讲过了。请告诉我，从哪里开始我们离开了本题？让我们还是回到本题去，言归正传吧。

格劳孔：返回去其实并不难。你以前就暗示，现在又再次暗示，你已经完成了对城邦的描述。虽然现在看起来，你还可以把城邦和人描述得更完美一点儿，但你只是说，这样的一个城邦和与它相一致的人是善的。你还说，假如这是正确的形式，那么其他形式就是不正确的。我记得你说过，错误的形式主要有四种，它们的缺陷以及与它们相一致的个人缺陷是值得考察的。我们弄明白了所有那些人，什么人最好什么人最糟糕最终达成了共识。这时，我们将考察最好的人是不是也是最幸福的人，最糟糕的人是不是也是最不幸的人。我问你所说的四种形式的政府究竟是什么，这时玻列马邱斯和阿得曼托斯插话了。于是，你重新开始，并且发现了你的道路，走到了我们目前抵达的这个点上。

苏格拉底：你的记忆力真了不得！

格劳孔：那就让我们像摔跤一样，再来一个回合吧。请你告诉我，当我问同样的问题时，你那时本想说什么？

苏格拉底：尽我所能。

格劳孔：我本人特别想听听，你所谓的四种政制究竟是什么？

苏格拉底：这并不难。我所指的四种制度正是下列有通用名称的四种。其一，被叫作斯巴达和克里特政制，受到广泛赞扬的。其二，被叫作寡头政制，少数人的统治，在荣誉上居第二位，有很多害处的。其三，被叫作民主政制，是接着寡头政制之后产生的，又是与之相反的。其四，与前述所有这三种都不同的高贵的僭主政制，是城邦的最后的祸害。我已经不能提出任何别种政制的名称，你能吗？这里我所谓的别种政制，是指的能构成一个特殊种的，有世袭的君主国，有买来的王国，以及其他介于其间的各种类似的政治制度。在野蛮人中比在希腊人中，这种小国似乎为数更多。

格劳孔：许多离奇的政治制度，确曾听说过。

苏格拉底：那么，有多少种不同类型的政制就有多少种不同类型的人们性格，这你一定知道的吧？你别以为政治制度是从木头里或石头里产生出来的。事实上，政治制度是从城邦公民的习惯里产生出来的；习惯的倾向决定其他一切的方向。

格劳孔：制度正是由习惯产生，不能由别的产生。

苏格拉底：那么，假如有五种政治制度，那个人心灵是不是就应有五种？

格劳孔：当然。

苏格拉底：我们已经描述了与贵族政治或好人政治相应的人，我们曾经正确地说他们是善者和正义者。

格劳孔：我们已经描述过了。

苏格拉底：接下来，让我们考察一下较差的几种。一种是好胜争强、贪图荣名的人，他们相应于斯巴达类型的制度，之后依次往下是寡头分子、民主分子和僭主。这样的话，我们就可以在考察了最不正义的一种人之后把他和最正义的人加以比较，最后弄清楚纯粹正义的人与纯粹不正义的人到底是哪一个快乐哪一个痛苦。这以后我们便可以或者听信特拉叙马霍斯，走不正义的路，或者相信我们现在的论述，走正义之路了。

格劳孔：无论如何，下一步我们一定要这样做。

苏格拉底：我们以前之所以采取先国家、后个人的计划，这样的目的就是为了清晰。现在我们是否应该按照我们原先的计划，从荣誉的城邦开始呢？我知道这样的政府没有名称，只好冠以“荣誉政治”或“荣誉政体”之名。我们将把这种政体与个人的相似性格做个比较。此后，我们将考虑寡头政治和寡头政治类型的人。紧接着，我们将把我们的注意力转向民主制和民主类型的人。最后，我们将去考察僭主制城邦，再看看僭主的灵魂，尝试得出一个令人满意的结论。

格劳孔：我觉得，这是很合论证程序的研究方法与判断方法。

二　论荣誉政体及其政治家

苏格拉底：好。那么，让我们来谈荣誉政制是怎样从贵族政制产生出来的。我想，有一件事是很显然的。政治制度的变动全都是由领导阶层的不和而起的。如果一个政府是团结的，那无论它再怎么小，都不可能被动摇。

格劳孔：这是真的。

苏格拉底：那么，格劳孔，我们的国家怎样才会起动乱的呢？我们的守卫者统治者为何会彼此互相争吵同室操戈的呢？或者，你要不要我们像荷马那样祈求文艺女神告诉我们内讧是怎样第一次发生的呢？我们要不要想象这些文艺之神像逗弄小孩子一样，用悲剧的崇高格调一本正经地对我们说话呢？

格劳孔：怎么说呢？

苏格拉底：有人大致会这样说：以这种方式创建的国家几乎不可能被动摇，但鉴于万物皆有始有终，因此即使你们那样的制度也不会永远存在，在岁月中它同样会解体。但是，其风化过程是这样的：长于泥土中的植物和在大地上行走的动物，其灵魂和身体都有其生命周期，寿命长的周期长，寿命短的周期短，伴随着生命周期的结束，灵魂和身体走过了繁育期而走向衰老。不过，说到人类的繁育和衰老的秘密，即使你们所有统治者的智慧和教育也难以企及。掌控它们的法则不会被掺杂感情的智慧发现[①]，而他

---

① 下面的内容是本书最难解的部分，历来借助毕达哥拉斯、亚里士多德和柏拉图著作的其他部分也不能解说清楚这一部分。而柏拉图仿佛在借缪斯之口说这里是不可解的。

们只会将之遗漏。他们会在不适合生育的时候把孩子带到这个世界上。神圣所孕育的[①]周期被包含在一个完满数[②]中，但人的生育周期却被包含在这样的数字中：它的增值是平方和立方，过程中得到三个数字区间、四个项；四个项增减时，应让四个项成比例，彼此一致[③]。这些数项的基数，加三分之一，与五相乘，增至三次方，完成了两次和谐：第一个图形是一个一百倍大的正方形，第二个图形有一边与前者相同，但它是个长方形。由一个边长为五的正方形的对角线的有理数部分（也就是说，忽略了分数）乘方的一百倍构成。它们中的每一个都缺少一，或缺少两个完美正方形（以无理数对角线为边），第三个是三的立方的一百倍。

这一数字代表着一个几何图形，而这个图形控制着生育的善与恶。假如你的守卫者对此生育法则无知，在不适宜的时节让新郎新娘结合，那么他们将生出漂亮或有吉运的孩子是非常不容易的。尽管只有他们中最优秀的人会被父辈委以重任，但他们依然不配接替他们父辈的位置。当他们作为守卫者执掌权力的时候，人们将发现，他们很快会疏于照顾我们这些缪斯。他们首先会低估音乐，然后这种疏忽会很快延伸到体育。如此一来，你们城邦的年轻人很快就会缺乏教养。在接下来的一代中，那些丧失了检验不同种族——赫西俄德所说的金、银、铜、铁各族——金属能力的守卫者将会被任命为统治者。这样的话，铁就会和银混在一起，铜就会和金混在一起，进而产生不一致、不平衡和不均匀。不管在什么地方，不一致、不平衡、不均匀都会引起仇恨和战争。文艺女神证实，不管冲突发生在什么地方，那种血统都是冲突产生的根源。这就是她们给我们的答案。

格劳孔：我们将认为女神的答复是正确的。

---

① 此处指宇宙，详见《蒂迈欧》，宇宙的周期为“大年”。

② 完满数等于其因数之和，如 28=1+2+4+7+14。毕达哥拉斯发现完满数等于自然数数列之和，如 28=1+2+3+4+5+6+7。欧几里得确立了完满数公式。

③ 这里指的可能是 33+43+53=216=63，它们构成三区间和四个项。在毕达哥拉斯学派，3 代表形体，4 代表正义，5 代表婚姻，6 代表神的生命，也是第一个完满数。

苏格拉底：既是女神，她们的答复肯定就是正确的。

格劳孔：女神接下去还会说些什么呢？

苏格拉底：这种冲突一经发生，统治者内部的两种集团将被引向不同的方向：铜铁集团趋向私利，兼并土地房屋、敛聚金银财宝；而金银集团则由于其自身心灵里拥有真正的财富而趋向美德和传统秩序。他们相互发生战争，随后取得某种妥协，同意将土地、房屋分配，归为私有，把原先的朋友和供养人变成边民和奴隶。守卫者本来是保卫后一类人的自由，终身专门从事战争捍卫他们的，现在却变成奴役他们和压迫他们的人了。

格劳孔：在我看来，变动便是从这里发生的。

苏格拉底：那么，这种制度不是介于贵族制和寡头制之间的某种中间制度吗？

格劳孔：正是的。

苏格拉底：变动正像上面所述的那样。变动后的情况会怎样呢？既然这种制度介于贵族制和寡头制之间，那么毫无疑问，在有些事情上它就会像前一种制度，在另一些事情上它又会像后一种制度。此外，也毋庸置疑，它会有自身某些独有的特点。是不是这样呢？

格劳孔：是这样。

苏格拉底：尊崇统治者，完全不让战士阶级从事农业、手工业和商业活动，规定公餐，以及统治者终身从事体育锻炼、竞技和战争——所有这些方面使它像前一种国家制度，难道不是吗？

格劳孔：是的。

苏格拉底：不过，这样的国家不敢让智慧者拥有权力（因为国家现有的这些智者已不再是从前那种单纯而忠诚的人物了，他们的品质已经混杂了），而宁可选择较为单纯而勇敢的那种人来统治国家。这是一些人天性适合战争而非和平，他们崇尚战略战术，大部分时间都在从事战争。上述这些特征，大都是这种国家所特有的。你觉得，是不是呢？

格劳孔：是的。

苏格拉底：这种统治者爱好财富，这和寡头制度下的统治者极为相似。他们渴望得到金银，有收藏金银的密室；他们有真正的私室，供他们在里边挥霍财富取悦妇女以及其他宠幸者。

格劳孔：极是。

苏格拉底：他们贪婪，因为他们无法公开攫取他们珍视的金钱。他们会花别人的钱财来满足自己的欲望，偷偷地寻欢作乐，最后像孩子躲避礼法和父亲那样逃走。他们接受的只是武力的熏陶，并非文雅的教育，因为他们忽视了作为理性和哲学伴侣的真正的文艺女神，将更多的荣誉赋予了体育而非音乐。

格劳孔：你非常出色地描述了一个善恶混杂的政治制度。

苏格拉底：没错，已经混杂了。但是这种制度里勇敢起主导作用，因而仅有一个特征最为突出，那就是好胜和爱荣誉。

格劳孔：是这样，毫无疑问。

苏格拉底：这种制度的起源和本性即如上所述，我们只用几句话勾勒一种制度的概貌，而不必详加列举。因为这种概述已足够让我们看见什么人是最正义的什么人是最不正义的，而将各种形式的制度和各种习性的人一一列举无疑是不切实际的。

格劳孔：正确。

苏格拉底：与我们刚才概述的这种制度相应的个人是哪种人呢？这种人是怎么产生的？他们有怎样的性格特征呢？

阿得曼托斯：我想，这种人在好胜这一点上，近似格劳孔。

苏格拉底：在这一点上或许近似，但是在下述方面，我认为他们的性格不像他。

阿得曼托斯：在哪些方面？

苏格拉底：他尽管一意孤行，教养不够，但依然是个文化之友。他应该是个不错的听众，并非是一个演说者。这样一个人易于粗暴对待奴隶，不像受过教育的人，后者太骄傲，不屑于那么做。他对自由人彬彬有礼，对权威非常服从。他热爱权力和荣誉，要求成为一个统治者，但这并非因为他雄辩滔滔，也并非因为诸如此类的东西，而是因为他是一个战士，曾立下赫赫战功。他也爱好体育锻炼，爱好打猎。

阿得曼托斯：是的，这是和那种制度相适应的习性。

苏格拉底：这种人在年轻的时候会视金钱如粪土，但是随着年龄的增长，就会越来越爱财。这是因为随着年龄的增长他们的天性开始接触爱财之心，由于失去了最善的保障，向善之心也不纯了。

阿得曼托斯：这个最善的保障你指的什么？

苏格拉底：我所指的是，掺和着音乐的理性。这是人一生美德的唯一内在保障，存在于拥有美德的心灵里。

阿得曼托斯：说得好。

苏格拉底：相应于爱荣誉的城邦，爱荣誉的年轻人的性格就是这样。

阿得曼托斯：完全对。

苏格拉底：这种性格，可以说大致像下面所述的那样产生。比如，有一个年轻人，他的父亲是善的，住在一个政局混乱的城邦里。他不要荣誉、权力，也不爱诉讼以及所有诸如此类的无事生非，为了少惹麻烦他宁愿放弃一些自己的权利。

阿得曼托斯：他的儿子为什么会变成爱荣誉的呢？

苏格拉底：刚开始的时候，他听到他母亲埋怨说，他的父亲不当统治者，致使她在妇女群中也受到轻视；当她看到丈夫不怎么关注钱财，在私人诉讼和公众集会上与人不争，把所有这类事情看得很轻，却全神贯注于自己的心灵修养，对她也特别淡漠，既无尊重也无不敬，看到所有这些情况她叹着气对儿子说，他的父亲太缺乏男子汉气概，太懒散了。还有妇女们在这种场合惯常唠叨的许多其他的怨言。

阿得曼托斯：的确有许多这一类的怨言。

苏格拉底：你知道，老仆一般被当成家庭的一个成员，他们时常在私下向那个儿子嘀咕一些话。假如有人欠他父亲的钱，或者对他父亲不公被他们看到了，而他的父亲却没有起诉那个人，这个时候他们就会告诉那个孩子，等他长大之后一定会报复这些人，还要比他的父亲更像男人。这孩子一走到外面，就会看到或听到同样的事情：城邦里那些安分守己的人被称为傻瓜，不受到尊重，可那些会钻营的人却风光荣耀且被人吹捧。其结果就是，那个年轻人耳闻目睹了所有这些事情：听了他父亲的话，从近处观察了他父亲的生活道路，将他父亲与其他人做了比较，最后他被吸引到了相反的道路上。当他父亲浇灌、教养他灵魂中的理性原则的时候，别的人却在助长他的激情和贪欲。他天性不坏，却常常与坏人交往，最终在他们的共同影响下走到了一个中间点。他放弃了他内在的王国，采取了争斗与意志的中间原则，变得傲慢自大，野心勃勃。

阿得曼托斯：在我看来，你已经准确地描述了这种人的产生过程了。

三　论寡头政体与寡头

苏格拉底：那么，我们对于第二类型国家制度和第二类型个人的描写可告一段落了，是吗？

阿得曼托斯：是的。

苏格拉底：接下来，我们要不要像埃斯库罗斯所说的那样，谈论与另一种国家对应的另一种人呢？或者还是按照我们的计划，先谈论国家，后说个人呢？

阿得曼托斯：当然先说国家。

苏格拉底：第三个类型的国家制度，我认为，该是寡头政治了。

阿得曼托斯：这是什么制度？你懂得寡头政治是什么制度？

苏格拉底：是一种根据财产资格建立的制度。政治权力在富人手里，不在穷人手里。

阿得曼托斯：我明白。

苏格拉底：我们首先必须说明，寡头政治如何从荣誉政治产生出来，是不是？

阿得曼托斯：是的。

苏格拉底：说实在的，要看清楚这个产生过程，就算是一个瞎子也能。

阿得曼托斯：这是怎么一回事？

苏格拉底：私人手里的财产，能破坏荣誉政治。这些人想方设法挥霍浪费，违法乱纪，无恶不作。男人如此，女人们也跟在后面依样效尤。

阿得曼托斯：很可能。

苏格拉底：据我看来，他们然后互相看着，互相模仿，统治阶级的大多数人形成了同一种风气。

阿得曼托斯：很可能的。

苏格拉底：长此下去，发了财的人，越来越富有，越来越爱钱财，越来越瞧不起善德。好像在一个天平上，一边往下沉，一边就往上翘，两边总是相反，不是吗？

阿得曼托斯：确是如此。

苏格拉底：一个国家里尊重了钱财，尊重了有钱财的人，善德与善人便不受尊重了。

阿得曼托斯：很明显是这样。

苏格拉底：受到尊重的，人们就去实践它，不受尊重的，就不去实践它。总是这样的。

阿得曼托斯：是的。

苏格拉底：就这样，好胜的、爱荣誉的人变成了爱钱财的人了。他们歌颂富人，让富人掌权，而鄙视穷人。

阿得曼托斯：完全是这样的。

苏格拉底：接下来他们制订了一条法律来确定寡头政制的标准，规定只有拥有一定数额的金钱，才能享有公民身份。这个数额在有些地方高，在有些地方低一些，这取决于寡头制的严格程度。假如谁的财产低于规定的数额，他就不能在政府内任职。假如恐吓不起作用，他们就会采用武力促成制度的变更。

阿得曼托斯：是的。

苏格拉底：大体而言，寡头政制就是这么建立的。

阿得曼托斯：是的。但是这种制度有什么特点？我们说它有什么毛病呢？

苏格拉底：首先，表明制度本质的那个标准是有问题的。假定人们根据财产标准来选择船长，那么一个穷人即使航海技术再怎么好，也是不能当选的。

阿得曼托斯：那么，他们就会把一次航行搞得很糟。

苏格拉底：关于其他任何需要领导的工作，道理不也是相同的吗？

阿得曼托斯：我觉得是。

苏格拉底：政治除外吗？还是说，也是这个道理呢？

阿得曼托斯：政治上尤其应该如此，因为政治上的领导是最大最难的领导。

苏格拉底：因此寡头政治的一个毛病就在这里。

阿得曼托斯：毫无疑问。

苏格拉底：那么，这是一个比较小的毛病吗？

阿得曼托斯：什么？

苏格拉底：这样的城邦必然不是一个而是两个，一个是富人的，一个是穷人的，虽住在一个城里，却始终在互相阴谋对付对方。

阿得曼托斯：说真的，这个缺陷一点不小。

苏格拉底：出于相似的原因，这个城邦还存在一种可耻的缺陷，那就是统治者没有能力进行任何战争。假如他们武装大众，那么他们害怕大众甚于害怕敌人。假如他们不征召大众作战，他们就真的成了寡头，去打仗就只有他们那几个统治者了。与此同时，他们对金钱的喜爱让他们不愿意纳税。

阿得曼托斯：这真是个不光彩的毛病。

苏格拉底：还有一种现象，那就是一个人兼有多种不同的职业，既是农民、商人，又是战士。对这种现象你是怎么看的呢？我们以前曾责备过这种事，现在你看这样对吗？

阿得曼托斯：当然不对。

苏格拉底：接下来，让我们来考虑一下，这种制度是不是最早允许这种最大毛病存在的？

阿得曼托斯：最大的毛病你指的什么？

苏格拉底：允许一个人出卖自己的所有产业，也允许别人买他的所有产业。一无所有之后，继续住在这个城里，但不再是这个国家的任何组成部分。也就是说，他们既非商人，又非工人，既非骑兵，又非步兵，仅仅作为一个所谓的穷人或依附者。

阿得曼托斯：是的。

苏格拉底：在寡头制度里，这种情况发生，没有什么法令是可以阻止。要不然，就不会有的人变得极富而有些人变得极穷了。

阿得曼托斯：正确。

苏格拉底：还有一点请注意，即当一个人在花费自己财富的时候，他在上述几个方面对社会有什么益处吗？或者，他是不是仅仅看上去像统治阶级，而实际上既不领导别人，又不在别人领导下为社会服务，仅仅是一个单纯的生活资料的消费者，是吧？

阿得曼托斯：他就只是一个消费者，不管看上去像什么样的人。

苏格拉底：我们是不是可以说，这些人就像雄蜂？他在国家里成长，后来变为国家的祸害，好似雄蜂在蜂房里成长，后来变为蜂房的祸害一样。

阿得曼托斯：这是一个恰当的比喻，苏格拉底。

苏格拉底：阿得曼托斯，你是否同意天生所有能飞的雄蜂，都没有刺，但是人类中的雄蜂就有不一样的，有些没有刺，有些有很可怕的刺；那些没有刺的老来成为乞丐，那些有刺的就成了一些专干坏事的人了。

阿得曼托斯：非常正确。

苏格拉底：很显然，在任何一个国家里，你在什么地方看到有乞丐，在那附近就藏匿着小偷、扒手、抢劫神庙的盗贼，以及其他为非作歹的坏人。

阿得曼托斯：这是非常明显的。

苏格拉底：那么，在寡头制城邦里你看到乞丐了吗？

阿得曼托斯：除了统治阶级以外差不多都是。

苏格拉底：那我们能不能认为，这里也有大量有刺的雄蜂，即罪犯，被统治者严密地控制着呢？

阿得曼托斯：可以这样认为。

苏格拉底：我们是否可以说，这种公民的出现是由于这里缺少好的教育、好的教养和好的政治制度的缘故呢？

阿得曼托斯：可以这么说。

苏格拉底：无论如何说，寡头政治就是这个样子。刚才所说这些，或许不止这些，大概就是寡头制城邦的毛病。

阿得曼托斯：你说得差不多啦。

苏格拉底：这种由财产资格决定统治权力，被人们叫作寡头政治的制度，我们就说这些吧。接下来，让我们讲与此相应的个人吧，让我们讲这种人的产生和他的性格特征。

阿得曼托斯：好。

苏格拉底：我以为从爱好荣誉的人转变到爱好钱财的人，大都经过如下的过程。

阿得曼托斯：什么样的过程？

苏格拉底：爱好荣誉的统治者的儿子，起初亦步亦趋地效法他的父亲，后来看到父亲忽然在政治上就像触了礁，最后人财两空，——他或许已是一个将军或掌握了其他什么大权，后来被告密，受到法庭审判，被处死或流放，所有财产都被没收了。

阿得曼托斯：极有可能。

苏格拉底：我的朋友，这个儿子看到且明白了他的父亲已经没落了，他的恐惧让他从内心的宝座上将野心和精神打倒在地，他忍受着穷困带来的卑微，赚钱谋财。他依靠悭吝、节俭、辛苦工作，积攒了一笔财富。这样一个人难道不会让贪欲、贪婪的成分登上他空空的宝座，忍受他在内心扮演一位伟大的王，给它戴上王冠，配上项圈和弯刀吗？

阿得曼托斯：我是这样认为的。

苏格拉底：在这原则统治下，我是否觉得理性和激情将被迫折节为奴？也就是说，理性只被允许计算和研究怎么样更多地赚钱，激情也只被允许崇尚和赞美财富和富人，只以致富和致富之道为荣耀。

阿得曼托斯：从好胜型青年到贪财型青年，再没有什么比这一变化更迅速、更确定不移的了。

苏格拉底：这种青年不就是寡头政治型的人物吗？

阿得曼托斯：无论如何，我们这里所说的这种年轻人，反正是从和寡头政治那种制度相对应的那种人转变来的。

苏格拉底：那么，让我们来看看这种人和这种制度有没有相似的特征。

阿得曼托斯：看吧。

苏格拉底：你不认为他们的第一个相似特征就是崇拜金钱吗？

阿得曼托斯：当然是的。

苏格拉底：同样，他们的第二个相似特征不是省俭和勤劳吗？他们但求满足基本需要，绝不铺张浪费，别的一些欲望都被看成是无益的而加以抑制。

阿得曼托斯：正是。

苏格拉底：他的确是一个寸利必得之徒，不断地积攒，是大家称赞的一种人。这种人的性格不是恰巧与寡头制度对应一致的吗？

阿得曼托斯：我很同意。财富是这种国家和这种个人最为重视的东西。

苏格拉底：在我看来，这是因为这种人从来没有注意过他自己的文化教育。

阿得曼托斯：我想他没有注意过；否则他断然不会选一个盲人做剧中的主角，让他得到最大荣誉的。

苏格拉底：说得好。但请考虑一下，我们是不是必须承认，由于缺乏教养，他的心中就会萌生雄蜂般的欲望，就好像乞丐和恶棍，但他生活的总习惯强行把这些欲望压制住了？

阿得曼托斯：当然可以这样说。

苏格拉底：那么，这些人的恶棍特征从那些方面可以看出呢？

阿得曼托斯：你说呢？

苏格拉底：从他们监护孤儿上面可以看出来，从他们为非作歹而不受惩罚时可以觉察出来。

阿得曼托斯：诚然。

苏格拉底：显而易见，他通过德性的力量压制他不好的情欲，给他平时的为人处世带来了诚信之名。他并没有明白它们是错的，没有用理性驯服它们，而是通过贫困和恐惧来压制它们，因为他担心他的财产。

阿得曼托斯：完全是这样。

苏格拉底：我的好朋友，说实在的，他们中大多数人，只要一有机会就花别人的钱，从他们身上你能毫不费力地看到有雄蜂似的嗜欲。

阿得曼托斯：肯定如此。

苏格拉底：因此，这种人无法摆脱内心矛盾。他并非实际上的一个人，而是某种双重性格的人。然而一般讲来，他的较善的要求总能战胜较恶的要求。

阿得曼托斯：的确是这样的。

苏格拉底：因此，在我看来，这种人或许要比许多其他的人更体面些、可敬些；但是心灵自身和谐一致的真正的至善，在他们身上是找不到的。

阿得曼托斯：我也这样想。

苏格拉底：再说，在城邦里省俭吝啬者通常是一个软弱的竞争者，难以取得胜利和光荣。他们不肯花钱去争名夺誉，担心激起自己花钱的欲望来帮助赢得胜利支持好胜心。他们只肯花费一小部分钱财，作真正孤家寡人般的战斗。于是战斗失败了，他们的财富保全了！

阿得曼托斯：确实是。

苏格拉底：那么，对于吝啬的只想赚钱的人物与寡头政体的对应一致，我们还有什么怀疑的吗？

阿得曼托斯：丝毫没有。

四　论民主政体及其政治家

苏格拉底：接下来，让我们讨论平民政治的起源和本性，进而讨论与之相类似的个人品格。我们还要把这种人和其他人物加以比较，做出我们的判断。

阿得曼托斯：这至少是个前后一贯的研究程序。

苏格拉底：从寡头政治过渡到平民政治是不是经过这样一个过程，即贪得无厌地追求最大可能的财富？

阿得曼托斯：请详细说明。

苏格拉底：统治者当然明白，他们的财富是他们的权力基础。他们拒绝通过法律节制挥金如土的年轻人的奢靡，因为年轻人的堕落让他们有利可图。他们从年轻人那里获得利息，买光年轻人的庄园，以此来增加他们自己的财富，提高自己的地位。是这样吗？

阿得曼托斯：正是。

苏格拉底：很显然，在这种国家的公民身上，崇拜财富与朴素节制的生活不能并存，二者必去其一。这个道理在一个国家的人民中不是不言而喻的吗？

阿得曼托斯：这是不言而喻的。

苏格拉底：这样，一方面丝毫不能自制，一方面又崇拜金钱，铺张浪费，寡头社会里这种鼓励懒散和放荡的结果，往往不断地把一些世家子弟变成为无产的贫民。

阿得曼托斯：是的，往往如此。

苏格拉底：但时，他们依然待在国家里，我觉得，他们有的负债累累，有的失去了公民资格，有的两者兼有，他们像有刺的雄蜂，同吞并了他们产业的以及其他的富而贵者住在一个城里，互相仇恨，互相妒忌，他们急切地希望革命。

阿得曼托斯：是这样。

苏格拉底：不过，那些专讲赚钱的人们，终日孜孜为利，对这些穷汉熟视无睹，只顾把自己金钱的毒饵继续抛出去，寻找受骗的对象，用高利率给以贷款，好像父母生育子女一样，使得雄蜂和乞丐在城邦里的繁殖起来，日益增多。

阿得曼托斯：结果必然如此。

苏格拉底：当这种恶的火焰燃烧起来时，他们不想去扑灭它。他们既不限制一个人对自身财产的使用，也不采取另外一种补救措施。

阿得曼托斯：什么法律？

苏格拉底：这是一种近乎最好的补救措施，不是一项最好法律，而是一项次于最好的法律，可以强使公民们留意道德的。假如有一项法令规定自愿订立的契约，由订约人自负损失，则一国之内唯利是图的无耻风气可以稍减，我们刚才所讲的那些恶事也就少得多了。

阿得曼托斯：是的，会少得多。

苏格拉底：实际上，由于上述这一切原因，在寡头制的国家里，统治者使人民处于水深火热之中，他们自己养尊处优。他们的后辈不就变得娇惯放纵，四体不勤，无所用心，苦乐两个方面都经不起考验，成了十足的懒汉了吗？

阿得曼托斯：很对。

苏格拉底：他们养成的习惯就是只在乎怎么挣钱，除了赚钱，什么也不爱。对于道德简直不闻不问，像一般穷人一样，不是吗？

阿得曼托斯：是的，一模一样。

苏格拉底：他们通常的情形就是这样。然而，统治者和他们的臣民时常会彼此接触，在旅途中、在一些偶然的晤面中，他们有时一起朝圣、一起行军、一起作战、一起航海。在处于危险之中时，他们会互相观察对方的行为，因为只要有危险，就不用担心富人会蔑视穷人。极有可能一个瘦而结实、肤色被晒黑的穷人会在战斗中跟一个皮肤保养得很好、满身赘肉的富人并肩战斗。他看那个人气喘吁吁、黔驴技穷，他又怎能不得出结论，富人之所以富，是因为没人有勇气掠夺他们？当穷人私下相见时，难道没有人会说“我们的武士也就那副德行”？

阿得曼托斯：我非常清楚他们是这样做的。

苏格拉底：就好比一个不健康的身体，只要遇到一点儿外邪就会生病，有的时候甚至没有外邪，也会病倒。同样，一个国家只要稍有机会，这一党从寡头国家引进盟友，那一党从民主国家引进盟友，这样这个国家就“病”了，内战就起了。即使有的时候没有外人插手，党争也会发生。不是吗？

阿得曼托斯：肯定是这样。

苏格拉底：党争结果，假如贫民得到胜利，把敌党一些人处死，一些人流放国外，其余的公民都有同等的公民权及做官的机会——官职通常抽签决定。一个民主制度，我想就是这样产生的。

阿得曼托斯：没错。这是民主制度，不管是通过武装斗争还是通过恐吓手段建立起来的，最后结果反正一样，反对党被迫退出。

苏格拉底：那么，在这种制度下人民怎样生活呢？这种制度的性质怎样？因为，毫无疑问，这种性质的人将表明自己是民主的人。

阿得曼托斯：显而易见。

苏格拉底：首先，他们不是自由的吗？城邦不确确实实充满了行动自由与言论自由吗？不是每个人都被准许想做什么就做什么吗？

阿得曼托斯：据说是这样。

苏格拉底：在自由的地方，既然可以这样随心所欲，那每个人就都有自己的一套过日子的计划，爱怎么过就怎么过啦。

阿得曼托斯：显然如此。

苏格拉底：于是这个城邦里就会有最为多样的人物性格。

阿得曼托斯：必定的。

苏格拉底：或许就是这样。这是政治制度中最美的一种人物性格，各种各样，有如锦绣衣裳，五彩缤纷，看上去的确非常美。而一般群众也或许会因为这个缘故而断定，它是最美的，就像女人小孩只要一见色彩鲜艳的东西就觉得美是一样的。

阿得曼托斯：确实如此。

苏格拉底：是的，我的朋友，这里是寻找一种制度的最合适的地方。

阿得曼托斯：为什么？

苏格拉底：由于这里容许有广泛的自由，因此它存在所有类型的制度。凡希望组织一个国家的人，很可能像我们刚才说过的，必须去一个民主城邦，在那里选择自己所喜欢的东西作为模式，以确定自己的制度，如同到一个市场上去选购自己喜欢的东西一样。

阿得曼托斯：不管怎么说，在这个市场上没有“必须”这种东西。即使你有能力，也不必统治这种城邦；你也不必被统治，除非你愿意；即便别的人都去打仗了，你也不必去打仗；当别的人处于和平时，除非你决意如此，你也可以不要和平。这里没有“必须”，即使有法律禁止你担任公职或陪审员，只要你喜欢，也能够担任公职或陪审员。就目前来说，这种生活方式难道不是最快活的吗?

阿得曼托斯：就眼前而论也许是的。

苏格拉底：那些判了刑的罪犯，他们那种一点儿都不在乎的神气，不有点使人觉得可爱吗?你一定看到过，在这种国家里，那些被判了死罪的或要流放国外的，竟然好像没事人似的，照旧在人民中间来来往往，也竟然如一条来无影去无踪的精灵似的没人注意他们。

阿得曼托斯：我看到过不少。

苏格拉底：其次，你还将看到民主制的宽恕精神，看到它对琐屑小事的“不在乎”，看到它对我们在创建城邦时庄严确立的原则的漠视——我们说过，天赋罕见的情况除外，一个人童年时假如不被置入美好的事物中，并为之喜悦为之钻研，他就不会成为一个好人——民主制把我们所有这些美好观念都重重地踩在它的脚下，从来没有思考过造就一个政治家的教育追求，不管什么人自称是人民之友，它就鼓动人们去崇拜他。

阿得曼托斯：实在是一个好制度啊!

苏格拉底：这些以及类似的特点就是民主制度的特征。如此看来，这是一种使人乐意的无政府状态的花哨的管理形式。在这种制度下不加区别地把一种平等给予一切人，不管他们是不是平等者。

阿得曼托斯：你这话不难理解。

苏格拉底：那么，让我们考察一下与这种社会相应的人物性格。我们要不要像在考察这种社会制度时一样，首先来考察一下这种人的起源呢?

阿得曼托斯：要的。

苏格拉底：那么，你觉得是不是这样呢?我的意思是说，我们吝啬的寡头政治家可能要按照自己的样子培育他的儿子。

阿得曼托斯：是很可能的。

苏格拉底：这个年轻人，也会竭力控制自己的欲望，控制那些必须花钱而不能赚钱的所谓不必要的快乐。

阿得曼托斯：毫无疑问会这样。

苏格拉底：那么我们为了辩论时不致摸黑走弯路，我们要不要先给欲望下一个定义，分清必要的欲望是什么，不必要的欲望是什么？

阿得曼托斯：好，应该这样。

苏格拉底：有些欲望是人可以摆脱掉的，而他在成长过程中曾被其折磨。这些欲望的存在不仅没有好处，在某些情况下甚至有害。那我们说所有这些欲望都是不必要的，难道不正确吗？

阿得曼托斯：当然是的。

苏格拉底：那么，我们可以正当地把“必要的”用于它们吗？

阿得曼托斯：可以。

苏格拉底：不过，有些欲望要是我们从小注意是可以戒除的，而且这些欲望的存在，对我们毫无益处，有时还有害处。我们是不是可以把这种欲望叫作“不必要的”呢？

阿得曼托斯：可以。

苏格拉底：为了说明我们的意思，让我们对每一种各举一例加以说明。

阿得曼托斯：好的。

苏格拉底：为了维持身体健康，只要求吃饭和肉。这些欲望必要吗？

阿得曼托斯：我觉得是必要的。

苏格拉底：吃饭从两个方面看都是必要的，一是对我们身体有益，二是对生命的维持不可或缺。

阿得曼托斯：是的。

苏格拉底：至于吃肉的欲望，就促进身体好来说，也是必要的。

阿得曼托斯：当然。

苏格拉底：有些欲望超出了必要，要么想吃更美味的食物，要么想获得其他奢侈品，这些欲望既对身体有害的，又对心灵达到智慧及节制有很大的妨碍，难道我们不能说它们是不必要的吗？

阿得曼托斯：再正确不过了。

苏格拉底：我们能不能把第一种欲望称之为“浪费的”欲望，把第二种欲望称之为“得利的”欲望呢？之所以这样说，是因为第二种欲望有利于生产。

阿得曼托斯：真的。

苏格拉底：关于色欲及其他欲望，相同的看法也是适用的。

阿得曼托斯：是的。

苏格拉底：我们刚才所称雄蜂型的那些人物，是一些充满了这种快乐和欲望的，也就是说，受不必要的欲望引导的人物，所谓省俭型的寡头人物则是被必要的欲望所支配的。

阿得曼托斯：的确是的。

苏格拉底：那么，还是让我们回到民主式的人物，看看他们是如何从寡头式的人物转变过来的吧。据我看来大致是这样。

阿得曼托斯：怎样？

苏格拉底：如果一个年轻人按照我们前面描述的那种庸俗、悭吝的方式被养育成人，一旦尝到了“雄蜂的蜜”，与那些粗犷或狡黠的人为伍，而后者能够带来各种精致而别样的生活享乐，那么你能够想象，他内在的寡头制原则是否就开始转变成民主制原则了呢？

阿得曼托斯：这是完全必然的。

苏格拉底：与城邦的情形类似，当城邦中的一些人得到外部盟友的帮助的时候，变化就会发生。可谓是同类帮助同类。那个年轻人也是这样，当他内在的欲望获得外在的有同样欲望的同类的帮助的时候，他就变了。是吧？

阿得曼托斯：当然对。

苏格拉底：我完全可以设想，假如这时又有一外力，或从他父亲那里或从其他家庭成员那里来支持他心里的寡头思想成分的话，结果一定是他自己的内心发生矛盾斗争。

阿得曼托斯：必然如此。

苏格拉底：在我看来，有时候民主成分会屈服于寡头成分，他的欲望一些遭到了毁灭，另一些遭到了驱逐，年轻人心灵上的敬畏和虔诚感又得到发扬，内心的秩序又恢复过来。

阿得曼托斯：是的，有时这种情况是会发生的。

苏格拉底：有的时候由于他的父亲教育不得法，和那些遭到驱逐的欲望的同类——另一些欲望继之悄悄地被孵育出来，并逐渐繁衍增强。

阿得曼托斯：往往如此。

苏格拉底：这些又把他拉回到他的老伙伴那里，在秘密交合中它们得到繁殖、滋生。

阿得曼托斯：是的。

苏格拉底：它们终于把这年轻人的心灵堡垒占领了，发觉里面空空如也，没有理想，没有学问，没有事业心，——这些乃是神所友爱之人心灵的最好守卫者和保护者。

阿得曼托斯：是最可靠的守卫者。

苏格拉底：于是，虚假的、狂妄的理论和意见乘虚而入，代替它们，占领了他的心灵。

阿得曼托斯：的确是这样。

苏格拉底：这个时候，这年轻人走回头路又同那些吃忘忧果的旧友们公开生活到一起去了。假如他的家人亲友对他心灵中节俭成分给予援助，入侵者便会马上把他心灵的堡垒大门关闭，拒绝援军的进入。它们也不让他倾听良师益友的忠告。它们会在他的内心冲突中取得胜利，把行己有耻说成是笨蛋傻瓜，驱逐出去；把自制说成是懦弱胆怯，大加指责之后驱逐出境；把适可而止和有秩序的消费说成是“不见世面”是“低贱”；它们和无利有害的欲望结成一帮，将这些美德都驱逐出境。

阿得曼托斯：的确这样。

苏格拉底：当它们清空他的灵魂，他就被它们完全掌控，并以伟大的宗教秘仪接纳了他[1]。紧接着，它们将傲慢、混乱、奢侈、无耻迎回了家，穿上盛装，头戴花冠，被大众簇拥着，高唱着它们的赞美诗。它们亲昵把傲慢称作教养，把混乱称为自由，把奢侈称为豪爽，把无耻称为勇敢。就这样，那个年轻人就失去了他原本的天性，他曾在必要性的学校被训练，现在则在无益与不必要的快乐中自由放任。

阿得曼托斯：是的，你说得很清楚。

苏格拉底：我设想，在接下来的人生中，他用在不必要的欲望上的钱财、劳动和时间与用在必要的快乐上一样多。不过，假如幸运的话，而且他的头脑又不太混乱，那么随着岁月的流逝，精神的全盛期就会结束。假如到那个时候，他重新将一些被放逐的美德接纳进城邦，而不把他自己完全交给它们的继任者，那他就会平衡他的快乐，在某种平衡中生活。他将自己的政府交给领先并赢得机会的欲望手中。等到满足了它之后，又将之转交给另外的欲望。他不怠慢它们中的任何一个，而是一视同仁地支持它们。

阿得曼托斯：完全是的。

苏格拉底：假如有人告诉他，有些快乐来自高贵的好的欲望，应该得到鼓励与满足，有些快乐来自下贱的坏的欲望，应该加以控制与压抑，对此他会置若罔闻，不愿向真理打开堡垒的大门。他会一面摇头一面说，所有快乐一律平等，应当受到同等的尊重。

阿得曼托斯：他的心理和行为确实如此。

苏格拉底：实际上，他天天都沉迷于轮到的快乐中打发他的日子。今天是饮酒、女人、歌唱，明天又喝清水以塑型消脂；第一天是剧烈的体育锻炼，第二天又是游手好闲，懒惰玩忽；接下去一段时间里，又研究起哲学。他常常想搞政治，时常心血来潮，想起什么就去干什么并四处演说。有的时候，他雄心勃勃，一切努力都集中在军事上，有的时候又集中在做买卖发财上。他的生活没有秩序，没有节制。他自以为他的生活方式是快乐的，自由的，

---

① 此处所刻画的就是俄耳浦斯教的宗教仪式，在当时雅典颇为盛行。

幸福的，并且要把它坚持到底。

阿得曼托斯：你对一个平等主义信徒的生活，描述得实在是太好了。

苏格拉底：我确实感觉，这种人是一种集合最多习性于一身的最多样的人，就像那种民主制城邦具有的多面性复杂性一样。这种人也是五彩缤纷的，华丽的，为许多男女所羡妒的，包含最多的制度和生活模式的。

阿得曼托斯：的确是这样。

苏格拉底：由于这个民主的个人与民主的制度相应，因此我们称他为民主分子是合适的。我们就这样定下来，可以吗？

阿得曼托斯：好的，就这么定下来吧。

五　论僭主政体

苏格拉底：现在只剩下一种需要我们加以描述的了，即最美好的政治制度和最美好的人物，这就是僭主政治与僭主了。

阿得曼托斯：诚然如此。

苏格拉底：那么，我亲爱的阿得曼托斯，僭主政治是怎样产生出来的呢？据我看来，很显然，这是从民主政治产生出来的。

阿得曼托斯：这是显而易见的。

苏格拉底：僭主政治来自民主政治，是否像民主政治来自寡头政治那样转变来的呢？

阿得曼托斯：是怎么个情况呢？

苏格拉底：我觉得，寡头政治所认为的善以及它所赖以建立的基础是财富，是吗？

阿得曼托斯：是的。

苏格拉底：它失败的原因在于过分贪求财富，为了赚钱发财，其他一切不管。

阿得曼托斯：真的。

苏格拉底：民主主义也有自己的善的依据，是不是过分追求了这个东西导致了它的崩溃？

阿得曼托斯：这个东西是什么呢？

苏格拉底：自由，是民主国家的最大优点，这你或许听人家说过。也因为这个原因，所以这是富于自由精神的人们最喜欢去安家落户的唯一城邦。

阿得曼托斯：这话确听说过，而且听得很多。

苏格拉底：我刚才准备说，对此的贪得无厌与对其他一切的忽视，将导致民主制的转变，引发僭主政治。

阿得曼托斯：怎么会呢？

苏格拉底：假定一个民主的城邦由于渴望自由，有可能让一些坏分子当上了领导人，受到他们的欺骗，喝了太多的醇酒，烂醉如泥，那么正派的领导人想要稍加约束，不想其过分放任纵容，这个社会就要起来指控他们，叫他们寡头分子，要求惩办他们。

阿得曼托斯：这正是民主社会的所作所为。

苏格拉底：正是。而那些服从当局听从指挥的人，却被说成是甘心为奴，一文不值，受到辱骂。而凡是当权的像老百姓，老百姓像当权的，这种人不管公私场合都受到称赞和尊敬。在这种国家里，自由走到极端不是必然的吗？

阿得曼托斯：当然是的。

苏格拉底：我亲爱的朋友，这种无政府主义必定还要渗透到私人家庭生活里去，最后还会渗透到动物身上去呢！

阿得曼托斯：你说的什么意思？

苏格拉底:我是说,父亲逐渐习惯于将地位降到与儿子同等并害怕他们,而儿子升到与父亲平起平坐,不尊重也不敬畏父母,认为这是他们的自由。外来侨民[①]和公民平等,公民和外来侨民平等,而外国人和公民和侨民一模一样。

阿得曼托斯:这些情况确实是有的。

苏格拉底:的确是有的。另外还有一些类似的无聊情况。在这样的社会环境中,教师害怕学生,迎合学生,学生反而漠视教师和保育员。年轻人充老资格,分庭抗礼,侃侃而谈,而老一辈的则顺着年轻人,说说笑笑,态度谦和,像年轻人一样行事,担心被他们认为可恨可怕。

阿得曼托斯:你说的全是真的。

苏格拉底:在这种国家里自由到了极点。你看,明明是买来的男女奴隶,却与出钱买他们的主人同样自由,更不用说男人与女人之间有完全的平等和自由了。

阿得曼托斯:那么,我正打算那样呢。我必须补充一下,只要是了解情况的人没有人不认为,与在其他城邦中相比,在民主的城邦里人主宰之下连动物的自由都要大得多。实事求是地说,就像谚语里说的那样,母狗和它的女主人一样;马和驴也享有自由人的权利,走路的架势都带着自由人的尊严。假如有什么人挡了它们的路,它们就会朝他冲过去。

阿得曼托斯:我在城外常常碰到这种事。

苏格拉底:最重要的是,所有这一切,总的说来会使得这里的公民灵魂变得非常敏感,只要有什么人建议要稍加约束,他们就会觉得受不了,就会大发雷霆。到最后就像你所知道的,他们真的不要任何人管了,连法律也不放心上,不管成文的还是不成文的。

阿得曼托斯:是的,我知道。

苏格拉底:因此,我亲爱的朋友,我认为这就是僭主政治所以发生的根,

---

① 指被允许住在古希腊城邦里但须交税的人。

一个健壮有力的好根。

阿得曼托斯：确是个健壮有力的根，但后来怎样呢？

苏格拉底：寡头政治毁灭的根源也是民主政治毁灭的根源，这是一种弊病。这种弊病在民主制度下影响范围更大的，由于放任而更见强烈且奴役着民主制度。“物极必反”，这是真理。天气如此，植物如此，动物如此，政治社会尤其是如此。

阿得曼托斯：理所当然的。

苏格拉底：不管在个人方面还是在国家方面，极端的自由其结果不可能变成其他什么，只能变成极端的奴役。

阿得曼托斯：是这样。

苏格拉底：所以说，僭主政治或许只能从民主政治发展而来。极端的可怕的奴役，我认为从极端的自由产生。

阿得曼托斯：这是很合乎逻辑的。

苏格拉底：然而，我觉得你所要问的并不是这个。你要问的肯定是，民主制度中出现的是个什么和寡头政治中相同的毛病在奴役着或左右着民主制度。

阿得曼托斯：正是的。

苏格拉底：你绝对还记得我说过的话，有一班懒惰而浪费之徒，其中强悍者为首，较弱者附从。我将他们比作雄蜂，将为首的比作有刺的雄蜂，将附从的比作无刺的雄蜂。

阿得曼托斯：很恰当的比喻。

苏格拉底：这两类人只要在哪个城邦里出现，就会成为那个城邦的祸根，就好比身体里的浓痰和胆汁之于肌体一样。优秀的城邦医生和立法者应该像聪明的养蜂人，把他们远远地阻挡在外面，尽可能永远不让他们靠近。假如他们已经设法钻进了城邦，那么他就应该尽快把他们和他们的细胞一网打尽。

阿得曼托斯：真的，一定要这样。

苏格拉底：那为了我们能够更清楚地注视着我们的目标，让我依照下列步骤进行吧！

阿得曼托斯：怎么进行？

苏格拉底：让我们在理论上把一个民主国家按实际结构划分为三个部分。我们曾经讲过，其第一部分由于被听任发展，往往不比寡头社会里少。

阿得曼托斯：姑且这么说。

苏格拉底：在民主国家里比在寡头国家里更为强暴。

阿得曼托斯：怎么会的？

苏格拉底：这是因为在寡头制城邦里，他们被赶出政府机构没有资格担任公职，所以他们无法得到锻炼和积聚力量。反之，在民主制城邦里，他们霸占了整个统治权，台上的人演说造势，台下的人则围着讲坛乱哄哄地发表议论。他们听不得反对方的一点儿声音。因此说，在民主制城邦里，雄蜂简直控制了一切。

阿得曼托斯：真是这样。

苏格拉底：还有第二部分，这种人随时从群众中冒出来。

阿得曼托斯：哪种人？

苏格拉底：尽管每一个人都在追求财富，不过只有天性中最有秩序最为节俭的人最终成了最大的富翁。

阿得曼托斯：往往就是这样。

苏格拉底：他们那里是供应雄蜂以蜜汁最丰富最方便的地方。

阿得曼托斯：穷人身上榨不出油水。

苏格拉底：所谓富人者，乃雄蜂之供养者也。

阿得曼托斯：完全是的。

苏格拉底：第三种人大概就是所谓“平民”了。他们自食其力，不参加政治活动，没有多少财产，在民主社会中占大多数。要是将他们集合起来，力量肯定是最大的。

阿得曼托斯：是的，不过他们不会时常集会，除非他们可以分享到蜜糖。

苏格拉底：他们难道没有分享到一点儿吗？他们的那些头头，劫掠富人，难道不会把其中最大的一份据为己有，将残羹剩饭分给一般平民？

阿得曼托斯：没错，平民就分享到了这样的一点儿好处。

苏格拉底：我认为那些被抢夺的人，不得不在大会上讲话或采取其他可能的行动来保卫自己的利益。

阿得曼托斯：他们怎么会不如此呢？

苏格拉底：他们受到反对派的控告，被诬以反对平民，被说成是寡头派，尽管事实上他们完全没有任何变革的意图。

阿得曼托斯：真相就是这样。

苏格拉底：其结果就是，他们看见平民试图伤害他们其实并非出于有意，而是由于误会，由于听信了坏头头散布的恶意中伤的谣言，因此他们也就只好变成了真正的寡头派。实际上，他们并非自愿那样，是雄蜂刺螯的结果，从而导致了革命。

阿得曼托斯：完全正确。

苏格拉底：接着便是两派互相检举，告上法庭，互相审判。

阿得曼托斯：确是如此。

苏格拉底：在这种斗争中，平民总要推出一个人来带头，做他们的保护人，同时他们培植他提高他的威望。

阿得曼托斯：没错，通常是这样。

苏格拉底：因此可见，僭主政治，只能是从“保护”这个根上产生的。

阿得曼托斯：十分清楚。

苏格拉底：那么，一个保护人变成了僭主，其关键何在呢？——当他的所作所为变得像我们听说过的那个关于阿卡狄亚的吕克亚宙斯圣地的故事时，这个关键不就清楚了吗？

阿得曼托斯：那是个什么故事呀？

苏格拉底：那个故事说，一个人倘若尝了哪怕一小块混合在其他祭品中的人肉时，他便不可避免地要变成一只狼。那个故事你一定听说过吧？

阿得曼托斯：是的，我听说过。

苏格拉底：人民领袖的所作所为，就像故事里的那个人，他掌控着一群暴民，不受约束地残杀自己的同胞。他最喜欢的做法就是诬告，借法律之手谋杀他们，让生命消逝，再用不洁的舌头和嘴唇舔食他同胞的血。最终，一些人被杀，其他人被流放。在这同时，他示意取消债务，瓜分土地。在这一切之后，他的命运会怎么样呢？他要么被他的敌人手刃，要么从一个人变身为狼，也就是僭主。这不是必然的吗？

阿得曼托斯：这是完全必然的。

苏格拉底：这就是领导一个派别，反对富人的那种领袖人物。

阿得曼托斯：是那种人。

苏格拉底：那种人后来可能被放逐了，但一段时间之后，他不顾政敌的反对，又回来了，成了一个道地的僭主。

阿得曼托斯：显然是可能的。

苏格拉底：如果没有办法通过控告，让人民驱逐他或杀掉他，人们就搞一个秘密团体暗杀他。

阿得曼托斯：这种事情经常发生。

苏格拉底：在这个时候，他通常会有一个极为合理的请求：一切僭主都会提出要人民同意他建立一支警卫队来保卫他这个人民的守卫者。

阿得曼托斯：真的。

苏格拉底：我觉得，人民会答应他的请求，毫无戒心，只为他的安全担心。

阿得曼托斯：这也是真的。

苏格拉底：假如一个被指控为人民之敌的富人看到了这一情况，那么他就会按照说给克罗伊斯的神谕行事了。那个神谕会说，他沿着卵石累累的赫尔墨斯河岸逃走，毫不停留，不羞于当一个懦夫①。

---

① 详见希罗多德《历史》第1卷第55章。此句意即肝脑涂地、殒身受损。

阿得曼托斯：因为他一定不会再有一次害羞的机会。

苏格拉底：他要是给抓住，我认为非死不可。

阿得曼托斯：说的是，非死不可。

苏格拉底：这是非常清楚的，那位保护者不是被打倒在地“张开长大的肢体”[①]，而是他打倒了许多反对者，攫取了国家的最高权力，由一个保护者变成了一个十足的僭主独裁者。

阿得曼托斯：这是不可避免的结局。

苏格拉底：对于这个人的幸福以及造就出这种人的那个国家的幸福，我们要不要描述呢？

阿得曼托斯：当然要了，让我们来描述吧！

苏格拉底：这个人在他早期对每一个人都是满面堆笑，逢人问好，不以君主自居，于公于私他都有求必应，豁免穷人的债务，分配土地给平民和自己的随从，到处给人以和蔼可亲的印象。

阿得曼托斯：必然的。

苏格拉底：不过，我觉得，在他已经和被流放国外的政敌达成了某种谅解，而一些不妥协的也已经被他消灭了时，他便不再有后顾之忧了。这个时候，他总是首先挑起一场战争，好让人民需要一个领袖。

阿得曼托斯：很可能的。

苏格拉底：那么，人民既因负担军费而贫困，成日忙于奔走谋生，便不大可能有工夫去造他的反了，是不是？

阿得曼托斯：显然是的。

苏格拉底：假如他怀疑有人思想自由，不愿服从他的统治，他便会寻找借口，把他们送到敌人手里，借刀杀人。正是由于这些原因，凡是僭主总是必定要挑起战争的。

---

① 详见《伊利亚特》，文中说：“赫克托的驭者克布里昂尼斯被派特罗克洛斯杀死，张开长大的身躯四肢躺在地上。”

阿得曼托斯：是的，他必定要这样做。

苏格拉底：他这样干不是更容易引起公民反对吗？

阿得曼托斯：当然啦。

苏格拉底：极有可能，他的这些做法，由于那些过去帮他取得权力现在正和他共掌大权的人当中有一些并不赞成，因而公开对他提意见并相互议论，而这种人碰巧还是些最勇敢的人呢。不是吗？

阿得曼托斯：很可能的。

苏格拉底：假如他作为一个僭主想要保持统治权力，那他就必须清除所有这种人，不管他们是否有用，也不管是敌是友，通常会一个都不留。

阿得曼托斯：这是明摆着的。

苏格拉底：他必须环顾四周，看看谁勇敢、谁高尚、谁聪明、谁富有。为了获得幸福，他成了他们所有人的敌人。不管他愿意不愿意，他都必须寻找时机反击，直到他对城邦实施一次清洗。

阿得曼托斯：真是美妙的清除呀！

苏格拉底：是的。它不同于医生对身体进行的清洗。因为，他们除掉坏的东西，留下较好的东西，而他做的却恰巧相反。

阿得曼托斯：须知，要是他想保住他的权力，看来非如此不可。

苏格拉底：他或者是死或者同那些伙伴——大都是些没有任何价值的人，全都是憎恨他的人——生活在一起，在这两者之间他必须作一有利的抉择。

阿得曼托斯：他命中注定是这样的啊！

苏格拉底：他的所作所为越是不得人心，就越是要不断扩充他的卫队，越是要把这个卫队作为他绝对可靠的工具。是这样吗？

阿得曼托斯：当然是的。

苏格拉底：那么，什么人才是可靠的呢？他又到什么地方去找到他们呢？

阿得曼托斯：只要他给薪水，他们会成群结队自动飞来的。

苏格拉底：以狗的名义起誓，我想，你又在谈雄蜂了，一群外国来的杂色的雄蜂。

阿得曼托斯：你猜得非常正确。

苏格拉底：但是，他不也要就地补充一些新兵吗？

阿得曼托斯：具体怎么做呢？

苏格拉底：抢劫公民的奴隶，解放他们，再把他们招入他的卫队。

阿得曼托斯：是真的。他们将是警卫队里最忠实的分子。

苏格拉底：假如他在消灭了早期拥护者之后，只有这些人是他的朋友和必须雇佣的忠实警卫，那么僭主的幸运也真令人羡慕了！

阿得曼托斯：就应该这么做。

苏格拉底：我觉得，这时僭主所亲近的这些新公民全都赞美他，而正派人全都厌恶他，回避他。

阿得曼托斯：当然如此。

苏格拉底：悲剧都被认为是智慧的，而这方面欧里庇得斯[①]还被认为胜过别人。这不是无缘无故的。

阿得曼托斯：为什么这么说呢？

苏格拉底：因为在其他一些意味深长的话之外，欧里庇得斯还说过“以有智慧的人为友的僭主是智慧的”。很显然，这句话意味着，僭主周围的这些人是有智慧的人。

阿得曼托斯：他同时也说过“僭主有如神明”，他还说过许多别的歌颂僭主的话。别的许多诗人也曾说过这种话。

苏格拉底：既然悲剧诗人礼赞僭主制度，那么那些和我们有同样国家制度的人们不该让他们进入我们的国家。而作为联盟人，他们一定会饶恕我们以及按照我们的方式生活的人。

---

① 殴里庇得斯（前 480—前 406）：古希腊三大悲剧诗人之一，代表作有《美狄亚》等。

阿得曼托斯：我认为其中的明智之士会饶恕我们的。

苏格拉底：我设想他们会去周游别的国家，雇佣一批演员，利用他们美妙动听的好嗓子，向集合在剧场上的听众宣传鼓动，使他们转向僭主政治或民主政治。

阿得曼托斯：是的。

苏格拉底：不仅如此，他们还会因此而获得报酬和荣誉。我们可以预料，僭主们会授予诗人最大的荣誉，民主制城邦授予他们的荣誉仅次之。不过，在我们的宪体之山上，诗人爬得越高，他们的声誉就越低。他们看起来气喘吁吁，已经爬不上去了。

阿得曼托斯：说得极像。

苏格拉底：但是这一段正在偏离话题，我们必须回到本题。我们刚才正在谈到的僭主私人卫队，一支美好的人数众多的杂色的变化不定的军队。这支军队是怎样维持呢?

阿得曼托斯：不言而喻，假如城邦有庙产，僭主将动用它，直到用完为止。接下来，如果被剥夺了公民权的人财富够用，他就有可能减税，否则，他就会向人民征税。

苏格拉底：假如这些财源枯竭了，该怎么办?

阿得曼托斯：显然要用他父亲的财产来供养他和他的宾客们以及男女伙伴了。

苏格拉底：我明白了。你的意思是说，那些养育了他的平民现在不得不供养他以及他的同伴了?

阿得曼托斯：不得不如此。

苏格拉底：假如人民大发雷霆，说成年的儿子不应该让他的父亲供养他，理应是他供养他的父亲才对，结果会怎么样呢? 父亲赋予儿子生命，让儿子安身立命，他不应让儿子成为大人物后自己反倒成了儿子的仆人，并反过来供养儿子和儿子的那一大群奴隶和同伴。他实际上是想让儿子尊敬他，在儿子的帮助下摆脱所谓的富人和贵族的政府，于是，就如同别的父亲把浪荡儿子及其不受欢迎的同伴赶出家门那样，他要求儿子和他的同伴离开。

阿得曼托斯：这时人民很快就要看清，他们生育教养和抬举了一只什么样的野兽。此外，当他想赶走儿子时，他将发现，他的儿子已经足够强大，自己已经无法把他赶出去了。

苏格拉底：你说什么？你是不是想说僭主会采取暴力对付他的父亲，假如老子不让步，儿子就要打老子？

阿得曼托斯：是的，在他解除其武装以后。

苏格拉底：那么，他就成了一个弑父者，成为一位年迈父亲的一个残忍的保卫者。实际上，我们这里有原形毕露的僭主制度。这正如俗话所说的，跳出油锅又入火坑；不受自由人的奴役了，反受起奴隶的奴役来了；本想争取过分的极端自由，却掉进了最严酷、最痛苦的奴役之中了。

阿得曼托斯：实际情况确实是如此。

苏格拉底：没错，我想至此我们有充分理由可以说，我们已经充分地描述了民主政治是怎样转向僭主政治的，以及僭主政治的本质是什么的问题了。是不是？

阿得曼托斯：是的。

第九卷

一　论僭主式个人

苏格拉底：我们最后就只剩下僭主式个人这一问题没讨论了。这个问题具体包括，他是怎样从自由平等式人物转变来的，他的性格怎么样，生活是痛苦还是快乐等。

阿得曼托斯：是的，这个是唯一还没有讨论的问题。

苏格拉底：然而，有个以前的问题尚未得到回答。

阿得曼托斯：是什么？

苏格拉底：还有欲望问题，我认为假如没对欲望进行详尽地分析，那关于僭主式人物的讨论也因此无法顺利进行，而此前我们关于欲望的性质和种类的讨论还不够充分。

阿得曼托斯：那现在不就是你的机会了吗？

苏格拉底：很好。不过我要强调的是，在我看来，有些我们上面提过的非必要欲望是不合法的。事实上，非法的快乐和欲望不可避免地存在在每个人身上，只是，有些人在受到法律或是理性支配的欲望控制的时候，这些不合法的欲望会得到遏制，而在没有这方面控制的人身上这种欲望仍然非常多。

阿得曼托斯：你说的不合法欲望究竟指的是哪些欲望呢？

苏格拉底：我说的欲望，是那些当人们进入睡眠状态才活跃起来的欲望。你应当清楚，当人们睡着的时候，当那些理性的受过教化的部分失去了对灵魂的控制作用的时候，灵魂里兽性的和野性的部分就随之活跃起来，并企图克服睡意以满足这些欲望的需求。只不过，这个时候由于人们不受理性控制，全然没有了羞耻之心和理性，也就难免无恶不作。在梦中，他们敢对任何人或事物，不管男人、兽类甚至是神起杀戮之心，他们也敢吃被禁止吃的东西，等等。总而言之，没有什么愚昧无耻的事情是他们不敢不想做的。

阿得曼托斯：你说得非常正确。

苏格拉底：对于一个脉搏健康而有节制的人而言，在睡前让理性的力量保持觉醒而被高贵的思索充实，沉浸在思想中——他已先行将他的欲望适当满足，不多不少让它们刚好能够睡去，以免引来的痛苦与逸乐干扰了更高的原则——他将自己孤独地留在纯思中，自由自在地思考，渴望知道一切过去、现在和未来的未知的知识，直到一场与人的争吵再次让他的热情复归于平息——因为睡前平息了这两种非理性的因素，而唤醒理性的原则，我想你知道那时他已然距离真理最近，最不可能去做荒唐的戏乐、目无礼法的幻想。

阿得曼托斯：我想应该是这样。

苏格拉底：刚才的话又离题了。我只是想说，实际上强烈的非法欲望在任何人的心里都有，也就是说即使那些道貌岸然的人也不会没有，只不过它往往是显现在睡梦中的。你认为我说得有道理吗？是否同意？

阿得曼托斯：是的，我同意。

苏格拉底：现在，让我们再来回忆一下自由平等式人物的性格。这种人从小就在勤俭节约的父亲的教育下长大，他们的父亲的心思全花在经商赚钱上，他们不容许有娱乐等那些不必要的欲望念头出现，是这样吧？

阿得曼托斯：是的。

苏格拉底：由于不断和那些世故的人们交往，因此儿子们身上那些不必要的欲望越来越多。随着这些欲望的逐渐增加，他开始变得傲慢、无法无天，而且厌恶父亲的吝啬，转而更青睐奢靡的生活方式。只不过，比起那些教唆者，他灵魂里还有很多善和美的部分，两种力量互相博弈，最后他选择了中间道路。他自以为自己的生活既不像父辈们那般寒碜，也不如其他人那般奢侈，而是取两者之长。因此，他由一个寡头派变成了自由平等派。

阿得曼托斯：我们一贯都这么看这类人。

苏格拉底：让我们再设想一下，当这类人有了自己的儿子，他也会以自己的生活方式来培养和教育他们。

阿得曼托斯：好，我想象得到。

苏格拉底：事实上，你应该能想到，发生在父亲身上的事又发生在了儿子身上。他又被吸引进了无法无天的生活，而唆使他的人称之为绝对的自由。他的父亲和朋友希望他有所节制，不过，相反的一派则支持与之相反的生活。一旦这些危险的巫师和暴君制造者发现他们正在失去对他的控制，就谋划将一根主宰激情的刺插入他的身体，让他不再闲散而又谨小慎微，而是让他变得挥霍无度——他像长着巨型翅膀的雄蜂——这是对他的最好描述。

阿得曼托斯：没有哪个会比它更贴切的了。

苏格拉底：那些被香水、花环和美酒包围的欲望与现在放荡生活的快乐，全都获得了释放。它们嗡嗡地围着他，将那根插入他雄蜂天性中的欲望之刺养得肥肥壮壮。到最后，他灵魂的主宰终于让疯狂当了他的守卫队长，而变得狂暴——一旦发现他身上有任何好的想法和意愿正在形成，或还保留有一丝羞耻心，就会将之扼杀抛弃，直到拔除掉克制，让疯狂达到极限。

阿得曼托斯：你描述的是一个僭主式人物产生的完整过程。

苏格拉底：从古至今爱情总被叫作僭主，难道不就是出于这个原因吗？

阿得曼托斯：有可能。

苏格拉底：我亲爱的朋友，你会不会觉得醉汉也有点暴君脾气？

阿得曼托斯：是的。

苏格拉底：还有，企图真的控制人的世界甚至是神的世界难道不是疯子常常想象的吗？

阿得曼托斯：的确是的。

苏格拉底：我亲爱的朋友，不管是天性也好，或是习惯使然，只要一个人基于这两种原因其中之一，或是两者皆有的情况，他显然就成了醉汉、色鬼和疯子，那他离十足的僭主暴君也就不远了。

阿得曼托斯：确定无疑。

苏格拉底：那好，这就是那种人和他的由来。接下来，他的生活方式又怎样呢？

阿得曼托斯：我还准备问你呢，你倒反过来问我，还是你说说看吧。

苏格拉底：行，我来告诉你吧。一个心灵已经完全被万恶的雄蜂控制的人，必然在生活上是铺张浪费，纵情酒色，放荡不羁的。你说是吧？

阿得曼托斯：这是理所当然的。

苏格拉底：另外，还有许多可怕的欲望不断地滋生，且不间断地要求被满足，对不？

阿得曼托斯：是的。

苏格拉底：那这人会在很短的时间内花光他的全部收入。

阿得曼托斯：当然。

苏格拉底：花光了以后就要借贷和抵押了。

阿得曼托斯：当然了。

苏格拉底：当他一无所有，再若是告贷无门、抵押无物的时候，那他心灵中那些不断孵出的欲望雏鸟不是就要因为得不到满足而不断呼喊了吗？这个时候的他难道不会因此（特别是那个作为领袖的那个欲望主宰）受到刺激而发疯吗？最后他们难道不会因此抢劫或诈骗吗？

阿得曼托斯：这是必然的。

苏格拉底：为了减轻他自己欲望得不到满足的痛苦，他会抢劫所有他可以抢劫的东西。

阿得曼托斯：必然。

苏格拉底：由于他接二连三地寻觅新欢，喜新厌旧，这些抢劫者也将声称有权超越他的父辈，因此他在挥霍完自己的家产后，就不免要霸占父母的那份以供继续挥霍。

阿得曼托斯：自然是这样。

苏格拉底：如果他的父母不同意，他就会想办法将财产骗出来，是不是？

阿得曼托斯：肯定是那样了。

苏格拉底：骗取不成，下一步就会强行霸占，是吗？

阿得曼托斯：我觉得是。

苏格拉底：我的好朋友，你想想看，要是父母拒绝且抵抗，他们的儿子会毫不手软地以武力相逼吗？

阿得曼托斯：有这种儿子，我真替他们的父母担心。

苏格拉底：说实在的，阿得曼托斯，你是不是认为，这种人之所以抛弃片刻不离自己的生身母亲，只因为认识了一个新的妙龄女友？同时，他是不是也会因此而鞭打自己衰弱的父亲或是至亲的亲人和多年的老友？假如他把他的新女友接回家同住，他会不会也要自己的父母低三下四屈从于她？

阿得曼托斯：是的，我有这个意思。

苏格拉底：那这么说，僭主暴君的父母就真的是太幸运了。

阿得曼托斯：真是太幸运呀！

苏格拉底：假如他没能霸占父母的财产，而欲望又在他灵魂的蜂窝里涌出涌入，他就会入室行窃，扒夜行人的衣袋，进而洗劫神庙财产。这个时候，儿时判断善恶的观念被颠覆。那些篡位者刚获释就成了爱欲的贴身保镖，分享了他的权柄。在民主时代，在他还服从礼法和他的父母时，这些观念只在睡梦里释放。不过，现在他被爱欲主宰。过去少有的梦里才出现的他，现在则成了清醒时的现实与常态。他实施险恶的谋杀，吃禁忌品，制造恐怖的罪行。寓居在他灵魂里的爱欲就是他的僭主，让其不可一世，蔑视礼法，自命为国王，就像一个僭主带领着一个城邦，让他去干所有不计后果的事情，以供养她和她那一群欲望侍从。这些欲望，有的来自外部的交往，有的是他自己让类似的恶习挣脱了管束形成的。我们是不是已经描绘了一幅他的生活方式的图画呢？

阿得曼托斯：是这样。

苏格拉底：一个国家里，假如这种人为数不多，大多数的国民还是头脑清醒的人，那么这类人只能出国去给别的外国僭主做侍卫，或是担当某一战争中的雇佣兵。但是，和平时期的他们会在本国作些小恶。

阿得曼托斯：你说的小恶指的是哪些恶？

苏格拉底：比如，小偷、扒手、强盗，还有扒人衣服、抢劫神庙、诱拐儿童等恶行。天生油嘴滑舌的人，就会成为告密人、伪证人或受贿者。

阿得曼托斯：其实，是因为他们总数不多这一前提存在，你才说他们的恶行小吧？

苏格拉底：是的。毕竟我说的小恶是相对大恶存在的。就行为给国家造成的不幸和罪恶而言，这些恶行在僭主暴君造成的危害面前简直就是小巫见大巫。然而，只要这种人及他们的追随者人数达到一定数量，且他们也预见了自己的力量壮大的时候，他们就会利用民众的愚昧，将自己的同伙中心灵由最强大暴君控制的人扶上僭主暴君的宝座。

阿得曼托斯：或许就因为他最专制，他被推上宝座是非常自然的。

苏格拉底：假如人民屈服了，那当然非常好。假如人民反抗他，这时要是他拥有权力，那么他就会像他一开始殴打他的父母那样殴打他们，让他亲爱的父母之邦臣服于他年轻的侍从——如同克里特人所说的那样，让这年幼的家奴成为他们的统治者和主宰。这就是他的激情和欲望的目的。

阿得曼托斯：是的，他们的目的就在于此。

苏格拉底：因此，他们在刚开始的时候总和那些准备阿谀奉承他们的人在一起，随后要是他们自己也有求于人的话，他们就会低三下四溜须拍马地向他人表白自己的友谊，不过只要一达到目的，必然会过河拆桥。显然，这些人掌权之前的生活方式就是这样。

阿得曼托斯：确实是这样。

苏格拉底：因此，他们要么是主人，要么是仆人，永远也不会是任何人的朋友。他们身上僭主的天性注定他们是永远体会不到自由和真正友谊的滋味的。

阿得曼托斯：完全是这样的。

苏格拉底：因此，我们就应该称他们为不可靠的人，对不对？

阿得曼托斯：当然对！

苏格拉底：那既然我们一致认可了正义的定义，那非正义的定义也应该是正确的才是。

阿得曼托斯：的确，我们是正确的。

苏格拉底：让我们用一句话来形容最恶的人的特点，即他们就是那些醒着却做着梦中的事的人。

阿得曼托斯：十分正确。

苏格拉底：这种事情就是一个天生的僭主掌权了以后会发生的事情。而且随着他掌权的时间越长，就越显现出他的暴君特质。

格劳孔（这时候插进来说）：这是肯定的。

苏格拉底：难道这个时候还不能说最恶的人不也是最为不幸的人吗？而且，他手中的权力越大，掌权的时间越长，他就越不幸，不幸的时间也就越长，是不是？当然，这东西也许仁者见仁，智者见智。

格劳孔：一定是这样的。

苏格拉底：这样说的话，什么样的人就应该相像于他们所在的国家，什么样的人就有什么样的国家，是吗？

格劳孔：当然是的。

苏格拉底：那我们也可以由此推出，在美德和幸福方面，不同类型个人间的比较，其实与他们所对应的国家间的比较非常相像，是吗？

格劳孔：何尝不是呢？

苏格拉底：那么，在美德方面，僭主的国家和我们所建立的国家相比有何区别呢？

格劳孔：前者最恶，后者至善，恰好相反。

苏格拉底：谁好谁坏，我们不可能搞错。因此，紧接着的问题就是，关于什么人幸福什么人不幸你能不能得出类似的结论呢？在这里，我们不必对暴君的阴魂惊恐，他不过是一个人，身边少不了有几个侍从。让我们做应该做的吧，让我们详细考察城邦的每一个方面，然后给出我们的看法。

格劳孔：这个提议非常好，很明显大家都已经知道了，僭主统治的城邦是最不幸的城邦，而王者统治的城邦则是最幸福的。

苏格拉底：对于讨论个人问题而言，这个提议也有积极的意义。我们要求，在讨论僭主国家相应的个人时，讨论者不能像孩子一样只停留在表面，要深入理解对象的心灵和个性，不被僭主的威仪和生活环境所迷惑。假如他能这么做，不但熟悉僭主在公共场合的表现，还曾经和僭主朝夕相处，对他在家里或是亲信之间的所作所为也相当熟悉，他才够资格做出判断，他的判断也才值得我们倾听。我们应该让他来告诉我们，和其他人比起来，僭主的生活到底是幸福还是不幸福呢？

格劳孔：这个提议也是不错的。

苏格拉底：那在我们当中是否也有人可以自称有和僭主一起交往的经历，并因此有这方面的判断能力，能够回答我们的问题呢？

格劳孔：是的。

苏格拉底：那好，对于这个问题，我们也用同样的方式来研究一下。我们要先记住个人的性格始终与他相应的城邦相似，再逐一细细考察每一种城邦和个人的性格特点。

格劳孔：有哪些性格特点呢？

苏格拉底：让我们先来说一下国家吧。在僭主统治下的国家究竟是自由的还是受奴役的？

格劳孔：完全受奴役的。

苏格拉底：不过，你难道没看到，这样的国家里也有主人和自由人呀？

格劳孔：这种人数量不多，整体而言，大多数人和最优秀的人都处于屈辱和不幸的奴隶地位。

苏格拉底：只要个人的情况与国家相似，那同一规则不会大行其道吗？个人的心灵上，也同样充斥着大量的奴役和不自由，奴役着他最优秀最理性的部分，其实就是那最恶最残暴的那一小部分扮演着暴君的角色。是不是这样？

格劳孔：是这样的。

苏格拉底：那么你认为这是个受奴役的灵魂，还是自由的灵魂吗？

格劳孔：当然是受奴役的。

苏格拉底：在一个受奴役的且被僭主统治的城邦里，是做不了自己真正想做的事情的，是吗？

格劳孔：是的，根本不可能做任何事情。

苏格拉底：因此，作为整体的实施僭主制的心灵，应该也做不了自己想做的事情。在这种疯狂欲望的永久驱使之下，总是充满了混乱和悔恨。

格劳孔：当然了。

苏格拉底：那么在僭主暴君统治下的城邦是富裕的，还是贫穷的呢？

格劳孔：当然是穷的。

苏格拉底：以此推测，僭主暴君式心灵也是永远穷困的，总苦于不能满足，对吗？

格劳孔：对的。

苏格拉底：还有，这样的国家和个人是否都充满了恐惧呢？

格劳孔：是这样。

苏格拉底：在你看来，你是否认为这里的痛苦、忧患、怨恨、悲伤会比所有其他国家的都多?

格劳孔：绝对是的。

苏格拉底：那在个人身上，这种被强烈欲望刺激疯了的僭主暴君式心灵是否也比所有人来得更痛苦、悲伤和怨恨呢?

格劳孔：当然是的。

苏格拉底：因此，在深思了这些及其类似的邪恶后，你大概已经有答案了，这个城邦着实是所有城邦中最不幸的了吧?

格劳孔：我这样说不对吗?

苏格拉底：非常正确。只不过基于同样的考虑，对于这个人你有什么看法呢?

格劳孔：在我看来，他是所有人中最最不幸的。

苏格拉底：这你就说得不对了。

格劳孔：怎么不对?

苏格拉底：我们觉得，这个人不是最不幸的，还没有达到不幸的顶点。

格劳孔：那是什么人达到了不幸的顶峰呢?

苏格拉底：我想更不幸的人，应该是接下来我要说的这类人。

格劳孔：哪种人?

苏格拉底：一个有僭主气质的人，他已不再是个普通的公民，而是因不幸的机会当上了实在的僭主暴君，这对他来说是不幸的。

格劳孔：依据刚才说的那些分析，我同意你的观点。

苏格拉底：好的。只不过，这话要好好地用下面的争论来论证，光说说是站不住脚的。毕竟我们现在讨论的可是一切问题中，有关善恶的最重要的生活问题。

格劳孔：你说得非常正确。

苏格拉底：因此，请仔细考虑一下我说的是否在理。在我看来，下面陈述的事例将有助于我们得出这问题的答案。

格劳孔：哪些事例?

苏格拉底：现在，我们以城邦里的富人为例，他们拥有大量奴隶。实际上他们在统治众人这点上非常相像，区别只在于统治人数的多寡上。

格劳孔：是的，这点确实有点儿不一样。

苏格拉底：那么，你知道他们并不害怕自己的奴隶吗？

格劳孔：他们会害怕什么？

苏格拉底：他们什么都不用怕。可是你知道这是为什么吗？

格劳孔：当然，城邦或国家是要保护每一个公民的。

苏格拉底：说得好。不过，假设有这么一个主人，他拥有大约五十个奴隶。一个神把他、他的家人和奴隶一起带到了荒野。在那里，没有自由人帮他。他会不会极为惊恐，生怕奴隶处死他、他的妻子和孩子呢？

格劳孔：我认为他确实会有很强的恐惧感。

苏格拉底：到这时，他做的事情就和往常奴隶做的没有什么不同了。他需要去巴结讨好自己的一些奴隶，许诺他们放他们自由（尽管他做这些都是违心的），是吗？

格劳孔：大概是要这么做的，这是唯一能拯救他自己的方式。

苏格拉底：但如果神在他身边安排了很多人，这些都是不容许奴役他人的，只要发现有人企图奴役他人，他们便将他处以严厉的惩罚。这个时候会怎么样呢？

格劳孔：那他的处境比刚才要糟糕多了，因为他的敌人无处不在。

苏格拉底：正如我们曾经描述过的一样，这种人他陷入了各种恐惧和如同欲望僭主的那种困境。这个城邦里，他成了唯一无法出国旅行或参加普通自由公民喜爱的节日庆典的人。他只能好似妇女一般深居简出，虽然渴望这些乐趣，却只能白白羡慕他人的自由自在。

格劳孔：很对。

苏格拉底：因此，在诸如此类的不幸中，他——其自身灵魂受到不良统治的僭主式的人，也就是你刚才认定为最不幸的人，当他不是出演私人生活的僭主，而是受命运所迫成了一个公共僭主，这样岂不是更加不幸？

他连自己的主人都当不了，却不得不当别人的主人。他就像一个患病或瘫痪的人，没有静养，却被迫去与别人搏杀、战斗。

格劳孔：苏格拉底啊，你的比喻非常恰当。

苏格拉底：亲爱的格劳孔，我所说的这难道不是最不幸的境遇？僭主暴君的生活难道不比你所说的最不幸的生活来得更不幸吗？

格劳孔：正是。

苏格拉底：不管人们如何认为，真正的僭主实乃真正的奴隶。他被迫躬行恭维、卑躬屈膝之能事，成了人类中最卑劣之人的讨好者。他有一些他根本满足不了的欲望，比其他任何人的需求都多。假如你知道怎么样考察他的整个灵魂，你就会发现，他才是真正的穷鬼。在他的整个一生中，恐惧都如影随形，如同与他相像的城邦充满动荡和混乱。肯定是这样吧？

格劳孔：确实是的。

苏格拉底：此外，正如我们已说过的那样，掌权只会让他变得更容易妒忌，更不忠实可信，更不讲正义和朋友交情，更不敬神明。他的住处藏污纳垢，无美德和善可言。结果你会发现，这样的结局只会是他和他身边的人都因为他而变成最悲惨的人。

格劳孔：我相信有理性的人都会认同你的观点。

二　比较五种政体

苏格拉底：那好，现在你就像表演比赛的总裁判那样来宣布结果。对于以下几类人，你说说看如王者型、贪图名誉者型、寡头型、自由平等型、僭主型人物，哪种人是最幸福的，其次是哪种人，再接下来是谁？

格劳孔：这个评定并不难。假如我把他们比作是舞台上的合唱队的话，那他们的入场顺序就是我所评定的幸福次序，也是美德次序。

苏格拉底：既然这样，那是不是需要雇一个传令官来宣布你的评判，还是由我来宣布呢？是不是该说，阿里斯通之子格劳孔认定，最善者和最正义者就是最幸福的人，他不但最有王者气质且最能自制。相反，最恶者和最不正义者就是最不幸的人。他的暴君气质最强，不仅是他的心灵，他对待他所统治的国家也是如此。

格劳孔：那就由你来宣布吧。

苏格拉底：在上述你的评定后面，我想再加上一句话，不知道可不可以？我想说，无论他们的品性是否为神人所知，所判定的善与恶、幸与不幸的结论不变。

格劳孔：加上去吧。

苏格拉底：很好，这样的话，我们就找到了一个证明的理由了，再从第二个证明的理由来看，它是否也有道理。

格劳孔：第二个证明是什么？

苏格拉底：人的心灵也可以像城邦分成三个等级那样，分解为三个部分。我认为，这种划分可以提供一种新的证明途径。

格劳孔：什么证明途径？

苏格拉底：请听我说。我看到，这三个不同的部分各有各的快乐，但彼此相互对应，与此同时，还有三种欲望和统治与之相对应。

格劳孔：请详细解释。

苏格拉底：我们说过，人的心灵有个部分主要是用来认知的，还有一部分是会借以发怒的。至于第三个，它虽然有很多形式，可并没有一个特别的名称，只能用食欲这个一般性名称来指示。吃喝的欲望以及其他感官欲望具有惊人的力量和强烈程度，是它的主要成分。我们还可以用爱财来指示它，因为这样的欲望一般是通过金钱的帮助得到满足的。

格劳孔：对。

苏格拉底：当然还可以说，它的快乐和爱大多集中在“利益”上。为了将来提及它时更容易理解它的本质，是否可以将它集中到一个名下，能否更准确地称之为“爱钱”的部分或“爱利”的部分呢？

格劳孔：不管怎么样，我是这么认为的。

苏格拉底：那这个部分又怎么样呢？之前我们不是曾认定它完全就是为了优越、胜利和名誉吗？

格劳孔：确实。

苏格拉底：那应不应该更恰当地称之为“爱胜”的部分或“爱敬”的部分呢？

格劳孔：再恰当不过了。

苏格拉底：不过大家心里应该都非常清楚，心灵的这三个部分当中，最不关心钱财和荣誉的就应该是那个全身心只为了认识真理的、负责学习的部分了。

格劳孔：没错。

苏格拉底：那我们可以用“爱学”的部分和“爱智”的部分来称呼它，你认为合适吗？

格劳孔：当然合适。

苏格拉底：依据不同的情况，有的人心灵这个部分统治着他的心灵，有的人则不然，是由另外两个部分控制他的心灵，是不是这样？

格劳孔：是这样。

苏格拉底：正因为这个原因，人的基本类型被分为了三种，即哲学家或爱智者、爱胜者和爱利者。

格劳孔：非常正确。

苏格拉底：三种人也有相对应的三种快乐吧？

格劳孔：当然。

苏格拉底：那么，假如你考察这三种人，问他们到底什么人的生活最快乐，你将发现，每种人都将称赞他们自己的生活，贬低别人的生活。会赚钱的人表示，荣誉和学习是空虚的，除非它们能带来实实在在的金子和银子。

格劳孔：这我知道。

苏格拉底：那爱敬者他们鄙视利益带来的快乐，也把学习的快乐视为无聊的瞎扯（除非它也能让他们受到他人的尊敬），是吗？

格劳孔：是的。

苏格拉底：那你认为哲学家在对比献身真理、研究真理的快乐和其他种类的快乐的时候，他的看法是什么呢？他会认定若不是因为必然性的束缚，他是不会要求那些其他的快乐的，因此他将这些远非真正快乐的东西称作“必然性”快乐。是不是？

格劳孔：毫无疑问。

苏格拉底：既然三种快乐三种生活各有各的说法，这样一来，那该怎么判定哪一种说法是正确的呢？显而易见，三种说法的差异不仅仅是单纯讨论哪一种可敬哪一种可耻，或者是哪一种善哪一种恶，而是在于哪一种可以让他们摆脱痛苦更加快乐。

格劳孔：我的确说不清。

苏格拉底：那么，你就这么考虑，一件事的正确与否该采用什么标准去判断呢？难道不是经验、知识、推理吗，或者还有其他更优于它们的标准吗？

格劳孔：没有了。

苏格拉底：那再请你考虑一下，这三种人当中什么人对于这三种快乐的经验最为丰富？在你看来，是爱利者在研究真理方面获得的快乐经验多，还是哲学家在获取利益方面获得的经验多？

格劳孔：不用说是后者了。从小时起，哲学家免不了也要体验另外两种快乐，但对于爱利者而言，研究真理、学习事物本质的快乐他不一定会去体验，况且即便他想体验，也不一定能做得到。

苏格拉底：所以说，相比爱利者，哲学家由于体验过三种快乐，因此在快乐经验方面要丰富得多。

格劳孔：确实是丰富得多。

苏格拉底：那和爱敬者比结果怎么样呢？在受他人尊敬方面和爱敬者在学习真理方面，哲学家所体验的快乐在哪个方面多？

格劳孔：当然是前者。实际上，只要是实现了自己目标的人都会得到他人的尊敬。正像富人、勇敢者和智慧者都会得到广泛尊敬，因此体验到受尊敬的快乐的人很多。但通达真理、了解真理的快乐，就只有哲学家能体验得到。

苏格拉底：既然哲学家的快乐经验最丰富，因此评判三种快乐的工作也就只有他能够胜任。

格劳孔：他最有资格。

苏格拉底：何况，可以将知识和经验结合在一起的人只有他了。

格劳孔：确实是的。

苏格拉底：另外，爱智者或哲学家还拥有爱利者或爱敬者所不具备的判定手段和工具。

格劳孔：你这话何意呢？

苏格拉底：我们必须通过推理的方式实现判定，是吧？

格劳孔：是的。

苏格拉底：而推理是哲学家的工具。

格劳孔：当然。

苏格拉底：假设财富和利益是评定事物的标准的话，那能说出最真实的结果的人就是爱利者了？

格劳孔：必定是的。

苏格拉底：假设标准是尊敬、胜利和勇敢的话，那显然爱胜者和爱敬者所赞誉的事物不就是最真实的结果了吗？

格劳孔：这个道理显而易见。

苏格拉底：那么，假如以经验、知识和推理为标准的话，结果又怎么样呢？

格劳孔：那一定是爱智者和爱推理者所称赞的事物是最真实的。

苏格拉底：那在这三种快乐之中，灵魂中那个负责学习的部分的快乐是最真实的快乐，同样以这部分统治灵魂的人的生活也是最快乐的生活，是不是？

格劳孔：怎能不是呢？无论如何，只有那些有知识的人说出的快乐才是最可靠的。

苏格拉底：接下来，你觉得哪种生活是第二快乐呢？

格劳孔：那当然就是战士和爱敬者的快乐，他们的快乐比起爱利者更接近最快乐的人。

苏格拉底：那这么说爱利者的生活和快乐就垫底了？

格劳孔：当然了。

苏格拉底：之前的两次交锋，正义者已经连续两次打败了不正义者。现在第三场冲突到了，它是献给奥林匹亚山上的拯救者宙斯的。有个哲人对我耳语说，除了有智慧的人的快乐，再没有快乐是完全真实、纯粹的，其他快乐只是一种影子。在全部三场冲突中，这场冲突无疑是最大、最具有决定意义的一场冲突吧？

格劳孔：说得对。你还是要解释一下。

苏格拉底：要我解释的话，你必须得回答我的问题。

格劳孔：你尽管问吧。

苏格拉底：烦请你告诉我，痛苦是否和快乐相反？

格劳孔：当然。

苏格拉底：有没有一种状态是既快乐又痛苦的？

格劳孔：有的。

苏格拉底：你是否认为这种状态其实并非介于快乐和痛苦之间的状态，不是灵魂的两个方面都平静的状态？

格劳孔：是这样。

苏格拉底：你知道不知道人们生病时说的话？

格劳孔：究竟是什么话呢？

苏格拉底：他们说，虽然健康的时候没觉得健康最快乐，但现在健康对他们来说是什么都比不上的快乐。

格劳孔：我知道。

苏格拉底：那你是否听过极端痛苦的人说停止痛苦是他们最大的快乐的话呢？

格劳孔：听到过。

苏格拉底：那我想你肯定知道，人们在遭受痛苦的大多数情况下，都会把摆脱痛苦视为最大的快乐。他们这么说，并不是因为这种快乐能带给他们享受。

格劳孔：是的。这个时候平静有可能就是最可爱的、最快乐的了。

苏格拉底：同样地，当一个人的快乐停止了，这种平静也会跟着痛苦的。

格劳孔：或许是的。

苏格拉底：因此，刚才说的介于两者之间的平静有时也会是既痛苦也快乐的。

格劳孔：看来是如此。

苏格拉底：两者皆否的东西也可能是两者皆是的东西吗？

格劳孔：我看不行。

苏格拉底：在心灵里，快乐和痛苦产生的都是一种运动，对不对？

格劳孔：对的。

苏格拉底：可是我们刚刚说过，介于两者间的状态的平静也是既快乐又痛苦的呀？

格劳孔：是的。

苏格拉底：这样说来，不是痛苦就是快乐，不是快乐就痛苦，这种说法毫无疑问是不对的，是吗？

格劳孔：它不可能是正确的。

苏格拉底：因此，那些相对于痛苦的貌似快乐，和与快乐相对的貌似痛苦，都称不上是真正的快乐和痛苦，都只是中间状态的平静而已。这种快乐只是快乐的影像，它具有欺骗性，与真正的快乐一点儿关系都没有。那么，这只是一种表象，而非一种现实。也就是说，静止与痛苦的东西相比就是那一刻的快乐，与快乐的东西相比就是那一刻的痛苦。不过，假如受到真正快乐的检验，所有这些表述就都并非真实的，而只是一种欺骗。是吧？

格劳孔：你的论证证明了这一点。

苏格拉底：你认为的快乐就是痛苦的终止，痛苦也是快乐的终止的观点，在你看完那些不是痛苦终止后的快乐，就能够完全被你抛弃了。

格劳孔：你说的是哪种快乐，我在哪里会找到它们呢？

苏格拉底：这种快乐实际上特别多，只要你稍加注意，那些跟嗅觉有联系的快乐尤其如此。这种快乐出现之前并没有痛苦，它们是突然出现的，迅速就会变得特别强烈，而且停止之后也没有痛苦。

格劳孔：说得极是。

苏格拉底：所以，我们不能再继续坚持相信，没有了痛苦就会是真正的快乐，失去了快乐就是真正的痛苦这样的观点。

格劳孔：是的，这样的话不要再相信了。

苏格拉底：但是，大多数从身体传达心灵的那些所谓最大的快乐，都是某种程度上摆脱痛苦而得来的。比如，吃东西的快乐在获得之前就是饥饿的痛苦。

格劳孔：是的。

苏格拉底：此外，期待这类苦和乐所产生的苦与乐不也和它们一样吗？

格劳孔：是同一类。

苏格拉底：那你是否知道，它们是什么样的？最像什么吗？

格劳孔：什么？

苏格拉底：你觉得，是不是分成上、下、中三级？

格劳孔：是的。

苏格拉底：从下上升中的人，是不是会因此就认为他已经在上了呢？此时的他居高临下地看下，是不是会只因他没有见过真正的上就认定自己所在的地方就是上了呢？

格劳孔：我也认为他会这么想。

苏格拉底：假如再让他下降到下，他认为他在向下，对吧？

格劳孔：当然对的。

苏格拉底：之所以他会这么想，就因为他缺乏关于上、中、下的真正经验吗？

格劳孔：显然是的。

苏格拉底：这样说来，假如有人对真相缺乏经验，那么正如他们对别的很多东西都持有错误看法那样，他们对快乐、痛苦、中间状态也持有错误看法。所以说，当他们被拖向痛苦的东西时，他们就感到了痛苦，认为他们体验到的痛苦是真实的。当他们从痛苦被拖到中性或中间状态的时候，他们同样会深信，他们已经达到了满足和快乐的目标。他们不知道快乐，是因为他们比较痛苦和在痛苦的缺席时犯了错误。这就像把黑色跟灰色作比较，而不是跟白色作比较。说实话，这会让你感到惊奇吗？

格劳孔：不，我不觉得奇怪。相反，假如不是这样的话，我反倒会觉得非常奇怪。

苏格拉底：那好，这个问题就让我们依照下面这种方式来讨论吧。请问，饥和渴等状态算不算是身体常态的一种空缺？

格劳孔：自然是的。

苏格拉底：那心灵常态的空缺是不是就是无知和无智？

格劳孔：确实是。

苏格拉底：那身体和心灵这方面的空缺只能通过吃了饭和学了知识来填补，是不是？

格劳孔：是的。

苏格拉底：填补现实的空缺与虚拟的空缺，哪一种来得更加真实呢？

格劳孔：显然是后者。

苏格拉底：有两类事物，一类包括食物、饮料、佐料以及各种营养，另一类包括真实的意见、知识、理性以及所有美德，那么你觉得，哪一类具有较大的纯粹“是”呢？或者，换一个问法，有两类事物，一类事物与不变、永恒、真正的东西相关，并且自身也具有这样一种性质，可以在有这样性质的事物中被找到；另一类事物与可变、会死的事物相关，可以在这样的事物中被发现，并且自身也是可变、会死的，那么哪一类事物拥有一种更纯的“是”呢？

格劳孔：永恒不变的那种事物实在得多。

苏格拉底：那这种事物的实在性是否超过它的可知性呢？

格劳孔：那绝对不可能。

苏格拉底：超过它的真实性？

格劳孔：也不会。

苏格拉底：那么，相对不真实的事物也就不实在，对吗？

格劳孔：那是必然的。

苏格拉底：那么，一般而言，在真实性和实在性方面，满足身体需求的事物是比不上满足心灵需要的那一类事物的。

格劳孔：差得远呢！

苏格拉底：就这么说的话，是不是心灵本身也比身体来得更真实和实在呢？

格劳孔：我觉得是的。

苏格拉底：因此，填充的实在性的强弱在于用以填充的事物和接受填充的事物的实在程度，对吧？

格劳孔：当然是的。

苏格拉底：假如我们会因为得到了适合于自然的事物的填充而感到快

乐的话，那么只要这事物和我们个人越实在的话，我们体验到的快乐就越实在，相反的话，由于填补我们需求的事物缺乏实在性，我们的快乐就不那么可靠和真实。

格劳孔：这毫无疑问。

苏格拉底：因此，那些不知道智慧和美德的人，他们一直忙着吃喝、纵欲；忽上忽下，最高不过上到中间区域。他们终其一生都在这个区域飘忽不定，可从来没有进入真正的上部世界。他们既没有向上面看，也未找到去上面的路，既没有被真实的"是"真正地充实，也从未体验到纯粹的、不变的愉悦。就如同牲口的眼睛看着下面、头向地面弯着一样，他们的眼睛看着餐桌，头向餐桌弯着，吃肥了，又交配。在对这些快乐的过分喜爱中，他们用铁制的角互相撞击，用铁制蹄子互相踢。由于不知餍足的欲望，他们互相杀戮。所以，他们用来充实他们自己的是不真实的东西，他们充实他们自己的那个部分也是不真实的、无节制的。

格劳孔：苏格拉底啊，你如同在宣布神谕似的描述众人的生活。

苏格拉底：因此，他们所谓的快乐只是真实快乐的影子罢了，其中总是夹杂着痛苦，是吧？只不过与痛苦相比，表面看起来非常强烈的快乐就会在愚人们心中引起疯狂的欲望，他们还为之进行争夺。这就犹如斯特锡霍洛斯说的一样，在特洛伊英雄们总在为海伦的幻影[①]而厮杀。这些争斗的原因都是由于对真实知识的匮乏，是吧？

格劳孔：绝对是这样的。

苏格拉底：其他爱利的部分你怎么看，难道情况不一样吗？一个人一味缺乏理性地去追求荣誉、胜利或意气的话，他这种企图满足荣誉、胜利或意气的做法也会导致忌妒、强制和愤慨，不是吗？

格劳孔：这种情况不免会发生在这种场合。

---

① 斯特锡霍洛斯传说认为，真正的海伦还留在埃及，被带到特洛伊的只不过是她的幻影。

苏格拉底：那么，我们可以自信地断言，假如喜好钱财和荣誉的人，要是有理性和知识的陪伴和指导，追寻并去赢得智慧显示给他们的愉悦，那么由于追求真理，他们也可以拥有他们可以获得的最真实的快乐。而假如对于一个人来说最好的快乐对于他来说也是最自然的，那么他们就会拥有对于他们来说 最自然的快乐。是这样吧？

格劳孔：那的确是最自然的快乐。

苏格拉底：假如爱智的部分在心灵里起主导作用的话，那心灵内部将不再有纷争，每个部分都会各司其职，起到它们原来该有的作用，如此一来，每个部分都会因此享受着它自己固有的快乐，以及那些最善的和各自范围内最真的快乐。

格劳孔：绝对是的。

苏格拉底：那么，假如整个灵魂都追随爱智慧的原则，内部没有了分裂，那么那几个部分就都是正义的，都各司其职，分别享受着它们能够获得的最好、最真实的愉悦。是不是这样呢？

格劳孔：是的。

苏格拉底：主导的部分离哲学越远，上述的效果就越明显。是不是？

格劳孔：是的。

苏格拉底：离哲学理论最远的，应该也离法律和秩序最远吧？

格劳孔：很明显是的。

苏格拉底：那我们已经发现，爱的欲望和僭主暴君的欲望离法律和秩序是最远的，是吧？

格劳孔：正是。

苏格拉底：离得最近的要数王者的有秩序的欲望，是不是？

格劳孔：是的。

苏格拉底：如此一来，我认为最容易获得真正快乐的就是王者了，而远离它的就应该是僭主暴君了。是不是？

格劳孔：这是必然的。

苏格拉底：那么，可不可以说，王者的生活最快乐，而僭主暴君的生活则最痛苦。

格劳孔：毫无疑问。

苏格拉底：那你觉得僭主的生活要比王者的生活不快乐多少呢？

格劳孔：你一说，我不就知道了。

苏格拉底：总的来说，快乐似乎有三种，一种是真正的快乐，另外两种是虚假的快乐。僭主的距离超越了虚假的快乐。他已经逃离了理性和礼法的领域，用奴隶的快乐占据了他的住所，而这些快乐是他的仆从。他低劣的程度只能用一个数字来表达。

格劳孔：什么意思？

苏格拉底：我认为，僭主与寡头派之间应该还有个派别，后者往下三级才是前者。

格劳孔：是的。

苏格拉底：依照我们前面的推理，那他所享受的快乐就不仅仅是快乐的幻想，而是幻想往下三级的东西，真实性远远在幻想之下，是不是？

格劳孔：是这样。

苏格拉底：如果说贵族派和王者一样，那寡头派就已经是王者之下第三级了？

格劳孔：是王者之下第三级。

苏格拉底：用数字表示的话，那么僭主与真正快乐间的距离就是九，三三得九呀。

格劳孔：很显然是的。

苏格拉底：因此，假如按照长度测定数字的话，那僭主所看到的快乐幻想就是个平面数。

格劳孔：完全是的。

苏格拉底：这个数字经过平方再立方后，两者间的差距更是显而易见了。

格劳孔：这差距对算术家来说自然是显而易见的。

苏格拉底：就是说，就快乐的真实性来说，假如一个人从另一端开始测量王者和僭主之间的间隔，那么当乘法运算过程结束时，他将发现，王者的生活比僭主的生活快乐七百二十九倍，而僭主的生活比王者的生活痛苦七百二十九倍。

格劳孔：这种算法非常神奇，正义者和非正义者在苦与乐方面的惊人差距，被它用数字充分证明了。

苏格拉底：另外，这个数还是个适合于人生活的正确的数，既然日、夜、月、年适合人的生活[①]。

格劳孔：当然是。

苏格拉底：既然正义者生活的快乐已经远远超越了非正义者，那礼貌、美和道德方面正义者也会大大超越吧？

格劳孔：是的。

苏格拉底：很好。说到这儿，最初引起这场讨论的那个话题，让我们再回到最初的那个话题，我们讨论的是对一个披着正义外衣的非正义者来说，非正义的生活方式是有益的，是吧？

格劳孔：是这么说的。

苏格拉底：我们对于正义者和非正义者的生活苦乐等问题已经取得了一致的看法，接下来，我们就要跟提出上述观点的人好好讨论一下了。

格劳孔：如何讨论呢？

苏格拉底：为了让他们在讨论中可以看清这一观点的真正含义，我们先为他们塑造一个人心灵的塑像。

格劳孔：什么样的塑像？

---

① 柏拉图这句话的含义不够明确。毕达哥拉斯派的费洛劳斯主张，一年有364.5个白天，夜晚的数量大致也差不多，白天和夜晚的数字相加等于729。费洛劳斯还相信一个有729个月的“大年”。

苏格拉底：就像古代神话中的混合创造物，如像克迈拉[①]、斯库拉[②]、克尔贝洛斯[③]或是其他一样身上长满各种形体的怪物。

格劳孔：是有这种传说的。

苏格拉底：那么，你现在就塑造一个多头怪物。假设它长着几种兽类的头，这些头可以随意变换随意长出来，其中有狂野的，也有温驯的。

格劳孔：这样的一个塑像，怕是只有手艺最巧的工匠才能造出啊。所幸我们用的材料是言语，就先假定这塑像已经塑成了，要知道这材料可是比蜡还要柔弱呢。

苏格拉底：紧接着，要再塑一个狮形的像和一个人形的像，可别忘记，第一个兽类的塑像最大，狮像的个头紧随其后。

格劳孔：这还不容易，一句话就可能够搞定。

苏格拉底：而后就是三座塑像合一，这样看起来就好比一起长在怪物身上一样。

格劳孔：已经造好了。

苏格拉底：最后需要在这怪物塑像外套上一个人形的外壳，一个人肉眼看不出里面的实质的人像，就仿佛这个怪兽就是个人形生物。

格劳孔：也造好了。

苏格拉底：现在，让我们对那个主张做不正义的事情对人有利、做正义的事情对人不利的人说，假如他是对的，那么那个人形生物就应该款待多头怪物，强化狮子和狮性，不过要让那个人挨饿、削弱人，让人容易受制于怪物或狮子，因为这对它有利。它不会试着让它们互相熟悉、互相和睦，而应该让它们互相搏斗、互相撕咬、互相吞噬。

---

① 克迈拉：希腊神话中的一个喷火女妖，她身体前部像狮子，中部像山羊，后部像龙。见荷马史诗《伊里亚特》第6卷。

② 斯库拉：希腊神话中一个女妖，有六头十二足。见史诗《奥德赛》第12卷。

③ 克尔贝洛斯：守卫地府的狗，蛇尾，有三头，一说有五十个头。见赫西俄德《神谱》311—312。

格劳孔：赞成非正义不就是这个意思。

苏格拉底：正义的支持者完全可以这样回答他，他永远应该以各种方式赋予那个人形生物中的人对整个人形生物最完整的控制权。他不仅要这么说，而且要这么做。人形生物中的人应该像一个优秀农民那样监督多头怪物，培育、教养它温和的品质，以防其野性的品质滋长。他应该让狮心成为他的盟友。他应该对多头怪物和狮子一视同仁地加以照顾，让它们彼此结合，并且和他自己结合在一起。

格劳孔：是的，主张正义有利说的人就是这个意思。

苏格拉底：因此，不管怎么样，主张正义有利说的观点是正确的，持相反主张的人就是错误的。因为不管是讨论快乐、荣誉还是利益，前者总能提出充分的证据予以证明，反对者则由于缺少对事物真实的认识，而不能够准确论证他们的观点。

格劳孔：我也是这么想的。

苏格拉底：很明显，我们的反对者并不是故意与我们做对，那我们要不要用和蔼的态度来说服他们？我们就这么问他，亲爱的朋友，当人天性中的兽性受制于人性（更确切地说是神性）的时候，美好的事物便由此产生，反之，则诞生了丑恶和卑鄙的事物，正是因为这样，法律和习惯上认定的美或丑就是实实在在的美丑了。你说，他会不会同意我们的说法呢？

格劳孔：假如他接受我的劝告，他会同意的。

苏格拉底：假如他同意我们的看法，那么我们就接着问他："假如一个人是在让他最卑贱部分奴役他高尚部分的情况下接受金银的，那么他又如何能获益呢？假如一个人为了钱把儿女卖为奴隶，特别是卖给了残忍、邪恶的人，那么不管他得到多少钱，谁又会认为他是一个得益者呢？假如一个人把自己的神圣存在卖给了他最不虔诚、最卑劣的存在却毫无悔意，那么谁又会说他并非一个可怜的贱人呢？厄里费勒[①]为了一串项链出卖了她

① 厄里费勒：她接受了波吕尼刻斯赠送的项链，就怂恿丈夫安菲阿刺俄斯参加攻打底比斯的远征，结果她的丈夫被杀。

丈夫的生命，毫无疑问，她收下贿赂得到的是更糟糕的下场。”

格劳孔：假如此时我是他的话，我会说这非常可怕。

苏格拉底：在你看来，放纵之所以受到谴责，就因为我们放任了自己内心的多头怪兽了，是不是？

格劳孔：显然是的。

苏格拉底：同样地，固执和暴躁受到谴责，不也是因为它们过分增强了内心的狮性或龙性的力量吗？

格劳孔：毫无疑问。

苏格拉底：奢侈和柔弱遭到责备，也是因为它们削弱了狮性而让人懒散和懦弱了吗？

格劳孔：肯定是的。

苏格拉底：谄媚卑鄙也要受到谴责，之所以会这样，是否就是因为有人让内心的狮性，即暴民般的怪兽野性，那些贪图钱财的欲望及其他无法控制的兽欲，从小就学着忍受各种侮辱，以致长大后没有成长为狮子而变得像一只猴子？

格劳孔：的确。

苏格拉底：你说说看，为什么手工技艺总是不被人们所重视呢？碰到这个问题我们只能回答，假如一个人最善的部分过于柔弱，它们只能讨好内心的兽性，为它们所奴役，而不是主宰或是控制，是这样吗？

格劳孔：看来是这样的。

苏格拉底：所以，这种人在我们眼里就应该是最优秀的人（这里指的是一个自己内部管理有序的人）的奴隶，这么做的目的就是让他也能同样得到与他的主人类似的管理，是不是？请注意，我们对待奴隶的态度和特拉叙马霍斯看待被统治者的观点不同，我们这么做不是想让奴隶们接受对自己有害的管理或统治，而是为了也让他们通过受神圣的智慧者的统治来变善。当然，不可否认的是自身内部的智慧和控制管理显然是最佳的，假如做不到就只能通过外力来强化，如此才能让大家因为接受相同的教育成为朋友彼此平等。这样说对吗?

格劳孔：你说得很对。

苏格拉底：这显然被认为是法律的目的，而法律则是整个城邦的盟友。这很明显也体现在我们对儿童施加的权威之中，我们拒绝让他们自由，直到我们在他们身上确立了一种与一个城邦的制度类似的原则，并且通过对这种较高成分的教养，在他们的心灵里树立起一个类似我们自己的守卫者或统治者的形象。等我们完成了所有这一切，他们才可以自行其是。

格劳孔：是的，这道理显而易见。

苏格拉底：那么，格劳孔，我们又从何种角度，以什么证据来证明，一个自我放纵的非正义者为所欲为，为非作歹最终获取钱财，或是变得更坏，会对他更有利呢?

格劳孔：没有。

苏格拉底：假如他的不正义未被察觉并且没有遭受惩罚，他会获得什么利呢? 假如一个人不正义却没有被察觉，那么他只能变得更坏。反之，假如一个人不正义被察觉到并且遭到了惩罚，他天性中兽性的部分就会被消除、被人性化，他内在的温和成分就会获得解放，他整个灵魂就会通过正义、节制、智慧的获得而臻于完善，得到升华。这种完善和升华超过身体曾经通过获得美、力量、健康所能达到的完善和升华，就如同灵魂比身体更高贵一样。

格劳孔：极是。

苏格拉底：因此，对于一个有理智的人而言，在他的一生中，相对于其他知识，他最先重视的应该就是什么样的知识能够教养这种品质，他会穷尽自己的一生为之努力，是吧?

格劳孔：显然是的。

苏格拉底：其次，就是身体习惯和锻炼方面，他们对于身体锻炼的要求不会仅仅停留在贪图无理性的野蛮的快乐，或是只把寻求身体强壮、健康或是美的方法当作生活志趣的主要目标，只有当这些事情有助于自制精神的教养时才会例外，而那种单纯只要求身体健康的做法是他们所鄙夷的。我们会发觉，他锻炼自己的身体，协调各部分的目的只有一个，就是心灵的和谐。

格劳孔：那他一定可以成为一名真正的音乐家。

苏格拉底：在获取财富的过程中，他会不会也同样重视如何协调秩序呢？在众人的阿谀奉承之下，他会不会无度地为自己敛财从而给自己带来无穷的害处呢？

格劳孔：我觉得，他不会。

苏格拉底：他们最关注的其实是心灵的宪法和秩序。他们会用一切方式方法守卫着它，绝不会因这里的财富过多或不足而引起混乱。假如这种情况万一出现了，他会随时根据需要增补或是减损一些这里的财富，以保证平衡。

格劳孔：确实是的。

苏格拉底：此外，出于同样的原因，他们会欣然接受那些能给他们人格带来善的荣誉，如若那些有可能破坏他已确立起来的习惯的荣誉，他都会及时选择避开。

格劳孔：假如他最在乎的是这个，那他就不会参与。

苏格拉底：说实在的，在合他意的城邦里他肯定会参加的。只不过，在他出生的城邦里除非有奇迹出现，要不然他是不会愿意的。

格劳孔：我明白你的意思。就是说，我们建立起来的那个理想中的城邦，其实就是合他意的城邦吧，只是这样理想的城邦在这个世间应该是没有的。

苏格拉底：也可能天上有它的原型，它可以让对它怀有期望的人在里面居住，而不在乎它是否现在存在或是将来存在。总而言之，假如他参加也只会在这种城邦里参加，其他任何国家他都不可能参加。

格劳孔：好像是的。

第十卷

一　论造物者与模仿者

苏格拉底：在我看来，的确还有好多其他的理由使我深信，我们在建立这个国家中的做法是完全正确的，尤其是关于诗歌方面的做法。

格劳孔：什么意思？

苏格拉底：我指的是对模仿的诗歌的拒绝。因为心灵的每一种形式我们都已经分辨出来了，所以我觉得拒绝模仿眼下就显得有更明摆着的理由了。

格劳孔：请你解释一下。

苏格拉底：噢，让我们讲些私下的话吧，因为我不想让我的话被透露给悲剧诗人或其他模仿者，不过我确实不介意对你说，所有模仿的诗歌对听者的理解力都具有毒害，而唯一的解毒办法就是了解它们的真实本性。

格劳孔：请你再解释得深入一些。

苏格拉底：我不得不直说了。虽然我从小就一直敬畏、喜爱荷马，这种敬畏和喜爱让我现在也不愿意说他的坏话，因为他不仅在所有迷人的悲剧家中首屈一指，而且还是他们的老师。不过，对一个人的敬畏不应该超过对真理的敬畏，因此我还是要说出来。

格劳孔：你一定得说出心里话。

苏格拉底：我觉得，你只听我说，倒不如你来回答我的问题。

格劳孔：你问吧。

苏格拉底：你能告诉我，模仿一般地说是什么吗？要知道，我自己也不太清楚，它的目的何在。

格劳孔：那我就更不清楚了！

苏格拉底：实际上你比我懂些也没什么可奇怪的，因为迟钝的目光比敏锐的目光先看到事物也是常有的事。

格劳孔：说得是。不过在你面前，我即使看得见什么，也是不大可能急切地想告诉你的。你还是自己考察吧！

苏格拉底：那好，让我以惯常的程序来开始讨论问题吧。在凡是我们能用同一名称称呼多数事物的场合，我觉得我们一直是假定它们只有一个形式或理念。你明白我的意思吗？

格劳孔：我明白。

苏格拉底：那么，让我们随便举一些普通的例子吧。比如说有许多的床或桌子。

格劳孔：当然可以。

苏格拉底：不过概括这许多家具的理念，在我看来只有两个：一个是床的理念，一个是桌子的理念。

格劳孔：是的。

苏格拉底：我们也始终认为，工匠在制造床或桌子时注视着理念或形式，分别地制造出我们使用的床或桌子来；关于其他用物也是如此。是不是？不过有一点是肯定的，那就是理念或形式本身则并非任何匠人能制造得出的。是吗？

格劳孔：当然。

苏格拉底：不过，现在请考虑一下，下述这种工匠你给他取个什么名称呢？

格劳孔：什么样的匠人？

苏格拉底：一种万能的匠人：他能制作一切东西——各行各业的匠人所造的各种东西。

格劳孔：你这是在说一种灵巧得实在惊人的人。

苏格拉底：请略等一等。还有更多理由值得你这么说呢。因为，正是他不仅能制作各种器皿，还能制作植物和动物，以及他自身。他还能制作别的所有东西，如天、地、天上的东西和地下的东西。他还能制造诸神。

格劳孔：真是一个神奇的智者啊！

苏格拉底：啊！你不信，是吧？你是否想说根本没有这样一位制作者或创造者，或者在某种意义上或许有一位所有事物的制作者，在另外一种意义上也许没有？你难道没有看到，你也能用一种方法制作所有这一切？

格劳孔：在什么意义上？

苏格拉底：这很容易，方法也不少，同时也非常快。假如你愿意拿一面镜子到处照的话，你就能马上做到这一点。你就能很快地制作出太阳和天空中的一切，很快地制作出大地和你自己，以及其他动物、用具、植物和所有我们刚才谈到的那些东西。

格劳孔：是的。但这是影子，不是真实存在的东西呀！

苏格拉底：很好，你这话说到点子上了。因为我认为画家也属于这一类的制作者。是吗？

格劳孔：当然是的。

苏格拉底：但是我想你会说，他的“制作”不是真的制作。然而画家也“在某种意义上”制作一张床。是吗？

格劳孔：是的，他同样是制作床的影子，而并非真实的床。

苏格拉底：造床的木匠怎么样？你刚才不是说，他造的不是床的理念，而是一张具体的床？在我们看来，床的理念才是床的本质。

格劳孔：是的，我是这么说的。

苏格拉底：那么，假如他不制作存在的东西，他就不能制造真正的存在物，而只能制造存在的某种相似物。假如有人说，制床匠或别的工匠制作的作品拥有真正的存在，很难说他说的是真的。

格劳孔：不管怎么样，这终究不大可能是善于进行我们这种论证法的人的观点。

苏格拉底：因此，假如有人说这种东西也不过是一种和真实比较起来的暗淡的阴影。这话是不会使我们感到吃惊的。

格劳孔：我们肯定不会吃惊。

苏格拉底：那么，我们是不是准备还用刚才这些事例来研究这个摹仿者的本质呢？也就是说，研究到底什么人才是真正的摹仿者？

格劳孔：就请这么做吧！

苏格拉底：那好，下面有三种床，其中之一是自然之床，我认为我们大概得说它是神造的，因为别的什么东西都不可能是它的制造者。是吧？

格劳孔：我认为不是什么别的造的。

苏格拉底：另一种是木匠造的床吧？

格劳孔：是的。

苏格拉底：第三种是画家画的床，是吗？

格劳孔：就算是吧。

苏格拉底：因此，这三种床的制作者分别是神、木匠、画家。是吧？

格劳孔：是的，是这三种人。

苏格拉底：不管是出于选择还是必然性，神制作了一张自然之床，并且只制作了一张。神没有制作两张或更多这样的理想之床，以后也永远不会。

格劳孔：为什么？

苏格拉底：因为即使他只制作了两张床，第三张床依然会接着出现，前两张床依然会以它为它们的理念，那么第三张床就会是理想之床，另外两张不是。

格劳孔：正确。

苏格拉底：在我看来，神由于知道这一点，并且希望自己成为真实的床的真正制造者而不只是一个制造某一特定床的木匠，因此他就只造了唯一的一张自然的床。

格劳孔：看来是的。

苏格拉底：那么，我们可不可以把神叫作床之自然的创造者？

格劳孔：这个名称是肯定正确的。从自然的创造过程来看，他是床的创造者，也是其他一切的创造者。

苏格拉底：那我们又该如何称呼木匠呢？我们可以把他叫作床的制造者吗？

格劳孔：可以。

苏格拉底：那我们也可以称画家为这类东西的创造者或制造者，是不是？

格劳孔：不可以。

苏格拉底：那么你说他和床是什么关系呢？

格劳孔：我认为，假如我们把画家叫作那两种人所造的东西的模仿者，应该是最合适的。

苏格拉底：很好。那么，你是把和自然隔着两层的作品的制作者称作模仿者，是吗？

格劳孔：正是。

苏格拉底：悲剧诗人既然是模仿者，那么他就如同所有其他的模仿者一样，自然地和王者或真实隔着两层。

格劳孔：似乎是这样。

苏格拉底：那么，关于模仿者，我们就达到了一致意见。但是请你告诉我，画家努力模仿的是哪一种事物？在你看来，画家模仿的是自然中的每一事物本身还是工匠的制作品？

格劳孔：工匠的作品。

苏格拉底：它们是事物的真实还是事物的影像？——这是需要进一步明确的。

格劳孔：什么意思?

苏格拉底：我的意思是，你可以从不同的角度看床，从侧面或从前面或从别的角度看它，它都异于本身吗？或者，它只是样子显得不一样，其实完全没有什么不一样，别的事物也莫不如此。是吗?

格劳孔：只是样子显得不一样，事实上没有任何区别。

苏格拉底：那么，现在让我再问一个问题。画家在作关于任何事物的画时，是在模仿事物实在的本身还是在模仿看上去的样子呢？换句话说，这是对影像的模仿还是对真实的模仿呢?

格劳孔：是对影像的模仿。

苏格拉底：这样的话，模仿者就离真实很远了。他之所以能做所有东西，是因为他轻轻地触摸到了它们很小的一部分，而那部分只是一种影像。以例说明，一个画家可以画一个鞋匠、一个木匠，或其他任何一个匠人，尽管他对他们的技艺一窍不通。假如他是个优秀的艺术家，当他在一定距离之外给他们展示他的画作时，他也许能欺骗孩子或头脑简单的人，他们会觉得看到了一个真实的木匠。

格劳孔：这话当然对的。

苏格拉底：我的朋友，在我看来，在所有这类情况下，我们都应该牢记下述这一点。当有人告诉我们说，他遇到过一个人，精通所有技艺，懂得所有只有本行专家才专门懂得的其他事物，比任何人都能更精细地了解每个事物。听到这些话我们不得不告诉他说：“你是一个头脑简单的人，看来遇到了魔术师或巧于模仿的人，被他骗过了。你之所以觉得他是万能的，乃是因为你不能区别知识、无知和模仿。”

格劳孔：再对不过了。

苏格拉底：因此，假如我们听到有人说，悲剧诗人及其领袖荷马知道一切技艺、所有人的或善或恶的事情、所有神的事情——因为除非了解自己的对象，要不然一个优秀的诗人根本没有办法创作出优秀的作品，那些不拥有这种知识的人永远成不了一个诗人——我们就应该考虑某些地方存在一种相似的错觉，或许，他们遇到了模仿者并且被后者骗了？或者，当他们看诗人的作品的时候，他们没有想起来这些只是与真实隔了两层的模仿，也就是使全无任何关于真实的知识，诗人也可以轻而易举地将其创作出来，因为它们只是表象，而非事实？又或者，他们居然是对的，诗人确实清楚那些在他们的作品中被讲述得如此美好的事物？

格劳孔：这个问题我们一定要考察一下。

苏格拉底：那么，假如一个人既能造被模仿的东西，又能造影像，你觉得他真会热心献身于制造影像的工作，并以此作为自己的最高生活目标？

格劳孔：我并不这样觉得。

苏格拉底：在我看来，假如他对自己模仿的事物有真知的话，他肯定宁可献身于真的东西而不愿献身于模仿。他会热心于制造许多出色的真的制品，留下来作为自己身后的纪念。他会宁愿成为一个受称羡的对象，而不会热心于做一个称羡别人的人的。

格劳孔：我同意你的说法。如何他能这样做，那会带来更大的利益。

苏格拉底：那么，我们必须问荷马一个问题，不过这个问题无关乎医术，或他的诗不经意间提到的任何技艺。我们不会问他或其他任何一位诗人，他是不是如同阿斯克勒庇俄斯那样治愈过病人，是不是如同阿斯克勒庇俄斯那样在身后留下了一个医学学派，或者他是否只是间接地谈论了医术或别的技艺。不过，我们有权利知道与军事策略、政治、教育相关的东西，因为这些是他的诗最主要、最高贵的主题，我们问这些也许是公平的。那么，我们就这样问他："荷马朋友，假如你在谈论美德的时候只和真实隔了一层而不是两层，你不是一个影像的制作者或模仿者，你有能力知道追求什么可以让人们在私人事务和公共事务中变好或变坏，那么请你告诉我们，在你的帮助下，可曾有什么城邦被治理得更好了？拉塞达埃蒙的优良秩序要归功于莱库古[①]，其他很多大大小小的城邦也相似地受

① 莱库古：公元前7世纪斯巴达立法者，确立了元老院与公民院的权限。

益于其他人，但何人又说过，你对于他们来说是个伟大的立法者，曾造福于他们？意大利和西西里以卡龙达斯[①]为荣，而梭伦在我们中间享有盛誉，但哪座城邦里的人说过你什么？”他能说出哪怕一座城邦吗？

格劳孔：我觉得他是回答不出的。连荷马的崇拜者也不曾有人说荷马是一个优秀立法者。

苏格拉底：那么，在荷马在世时，你有没有听说过有哪一场战争是在他指挥或谋划下打胜的？

格劳孔：从未听说过。

苏格拉底：那么，正如可以期望于一个擅长于实际工作的智者，你曾听说过荷马在技艺或其他实务方面有过多项精巧的发明，像米利都的泰勒斯和斯库西亚的阿那哈尔息斯那样？

格劳孔：绝对没有。

苏格拉底：假如他从未担任过什么公职，那么他私下当过指导者和教师吗？在他的一生中，他有没有创建过什么私人学校，他是否乐于从游听教，将一种荷马楷模传给后人，正像毕达哥拉斯[②]那样？毕达哥拉斯本人曾为此而受到特殊的崇敬，而他的继承者时至今日还把一种生活方式叫作“毕达哥拉斯楷模”，并因此而显得优越。荷马也是这样吗？

格劳孔：根本没有这方面的记录。苏格拉底啊，要知道，荷马的学生克里昂夫洛斯作为荷马教育的一个标本，或许甚至比自己的名字还更可笑呢，假如说有关荷马的传说是可靠的话。据传说他于荷马在世时就轻视他。

苏格拉底：是有那么一个传说。不过，格劳孔，假如荷马真的能教育、改善人类，假如他真的拥有知识，并不只是一个模仿者，那么我问你，他是否应该拥有很多追随者，受到他们的尊敬和热爱？阿布德拉的普罗泰戈

① 卡龙达斯：意大利和西西里希腊殖民地的立法者。

② 毕达哥拉斯（约前580—约前500）：古希腊哲学家、数学家、宗教家、毕达哥拉斯定理的发现者，毕达哥拉斯学派的创立者。

拉[①]、西奥斯的普罗狄科，此外还有好多人。他们对他们的同时代人耳语，“除非你们委派我们担任你们的教育导师，要不然你们既管不好你们自己的家，也管不好你们自己的城邦”。他们这种巧妙手法在获得人们的爱戴时产生了如此效果，以至于他们的追随者对他们顶礼膜拜。假如荷马和赫西俄德真的有能力让人类向善，他们同时代的人又如何会让他们作为吟游诗人而四处流浪？他们的同时代人岂不会像难舍金子那样难舍他们，岂不会强迫他们住在自己的家里？或者，即使导师不肯停留，那么弟子们岂不会跟随他们到天涯海角，直到得到足够的教导？

格劳孔：苏格拉底啊，我觉得你的话完全正确的。

苏格拉底：因此我们是否可以肯定，从荷马以来所有的诗人都只是美德或自己制造的其他东西的影像的模仿者，他们从来没有触及真实？这正如我们刚才说的，画家本人虽然对鞋匠的手艺一窍不通，不过能画出好像是鞋匠的人来，只要他们自己以及那些又知道凭形状和颜色判断事物的观众觉得像鞋匠就行了。是不是？

格劳孔：正是的。

苏格拉底：我们同样可以说，诗人是在用词句给那几种技艺涂抹色彩，而他对它们的理解只够模仿它们。其他人和他一样一无所知，只是通过他的词语来判断。他们觉得，当他用韵律、曲调和节奏来讲修鞋、军事策略或别的任何东西的时候，他讲得真好。这体现了旋律和节奏天然拥有的美妙影响力。我觉得，你肯定一再注意到，假如诗人的故事被剥夺了音乐赋予它们的色彩，只是被人当作普通的散文背诵，那么它们该显得多么糟糕啊！

格劳孔：是的，我已经注意过了。

苏格拉底：它们就如同一些并非生得真美，只因年轻而显得好看的面孔，而当青春一过，容华尽失似的。

---

① 普罗泰戈拉（约前480—约前410）：希腊哲学家，智者学派的代表人物。

格劳孔：正是如此。

苏格拉底：请再考虑如下的这个问题：影像的创造者，同样也是模仿者，我们说是全然不知实在而只知事物外表的。是不是这样？

格劳孔：是的。

苏格拉底：让我们把这个问题说全了，不要半途而废。

格劳孔：请继续。

苏格拉底：我们说，画家会画马缰和嚼子吧？

格劳孔：是的。

苏格拉底：不过，能制造这些东西的是皮匠和铜匠吧？

格劳孔：那当然是了。

苏格拉底：但是，画家知道缰绳和嚼子应当是怎样的吗？或许，甚至制造这些东西的皮鞋和铜匠本也不知道，而只有懂得使用这些东西的骑者才知道这一点。是吧？

格劳孔：完全正确。

苏格拉底：我们可不可以说，这一情况适用于所有事物？

格劳孔：什么意思？

苏格拉底：我是说不管谈到什么事物都有三种技术：使用者的技术、制造者的技术和模仿者的技术，是吧？

格劳孔：是的。

苏格拉底：于是所有器具、生物和行为的至善、美与正确不都只与使用——作为人与自然创造一切的目的——有关吗？

格劳孔：是这样。

苏格拉底：那么，它们的使用者肯定对它们有着最丰富的体验，肯定会把他在使用中发现的它们的优缺点告诉工匠。比如，长笛演奏者会告诉长笛制作者哪个长笛让他感到满意，应该如何去制作它们，制作者则会听从他的指示。是不是？

格劳孔：当然。

苏格拉底：于是，笛子演奏者知道笛子的优缺点，因此说起话来具有权威性，而制作者信任他，按照他说的去做。是这样吧？

格劳孔：是的。

苏格拉底：因此，制造者对这种乐器的优劣能有正确的信念，而这和对乐器有真知的人交流中，被动听从他的意见时使用者才拥有相关知识，对吧？

格劳孔：的确是的。

苏格拉底：但是，模仿者又拥有什么呢？关于自己描画的事物之是否美与正确，模仿者能有从经验与使用中得来的真知吗？或者，他能有在与有真知的人必须的交往中因听从了后者关于正确制造的要求之后得到的正确意见吗？

格劳孔：都不能有。

苏格拉底：那么，模仿者关于自己模仿得优劣情况，就既无知识也无正确意见了。

格劳孔：显然是的。

苏格拉底：由此说来，诗人作为一种模仿者，关于他所创作的东西的智慧是最美的了？

格劳孔：一点也不是。

苏格拉底：他虽然不知道自己创作的东西是优是劣，他还是照样继续模仿下去。看来，他所模仿的东西对于目不识丁的群众而言还是显得美的。

格劳孔：还能不是这样吗？

苏格拉底：截至目前，我们已经完全同意，模仿者不拥有关于他模仿的东西的任何有价值的知识。模仿只是一种游戏或娱乐，悲剧诗人不管用长短格诗体还是英雄诗体写诗，充其量也不过是模仿者。对吧？

格劳孔：一定是的。

苏格拉底：实事求是地说，模仿不是和隔真理两层的第三级事物相关的吗？

格劳孔：是的。

二　论感性与理性和诗与哲学

苏格拉底：模仿对应的是人的哪一种才能？

格劳孔：什么意思？

苏格拉底：一个同样大小的东西远看和近看在人的眼睛里显得不一样大。远看小近看大，是吧？

格劳孔：确实。

苏格拉底：同理，同一事物在水外面看起来显得直，在水里看起来就显得弯曲了。凹面的东西会变成凸面的东西，而这是由于光线造成的色彩错觉。如此说来，我们头脑里就出现了各种各样的混乱。这是我们头脑的弱点。魔法和骗术利用光、影和其他巧妙的装置对我们的头脑施加影响，产生一种类似于魔术的效果。

格劳孔：真的。

苏格拉底：测量、计数和称重不是已被证明为对这些弱点的最幸福的补救行为吗？它们不是可以帮助克服“好像多或少”，“好像大或小”和“好像轻或重”对我们心灵的主宰，代之以数过的数、量过的大小和称过的轻重的主宰吗？

格劳孔：十分正确。

苏格拉底：这些计量活动是心灵理性部分的工作。

格劳孔：是这个部分的工作。

苏格拉底：不过，当它计量了并指出了某些事物比其他事物“大些”

或“小些”或“相等”的时候，往往又同时看上去似乎相反。

格劳孔：是的。

苏格拉底：我们不是说过我们的同一部分对同一事物同时持相反的两种看法是不能容许的吗？

格劳孔：我们的话是对的。

苏格拉底：心灵的那个与计量结果持相反意见的那一部分，和那个与计量一致的部分不可能是同一个部分？

格劳孔：当然不能是。

苏格拉底：信赖度量与计算的那个部分应是心灵的最善部分。

格劳孔：一定是的。

苏格拉底：因此与之相反的那个部分应属于我们心灵的低贱部分。

格劳孔：毫无疑问。

苏格拉底：这就是我们先前讨论的问题想取得一致的结论。我们先前曾说，绘画以及一般的模仿艺术，在进行自己的工作时是在创造远离真实的作品，是在和我们心灵里的那个远离理性的部分交往，不以健康与真理为目的地在向它学习。

格劳孔：一定的。

苏格拉底：所以说，模仿术仿佛是低贱的父母所生的低贱的孩子。

格劳孔：看来是的。

苏格拉底：这个道理只适用于眼睛看的事物呢，还是也适用于耳朵听的事物，适用于我们所称的诗歌呢？

格劳孔：听方面的事物大概也适用吧。

苏格拉底：让我们不要只相信根据绘画而得出的“大概”，让我们来接着考察一下从事模仿的诗歌所打动的那个心灵部分，看这是心灵的低贱部分还是高贵部分。

格劳孔：必须如此。

苏格拉底：那么让我们这么说吧：诗的模仿术模仿的是人们的行为，

以及作为这些行为的后果，他们交了好运或厄运（设想的），并感受到了苦或乐。除此之外还别的什么吗？

格劳孔：别无其他了。

苏格拉底：在所有这些感受里，人的心灵是统一的呢，或者，正像在视觉的例子中，他对同一件事物的看法存在混乱和对立那样，他在生活中也存在冲突和矛盾。但是，我简直就不需要再提这个问题了，因为我们的看法是一致的。我们也知道灵魂中时刻都发生着数以万计的这类冲突。

格劳孔：没错。

苏格拉底：对是对。不过，那时说漏了，我觉得现在必须提出来了。

格劳孔：漏了什么？

苏格拉底：我们之前是不是说，一个优秀的人物，当他不幸交上了厄运，诸如丧了儿子或别的什么心爱的东西时，他会比别人淡定得多？

格劳孔：是的。

苏格拉底：现在，让我们来考虑一下为什么会这样。这是因为他不觉得痛苦呢，还是说，他不可能不觉得痛苦，只是因为他对痛苦能有某种节制呢？

格劳孔：后一说陈述是比较正确的。

苏格拉底：关于他，请你告诉我：你觉得他会在什么场合更倾向于克制自己的悲痛呢，是当着别人的面还是在独处的时候？

格劳孔：在别人面前他克制得多。

苏格拉底：但是当他独处的时候，我觉得，他就会让自己说出许多不愿被人听到的话，做出许多怕被别人看到的事来。

格劳孔：确实是这样。

苏格拉底：他的内心是不是有一种促使他克制的理性与法律，怂恿他对悲伤让步的是纯情感本身。是不是这样呢？

格劳孔：是的。

苏格拉底：关于同一事物同时有两种相反的势力若在一个人身上表现

出来，那我们就认为这表明，他身上必定存在着两种成分。

格劳孔：当然是的。

苏格拉底：其中之一准备在法律指导它的时候听从法律的指引。是不是？

格劳孔：什么意思。

苏格拉底：礼法会说，在遭受不幸时最好忍耐，我们不应该脆弱地屈服，因为任何人也不知道这样的事情是好是坏，而脆弱给予不了我们任何东西。此外，因为人世的事情没有什么真正的重要性，更何况悲伤这时候恰恰妨碍了我们最需要采取的行动。

格劳孔：你指的什么行动呢？

苏格拉底：我们应该着手商讨已经发生的情况，就像在掷骰子之时，骰子落下后决定对掷出的点数怎么办那样，根据理性的指示决定下一步的行动应该是最善之道。我们绝对不能像小孩子受了伤那样，在啼哭中浪费时间，而不去训练自己心灵养成习惯，以求尽快地设法治伤救死，以求消除痛苦。

格劳孔：这确实是面临不幸之时，处置不幸的最善之道。

苏格拉底：因此我们说，我们的最善部分是非常乐于遵从理性指导的。

格劳孔：很显然。

苏格拉底：我们不是也要说，一味引导我们回忆受苦和只知悲叹而不能充分地得到那种帮助的那个部分，是我们的无理性的、无益的、懦弱的部分。

格劳孔：是的，我们应该这么说。

苏格拉底：那么，我们的那个不冷静的部分给模仿提供了大量各式各样的材料。而那个理智的平静的精神状态，因为它简直是永恒不变的，所以是不容易模仿的，模仿起来也是比较困难的，尤其不是涌到剧场里来的那一大群杂七杂八的人所容易了解的。因为被模仿的是一种他们所不熟悉的感情。

格劳孔：肯定的。

苏格拉底：显而易见，从事模仿的诗人本质上不是模仿心灵的这个善的部分，他的技巧也并非为了让这个部分高兴，假如他要赢得广大观众好评的话。他本质上是和暴躁的多变的性格联系的，因为这模仿起来并不困难。

格劳孔：这是很明显的。

苏格拉底：到此，我们可以公平地将他们与画家并置谈论了。因为他与画家有两个方面相似。一方面，他的作品的真实程度较低，与画家相似；另一方面，他的创作与灵魂一个较低的部分相关，也与画家相似。我们拒绝他进入一个良治的城邦是正确的，因为他会唤醒、助长和强化情感，削弱理性。正如有的城邦坏人当道，好人被弹压，模仿的诗人如同我们所说，在人的灵魂里植入了一种恶的体制，他纵容非理性的天性，而非理性的天性不辨大小，对事物没有定见。诗人只是影像的制造者，距离真实很远。

格劳孔：的确是。

苏格拉底：不过，我们还没有控告诗歌的最大罪状呢。它甚至有一种能腐蚀最优秀人物（很少例外）的力量，这是非常可怕的。

格劳孔：假如它真有这样的力量，确是很可怕的。

苏格拉底：请听着并请想一想，假如我们之中最优秀的人，听到荷马或其他某个悲剧诗人的一出戏，戏中悲剧英雄的独白充满悲恸，他时而哀号时而捶打自己的胸口，那么你应该明白，我们中最优秀的人听到这个段落时，同情之心也会油然而生，被调动着我们强烈情感的‘优秀’诗人搞得神魂颠倒。

格劳孔：确实是这样。

苏格拉底：不过，当我们在自己的生活中遇到了不幸的时候，你也清楚，我们就会反过来，以能忍耐能保持平静而自豪，相信这才是一个男子汉的品行，相信过去在剧场上所称道的那种行为乃是一种女人的所作所为。

格劳孔：说得很对。

苏格拉底：那么，当我们看着舞台上的那种性格——我们羞于看到自己像那样的——而称赞时，你觉得这种称赞真的正确吗？我们喜欢并称赞这种性格而不厌恶它，这样做确实是有道理的吗？

格劳孔：说实话，确实没有道理。

苏格拉底：我说的是，你换种角度思考，这十分合理。

格劳孔：怎样思考？

苏格拉底：你是不是考虑过，在不幸中我们本能地渴望通过哭泣和悲叹来释放悲伤。而诗人满足和取悦了我们原本被压抑、掩藏的情感。由于任何人天性中较好的部分没有经历过理性的和习惯的足够训练，当看到别人的悲恸时，同情的心迹便会流露而出。看到一个自称高尚的人在痛苦中情绪激昂，作为旁观者歌颂或悲怜他并不会自觉羞耻；他认为在诗中所获得的快乐是一种收获。为什么要矜持、倨傲地放弃它，放弃诗歌？在我看来，能够想到的人并不是很多，别人身上的恶与我们自身的恶是相互连通着的。在他人不幸的一幕进入我们的眼帘时，悲伤的情绪在我们的体内已经聚集、壮大而难以驾驭了。

格劳孔：极为正确。

苏格拉底：适用于怜悯的这个论证法同样也适用于喜剧吗？虽然你自己本来是羞于插科打诨的，但是在观看喜剧表演甚或在日常谈话中听到滑稽笑话的时候，你不会嫌它粗俗反而觉得非常快乐。这和怜悯别人的苦难不是一回事吗？因为你的理性由于担心你被当成一个小丑，因而在你跃跃欲试之时克制了的你的那个说笑本能，在剧场上你任其自便，它的面皮愈磨愈厚了。于是你自己也不知不觉在私人生活中成了一个爱插科打诨的人了。

格劳孔：的确是。

苏格拉底：同样的道理也适用于爱情、愤怒以及心灵的其他各种欲望和苦乐——我们说它们是和我们的全部行动同在的——诗歌在模仿这些情感的时候对我们所起的作用也是这样的。在我们应当让这些情感枯竭的时候诗歌却给它们浇水施肥。在我们应当统治它们，以便我们可以生活得更美好更幸福而非更坏更可悲的时候，诗歌却让它们确立起了对我们的统治。

格劳孔：我没有异议。

苏格拉底：因此，格劳孔，假如你碰见荷马的赞美者，他们宣称荷马是希腊的教育者，荷马在教育和安排人的事情方面是有贡献的，你们应该不断向荷马学习并不断地了解荷马，按照荷马的教导安排你们全部的生活，那么，我们应该喜爱并尊重他们，因为他们是好人，他们已尽其智慧之所能。我们还要非常愿意承认，荷马是最伟大的诗人，在悲剧作家里首屈一指。但是，我们必须要牢牢地坚持我们的信念，那就是，只有赞美神、颂扬著名人物的诗歌才会被允许进入我们的城邦。因为，假如你让抹了蜜的缪斯进入，不管以史诗的形式还是以抒情诗的形式，那么统治我们城邦的就将是快乐和痛苦，而不是人类的礼法和理性。人们公认，礼法和理性才是最好的东西。

格劳孔：极其正确。

苏格拉底：到这时，我们已经回顾了关于诗歌的主题，鉴于理性的要求，让我们结束重新讨论诗歌以及进一步申述理由的工作吧。我们的申述是：既然诗的特点是这样，我们当初把诗逐出我们国家确实是有充分理由的。很显然，是论证的结果要求我们这样做的。为了防止它怪我们简单粗暴，让我们再告诉它，哲学和诗歌的争吵是古已有之的。比如，什么“对着主人狂吠的爱叫的狗”，什么“痴人瞎扯中的大人物”，什么“统治饱学之士的群盲”，什么“缜密地思考自己贫穷的人”，以及无数别的说法都是这方面的证据。然而我们仍然申明：假如为娱乐而写作的诗歌和戏剧能有理由证明，任何一个管理良好的城邦里是需要它们的，我们会非常高兴接纳它。因为我们自己也能感觉到它对我们的诱惑力。但是背弃看来是真理的东西是有罪的。我的朋友，你说是不是这样呢？你自己没有感觉到它的诱惑力吗，特别是当荷马本人在蛊惑你的时候？

格劳孔：的确是的。

苏格拉底：那么，我是不是可以提议，只要诗歌用抒情体或其他韵律为自己做了辩护，就允许她结束流放回到城邦?

格劳孔：当然。

苏格拉底：我们大概也要向诗歌的辩护者保证——他们自己不是诗人只是诗的爱好者——用无韵的散文申述理由，说明诗歌不仅是令人愉快的，而且是对有秩序的管理和人们的全部生活有益的。我们也要善意地倾听他们的辩护，因为，假如他们能说明诗歌不仅能令人愉快而且也有益，我们就可以非常清楚地知道诗于我们是有益的了。

格劳孔：我们怎样才能有利呢?

苏格拉底：不过，假如她的辩护失败，那么，我亲爱的朋友，我们虽然也会有一番斗争，但还是应该忍痛割爱，就如同其他爱好者那样；他们尽管被某种东西迷住，但当他们发现他们的欲望有违他们的利益时，他们会对自己加以控制。我们也曾因对诗歌的热爱而激动，因为这座高贵城邦的教育已将其植入我们的身体，因此我们会将她最好、最真实的一面示人。不过，只要她不能成功地替自己辩护，我们就要把我们的主张当作咒语，在聆听她的辩护时反复对自己默念，以免像众人那样陷入对她的那种幼稚的爱。不管怎么样，我们已经清楚，正像我们已经描述的那样，诗歌的存在不能被严肃地视为抵达了真理。假如有什么人聆听了诗歌，担心自己在城邦的安全，那么他就应该警惕她的诱惑，把我们的话当作他的法律。

格劳孔：我完全同意。

苏格拉底：亲爱的格劳孔，这个问题关系着一个人的善恶，有着超过其表象的重要性。甚至其重要性程度远远超过了我们的想象。它是决定一个人善恶的关键。因此，不能让荣誉、财富、权力，也不能让诗歌诱使我们漫不经心地对待正义和所有美德。

格劳孔：根据我们所做的论证，我赞同你的这个结论。我相信别人也一样会赞同你的话。

三　论灵魂不朽

苏格拉底：不过，你应该清楚，我们还没有论述至善所能赢得的最大报酬和奖励呢。

格劳孔：还有更大的报酬和奖励？如果真的有，那你指的一定是一个无法想象的大东西，假如还有什么别的比我们讲过的东西大的话。

苏格拉底：在一段短短的时间里哪能产生什么真正大的东西呀！与永恒相比，人的一生不过只是一瞬而已吧？

格劳孔：是的，不能产生任何大东西。

苏格拉底：你认为一个不朽的事物应当和这么短的一段时间相关，而不和总的时间相关吗？

格劳孔：我觉得它应和总的时间相关。不过这个不朽的事物你指的究竟是什么呢？

苏格拉底：你不知道我们的灵魂是不朽不灭的吗？

格劳孔（惊讶地看着苏格拉底）：天哪，我真的不知道，不过，你准备真这么主张么？

苏格拉底：是的，我应当这样主张。我觉得你也应该如此主张。这是非常容易的。

格劳孔：但这对我来说是非常不容易的。不过我还是乐意听你说说这个不难的主张。

苏格拉底：请听我说。

格劳孔：尽管说吧。

苏格拉底：你用“善”和“恶”这两个术语吗?

格劳孔：我用。

苏格拉底：你对它们的理解和我一样吗?

格劳孔：什么理解?

苏格拉底：所有能毁灭能破坏的是恶，所有能保存有助益的是善。

格劳孔：我赞同。

苏格拉底：万物皆有善有恶。就好像眼炎是眼睛的恶，疾病是整个身体的恶，发霉是谷物的恶，腐烂是木柴的恶，生锈是铜铁的恶，在一切事物中，或几乎所有事物中，都存在一种固有的恶或疾病。你同意吗?

格劳孔：是的。

苏格拉底：那么，当一种恶生到一个事物上去的时候，它不就使这事物整个儿地也变恶而终至崩溃毁灭吗?

格劳孔：当然。

苏格拉底：任何事物特有的恶或病是毁灭该事物的因素。假如它不能毁灭这一事物，也就不再有其他的什么能毁坏它了。因为善很明显永不毁灭什么事物，而既不善也不恶的“中”也是不会毁灭任何事物的。

格劳孔：当然不能。

苏格拉底：那么，假如我们发现什么东西虽然拥有与生俱来的毁灭性的恶，但不能使它崩解灭亡，我们就可以知道，具有这种天赋素质的事物必定是不可毁灭的。对吗?

格劳孔：看来是的。

苏格拉底：那么，有没有腐蚀心灵的恶呢?

格劳孔：的确有。我们刚才所列述的一切：不正义、无节制、懦弱、无知都是。

苏格拉底：不过，是它们瓦解、毁灭了灵魂吗? 在这里，我们可不要错误地认为，不正义的傻瓜被抓到了，就是因不正义（灵魂的一种恶）而被毁掉了。我们不妨拿身体来做个类比，身体的恶是疾病，它消耗、削弱、毁灭了身体。我们刚才谈到的所有那些也是如此，它们的毁灭是因为它们的腐败，腐败物附着它们，在其上生长，从而毁灭它们。这难道不对吗？

格劳孔：是这样。

苏格拉底：那么，思考灵魂也应该采取一种相似的方式。不正义和其他内在的恶，能通过内在和长上去的途径以破坏毁灭心灵，直至使它死亡使它和肉体分离吗？

格劳孔：无论如何也不能。

苏格拉底：不过，认为一个事物能被其他事物的恶所毁灭，它自身的恶不毁灭它——这种想法绝对是没有道理的。

格劳孔：的确是没有道理的。

苏格拉底：格劳孔，只要是食物，那么它的恶，不管腐烂或不新鲜，都不能被认为能毁灭身体。虽然是食物的恶把腐败传给了身体，可我们应该说身体是被它自身的一种腐败毁灭的。这种腐败被称为疾病，是食物的恶带来的。不过，我们绝对不能承认，作为一种事物的身体可以被作为另一种事物的食物的恶毁灭，事实上食物并没有引发任何自然的传染。对吧？

格劳孔：你的话非常正确。

苏格拉底：同理，假如说肉体的恶不能在灵魂里造成灵魂的恶，我们就永远不能相信，灵魂能被一个外来的恶（离开灵魂本身的恶）所灭亡，也就是说一事物被它事物的恶所灭亡。

格劳孔：这是非常合理的。

苏格拉底：所以，下述论点我们必须批驳，并且指出它的错误；或者，假如不去驳斥它，我们也必须永远坚持：热病或其他什么病，刀杀或碎尸万段能使灵魂灭亡——这说法看来也不像有更多的理由，除非有人能证明，灵魂能因肉体的这些遭遇而变得更不正义或更恶。我们不能承认，不管灵魂还是其他什么可以因有别的事物的恶和它同在（没有它自己的恶）而被灭亡的。

格劳孔：不管怎么样，不会有人能证明，一个临死的人的灵魂能因死亡而变得更不正义。

苏格拉底：但是，假如有人不乐意承认灵魂的不朽，敢于否认这一点，说什么濒临死亡的人变得更邪恶、不正义了，那么假设他是对的，可以料想其不正义就犹如疾病，而这种疾病对不正义者是致命的。那么，那些得了这种病的人，是死于恶之本性固有的破坏性而已，虽时间上有早晚，但方式不同于那些因其行径遭报应而被人手刃而死的恶徒，是吗?

格劳孔：不可能，那样的话不正义对于他而言就不再是那么可怕的事了（假如罪责对于不正义来说是致命的），因为他的罪恶等于被勾销了。但我更希望相反的情况才是真的——不正义让那杀人者（他一旦有能力便杀人）还继续活着，而且是清醒地活着，远离死亡的墓所。

苏格拉底：你说得太对了。假如特有的病和特有的恶不能杀死和毁灭灵魂，那么，本来就是用以毁灭其他东西的恶就更不能毁灭灵魂或任何别的事物了，除了毁灭它专毁灭的那个东西而外。

格劳孔：更不能了。

苏格拉底：既然任何恶不管特有的还是外来的恶都不能毁灭它，可见，它必定是永恒存在的。既然是永恒存在的，就必定是不朽的。

格劳孔：必定是不朽的。

苏格拉底：对于这一点，让我们就此定下来吧。假如这一点定下来了，那么你就会看到，灵魂永远就是这些，永不会减少，因为其中没有一个能灭亡。同样，也不会有增加。因为，假如不朽事物能增加，你知道，必定就要有事物从可朽者变为不可朽者了，结果就是所有事物都能不朽了。

格劳孔：你说得正确。

苏格拉底：这个想法我们一定不能有，因为它是理性所不能允许的。我们也一定不能相信，灵魂本质上是充满了变化、差异和不同。

格劳孔：你这话我该如何理解呢?

苏格拉底：一个事物假如是由多种部分合成而又并非最好地组织在一

起的话，像我们如今看到灵魂的情况那样，它要不朽是不容易的。

格劳孔：看来的确是。

苏格拉底：因此，此前的讨论已经证明了它的不朽，此外还有很多其他的证据。但是，我们现在看到的灵魂被它与身体、其他不幸的混合玷污了，要想看到它的真实模样，就必须用理性的眼睛来看，看到处在最初的纯洁状态中的它。那样的话，它的美就会得到揭示；正义、不正义以及我们描述过的所有东西就会更清晰地表现出来。到眼下为止，我们已经讨论了与它目前显现出来的样子相关的真相，但我们也必须牢记，我们看到的它的模样也只是可以和海神格劳库斯的样子相比。格劳库斯差点儿都认不出了，因为他自然的肢体被海浪以各种方式折断、压扁、损伤了，海草、贝壳和石子把他覆盖，他看上去再也不是他自然的样子，更像某种怪物。我们看到的灵魂处在一种相似的状况之中，被成千上万的罪恶毁容了。但是，格劳孔啊，我们必须把目光转向别处。

格劳孔：看哪里呢?

苏格拉底：看它对智慧的爱。让我们设想一下，它凭着和神圣、不朽、永恒事物之间的近亲关系，能使自己和它们之间的交往、对它们的理解经历多长时间。再请设想一下，假如它能完全听从这力量的推动，并从目前沉没的海洋中升起，假如它能除去身上的石块和贝壳——因为它是靠这些被人们认为能带来快乐的尘世俗物过日子的，因此身上裹满了大量野蛮的尘俗之物——它能变成个什么样子。这时人们大概就能看得见灵魂的真相了，不管它的形式是复杂的还是单一的还是其他什么可能样的。但是，到此关于灵魂在人世生活中的感受和形式，我看我们已经描述得足够清楚了。

格劳孔：确实是。

四　论正义的讨债

苏格拉底：这样一来，我们已经满足了论证的其他要求。我们没有祈求正义的报酬和美名，就如同你们说赫西俄德和荷马所做的那样，但是我们已经证明了，正义本身就是最有益于灵魂自身的。为人应当正义，不管他有没有古阿斯的戒指，以及哈得斯的隐身帽。

格劳孔：你的话非常正确。

苏格拉底：格劳孔，假如我们现在把所有各种各样的报酬给予正义和别的美德，让人们因存正义和美德在生前和死后从人和神的手里得到它们，对此还能再有什么反对意见吗？

格劳孔：绝对不会再有了。

苏格拉底：那么，你肯把在讨论中借去的东西还给我吗？

格劳孔：那是指的什么？

苏格拉底：就是正义的人必然"是"不正义的、不正义的人则"是"正义的这种假设。你们当时觉得，即使真实的情况不大可能逃脱神与人的眼睛，但为了讨论，仍应该对其加以承认，以便权衡纯粹的正义和纯粹的不正义。你现在不记得了吗？

格劳孔：赖账是不公道的。假如我忘了，我愿被加倍谴责。

苏格拉底：那么，正义与不正义既已判明，我要求你把正义从人与神处得来的荣誉归还给正义，我觉得我们应一致同意它被这样认为，以便相信它能够把因被认为正义而赢得的奖品搜集起来交给有正义的人，既然我们的讨论已经证明，它能把来自善的利益赠给那些真正探求并得到了它的人而不欺骗他们。

格劳孔：这个要求是合理的。

苏格拉底：那么，神其实不是不知道正义者或不正义者的性质。——这难道不是你要归还的第一件吗？

格劳孔：同意，我们归还这个。

苏格拉底：如果诸神了解他们，那么，一种人将是神的朋友，另一种人将是神的敌人。是这样吧？

格劳孔：是这样。

苏格拉底：那么，我们可以认为，来自神的一切都将最大可能地造福于神所爱的人，除非他因有前世的罪孽必须受到某种惩罚。是不是？

格劳孔：当然。

苏格拉底：那么，我们必须认为，正义的人即使遭受贫困、疾病以及其他任何表面的不幸，所有这一切都将最终导致好的结局——不管在他生前还是死后。因为，诸神眷顾任何想成为正义的、与诸神相像的人，只要他能通过对美德的追求获得那种神圣的相似性。

格劳孔：这种人既然像神一样，理应不会被神所忽视。

苏格拉底：我们是不是应该认为，不正义的人将遭遇相反的情况？

格劳孔：理所当然。

苏格拉底：因此，这些就是神赐给正义者的胜利奖品。

格劳孔：我认为是。

苏格拉底：那么，一个正义者从人间得到什么呢？假如应当讲实情，那你就会看到，狡猾而不正义的人特别像那种在前一半跑道上跑得非常快，但是在后一半就不行了的赛跑运动员。他们起跑非常快，但到最后精疲力竭，跑完时遭到嘲笑嘘骂，得不到奖品。不过，真正的运动员能跑到终点，拿到奖品夺得花冠。正义者的结局不也总是这样吗：他的每个行动、他和别人的交往，以及他的一生，到最后他总是能从人们那里得到光荣取得奖品的。

是吗？

格劳孔：确实是的。

苏格拉底：因此，现在你必须允许我把你们送给幸运的不正义者的幸福还给正义者。正如你们之前说不正义者那样，我要说的是，等正义的人年老了，假如他们愿意，就可以成为他们所在城邦的统治者，想和什么人联姻就可以和什么人联姻。你们之前所谓的不正义者的所有好处，我都要说成是正义者的好处。另一方面，我还要说说不正义者，他们中的大多数人尽管年轻时逃脱了，但到最后却被识破，在他们道路的终点灰头土脸。他们晚景凄凉，既遭到外国人的嘲笑，也遭到本国公民的蔑视。他们不仅遭到殴打，还遭遇你正确地称之为“不宜与耳的粗暴”。他们被架在肢刑台上，像你过去说的那样眼睛被烧瞎。至于你讲的恐怖故事剩下的部分，我不想重复了，你全当我已经重复过好了。但是，你会不会让我假定，即使我不重复，这些事情也是真的？

格劳孔：当然要。因为你的话是公正的。

苏格拉底：除了正义自身提供的其他美好的东西，这些就是正义者活着的时候从神和人处得到的奖品、薪俸和馈赠。

格劳孔：这是一些美好的可靠的报酬。

苏格拉底：不过，这些东西和死后等着正义者和不正义者的东西比较起来，在数上和量上就都又算不上什么了。你们必须听听下面这个故事，以便任何人都可以得到我们的论证认为应属于他的全部报应。

格劳孔：请讲吧。比这更使我高兴听的事情不多了。

五　论最后的审判

苏格拉底：好。我将给你讲奥德修斯没有给英雄阿尔西诺厄斯讲过这个故事，不过这个故事也是一个英雄故事。这个英雄是潘菲里亚人[①]，名叫厄尔[②]，是阿尔米纽斯的儿子。他在一场战斗中战死了。十天后，其他死尸都腐烂了，而他的尸体却一点儿也没有腐烂。他的尸体被带回家里，准备安葬。第十二天举行葬礼，当他的尸体被放上火葬堆之时竟然复活了。复活后，他讲述了自己在另一个世界所看到的情景。他说，当他的灵魂离开躯体后，便和大伙的鬼魂结伴前行。他们来到了一个奇特的地方。这个地上有两个并排的洞口，与这两个洞口正对着的天上也有两个洞口，法官们就坐在天地之间。法官们每判决一个人，正义的便吩咐从右边升天，胸前贴着判决证书；不正义的便命令他从左边下地，背上带着表明其生前所作所为的标记。厄尔说，当轮到他自己的时候，法官却派给他一个给人类传递消息的任务，要他把那个世界的事情告诉人类，吩咐他仔细听仔细看这里发生的一切。于是他看到，判决通过后鬼魂纷纷离开，有的向天的洞口走去，有的向地的洞口走去。同时，也有鬼魂从另一地洞口上来，风尘仆仆，形容污秽，也有鬼魂从另一天洞口下来，干净纯洁。不断到来的鬼魂看上去都似乎是经过了长途跋涉，现在欣然来到一片草场，扎下营来，好像在过节似的。那些彼此熟悉的鬼魂相逢后，互致问候。来自地下的询问对方

① 潘菲里亚人：希腊语原文的含义是“一切种族”的人。

② Er：与小爱神同名。

在天上的情况，来自天上的询问对方在地下的情况，相互叙说着自己的经历。地下来的人追述着自己在地下行程中（一趟就是一千年）遭遇的所有痛苦和看到的一切事情。他们一面说一面悲叹痛哭。天上来的则叙述他们看到天上的不寻常的美和幸福快乐。

实际上，格劳孔，这个故事讲起来比较耗时，我就说简单点儿吧。厄尔说，假如一个人生前对任何人做过一件坏事，那他死后就要遭到十倍的惩罚；或者说，人生百年，那就一百年惩罚一次，一千年就是十次。比如说，假如一个人生前造成很多人死亡，或背叛城邦和军队，使别人沦为奴隶，或犯下别的任何罪行，他将为每一桩罪恶以及所有的罪恶遭受十倍的惩罚。同样，善行、正义和圣洁的奖赏也是十倍。厄尔讲了几乎刚出生就死去的婴儿的情况，我甚至都不需要重复了。厄尔还描述了敬不敬神、孝不孝敬父母、谋杀所获得的奖赏和惩罚，这些奖赏或惩罚要大得多。厄尔说，他听到一个灵魂问另外一个灵魂："阿迪胡思大王在什么地方呢？"其实，阿迪胡思生活在厄尔的时代之前一千年，是潘菲里亚的一个暴君，传说他谋杀了他年迈的父亲和兄长，还犯下了其他很多恶劣的罪行。另外一个灵魂说："他没有来过这里，并且永远不会来了。这是我们自己目睹过的最可怕的景象之一。我们已经完成了我们的全部旅程，站在洞口处，正要重新上升的时候，阿迪胡思突然出现了。与他一起出现的还有另外几个灵魂，他们中的大多数生前都是暴君。除了暴君，还有一些生前犯过大罪的灵魂。他们正想去往上面的世界，但未能通过洞口，而是发出了一声咆哮。如果是不可救药的罪人或没有遭到足够惩罚的人想升上去，那么洞口就会发出咆哮。有一些面容暴躁的野蛮人站在一旁，听到咆哮就会抓住他们，把他们带走。那些野蛮人把阿迪胡思等人五花大绑，扔了下去，鞭打他们，剥他们的皮，在路边拖着他们走，如同梳羊毛一样把他们在荆棘上拖动。那些野蛮人还向过路者宣布他们所犯的罪行，说要把他们最后扔进地狱。"那个灵魂还说，在他们感到的恐怖中，还从来没有什么恐怖能像他们那一时刻感受到的恐怖，他们唯恐听到那种咆哮。但是最后他们没有听到那种咆哮，一个接一个地升了上去，一个比一个更高兴。厄尔说，惩罚和报复就是这样，此外还存在同样大的幸福。

那一批又一批的人在草场上住满了七天，到第八天就被要求动身继续上路。走了四天，他们来到一个地方。在那里，他们看见一根笔直的光柱，自上而下贯通天地，颜色像虹，但比虹更明亮更纯净。又走了一天，他们来到了光柱所在之地。他们在光柱中间看见有自天而降的光线的末端。这光柱犹如海船的龙骨一样，把整个旋转的碗形圆拱维系在一起。推动所有球形天体运转的那个“必然”之纺锤吊挂在光线的末端。光柱和它上端的挂钩是用铁做的，圆拱是用合金做的。圆拱有如下特点：它的形状像人间的圆拱，但是按照厄尔的描述，我们必须想象最外边的是一个中空的大圆拱。由外至内第二个拱比第一个小，正好可以置于其中。第二个中间也是空的，空处正好可以置入第三个。第三个里面置入第四个，如此等等，直到最后第八个，好似大小正好相套的一套碗。

由于所有八个碗形拱彼此内面和外面相契合，从上面看去它们的边缘都呈圆形，因此合起来在光柱的周围形成一个单一的圆拱连续面，光柱笔直穿过第八个碗拱的中心。最外层那个碗拱的碗边最宽，碗边次宽的是第六个，依次是第四个、第八个、第七个、第五个、第三个，最窄的是第二个。与之对应的，最外层的那个碗边颜色复杂多样；第七条边最亮；第八条边反射第七条的亮光，颜色同它一样；第二条和第五条边颜色彼此相同，但比前两者黄些；第三条边颜色最白；第四条边稍红；第六条边次白。

整个的纺锤体旋转起来是一个运动；不过在这整个运动内部，里面七层转得慢，方向和整个运动相反；其中最快的是第八层；第七、第六、第五彼此一起转动，运动得其次快；有返回原处现象的第四层在他们看起来运动速度第三；第三层速度第四；第二层速度第五。整个纺锤在“必然”的膝上旋转，在每一碗拱的边口上都站着一个女歌妖，跟着一起转，各发出一个音，八个音合起来形成一个和谐的音调。大约相等的距离还有三个女神，距离大约相等，围成一圈坐在自己的座位上。他们是“必然”的女儿“命运”三女神，分别名叫拉基西斯、克洛索、阿特洛泊斯，身着白袍头束发带。她们和海妖们合唱着。拉基西斯唱过去的事，克洛索唱当前的事，阿特洛泊斯唱未来的事。克洛索右手不时接触纺锤外面，帮它转动；阿特洛泊斯用左手以同样动作帮助内面转；拉基西斯两手交替着两面帮转。

当厄尔一行的灵魂到达这里时，他们要走到拉基西斯面前。但是，一位先知首先会给他们排列顺序。紧接着，他会从拉基西斯的膝上取下签子和生活样本。他登上一个讲坛，这样说道，“听必然性的女儿拉基西斯的话。必死的灵魂，看着一个生命和死亡的新轮回。你们的天资将不会被分派给你们，而是必须要由你们自己亲自做出选择。抽到一号签的将首先选择，他选择的生活将成为他的命运。不过对于美德，没有特定的限制，你们可以自由选取，你们美德的多少将根据你们对美德的重视程度而定。挑选者自担责任，神是无罪的”。

说完之后，神使把阄撒到他们之间，每个灵魂就近拾起一阄，但厄尔除外，神不让他拾取。拾得的人看清自己抽得的号码。接着神使把生活模式放在他们面前的地上，数目远远多于在场人的数量。模式各种各样，有各种动物的生活和各种人的生活。在它们之中，有僭主的生活，这些僭主有终身在位的，也有中途垮台因而受穷的，被放逐的或成乞丐的。还有男女名人的荣誉生活，其中有的名人因貌美的，有的名人因体壮的，有的名人因勇武的，有的名人因父母高贵的，有的名人靠祖先福荫的。还有在这些方面有坏名声的男人和女人的生活。不过，灵魂的状况是没有选择的，因为不同生活的选择必然决定了不同的性格。然而，其他的事物在选定的生活中则都是不同程度地相互混合着的，和富裕或贫穷、疾病或健康，以及各种程度的中间状况混合着的。

亲爱的格劳孔，我们人的状况目前处在极度危险之中，因此最应该当心。让我们所有的人都舍弃其他的知识，只寻求并遵循一种东西，这样我们或许能够明白善恶，找到一个能帮助我们明白、分辨善恶的人。如此的话，只要我们有机会，就能随时随地选择一种较好的生活。我们应当考虑此前提到的所有东西对美德分别产生的影响以及共同产生的影响。我们应当明白美和贫穷或富裕在一个特殊的心灵里结合产生的影响，明白高贵和卑贱的出身的善恶后果，明白私下地位和公共地位的善恶后果，明白强壮和虚弱的善恶后果，明白聪明和愚笨的善恶后果，知道整个灵魂的善恶后果，明白它们结合在一起所产生作用的善恶后果。随后，我们将关注灵魂的本质，并通过对所有这些特性的考虑得以辨别哪些特性较好、哪些较差。如此的话，我们就能做出选择，把让我们的灵魂变得比较不正义的生活称为恶的生活，把让我们的灵魂变得比较正义的生活称为善的生活。至于其他所有的，我们将不予重视。因为，我们明白，不管生前还是身后，这都是最好的选择。

根据来自另一个世界的信使的报告，人死了也应当把这个坚定不移的信念带去冥间，让他即使在那里也可以不被财富或别的诸如此类的恶所迷惑，可以不让自己陷入僭主的暴行或别的许多诸如此类的行为而受更大的苦，能够明白面临这类事情时怎么样在整个的今生和所有的来世永远选择中庸之道而避免两种极端。因为这是一个人的最大幸福之所在。据厄洛斯告诉我们，神使在把生活模式让大家选择之前布告大家：就算是最后一个选择也没什么关系，只要他的选择是明智的、他的生活是努力的，就仍然有机会选到能使他满意的生活，因而愿第一个选择者能够审慎对待，最后一个选择者千万莫要灰心。

神使说完之后，便拈得第一号的灵魂走上来选择。他挑了一个最大僭主的生活。由于他的愚蠢和贪婪使他做出了这个选择，未能进行全面的考察，因此没有看到其中还包含着吃自己孩子等可怕的命运在内。等他定下心来一细想，遂后悔了。于是他捶打自己的胸膛，号啕大哭，竟然一时忘记了神使的警告：不幸是自己的过错。他怪命运和神等，就是不怨自己。这是一个在天上走了一趟的灵魂，他的前世生活循规蹈矩。但是，他的善是由于风俗习惯而并非学习哲学的结果。的确，广而言之，凡是受了这种诱惑的大多数来自天上，没有吃过苦头、受过教训；而对于那些来自地下的灵魂来说，不但自己受过苦也看见别人受过苦，就不会那么匆忙草率地做出选择了。大多数灵魂的善恶出现互换，除了拈阄中的偶然性之外，这也是一个原因。我们同样可以确信，凡是在人间能忠实地追求智慧，拈阄时又不是拈得最后一号的话，这样的人不仅今生今世可以期望得到快乐，死后以及再回到人间时走得也会是一条平坦的天国之路，而不是一条崎岖的地下之路。

厄尔告诉我们，某些灵魂选择自己的生活是非常值得一看的，其情景是可惊奇的、可怜的而又可笑的，因为他们的选择大部分决定于自己前生的习性。比如厄尔看见俄尔菲的灵魂选取了天鹅的生活，而他之所以不愿意成为女人，是因为他死于妇女之手，故而憎恨所有妇女。厄尔还看到，赛缪洛斯的灵魂选择了夜莺的生活。此外，也有天鹅夜莺等歌鸟选择人的生活的。获得第二十号的灵魂选择了雄狮的生活，那是特拉蒙之子埃阿斯的灵魂。他不愿变成人，是因为他始终不能忘记那次关于阿喀琉斯的武器归属的裁判。接着轮到阿伽门农。他也由于自己受的苦难而怀恨人类，因此选择鹰的生活。选择进行到了中途，轮到阿泰兰泰。她看到做一个运动员的巨大荣誉时，无力抵抗那种诱惑，因而选择了运动员的生活。在她之后是潘诺佩俄斯之子厄佩俄斯，他愿投生为一个技艺精妙的女人。在排在远远的后面的那群人中，滑稽家赛尔息特斯[①]的灵魂正在给自己套上一个猿猴的躯体。拈阄进行到最后一号，最后一个来选择的竟是奥德修斯的灵魂。由于没有忘记前生的辛苦劳累，因此他已经抛弃了雄心壮志。他花了很多时间走过各处，想找一种只需关心自己事务的普通公民的生活。他好不容易发现了这个模式。它落在一个角落里没有受到其他人的注意。他找到它时说，即使抽到第一号，他也会同样非常乐意地选择这一生活模式。

同样，还有动物变成人的，一种动物变成另一种动物的。不正义的变成野性的动物，正义的变成温驯的动物，以及各种混合形式。总而言之，

① 赛尔息特斯：特洛伊之战的希腊战士，长相丑陋，为阿喀琉斯所杀。

当所有的灵魂全都依序选定自己的生活以后，他们列队走到拉基西斯跟前。她便给每个灵魂派出一个监护神，以便引领他们度过自己的一生完成自己的选择。监护神首先把灵魂领到克洛索处，就在她的手驱动的纺锤的旋转中批准了所选择的命运。和她接触以后，监护神再把灵魂引领到阿特洛泊斯旋转纺锤的地方。她把命运之线织在一起，让它们不可变更。然后每个灵魂头也不回地从“必然”的宝座下走过。一个灵魂过来了，要等所有别的灵魂都过来了，大家才能再一起上路。从这里他们走到勒塞的平原，经过了可怕的闷热，因为这里没有树木和任何的植物。傍晚他们宿营于忘川[①]河畔，由于没有任何瓶子可盛水，他们全都被要求在这河里喝规定数量的水，而其中一些没有智慧帮助的人便饮得超过了这个标准数量。喝过这水之后，他们便立刻会忘记一切。在此之后，他们睡着了。到了半夜，雷声隆隆，天摇地动。就在这一刻，所有的灵魂全被突然抛起，像流星四射，向各方散开去重新投生。厄尔本身虽然被禁止喝这忘川河的水，但他不知道自己是如何回到自己肉体的。他只知道，自己睁开眼睛时候，天已亮了，他正躺在火葬的柴堆上。

格劳孔啊，这个故事就这样被保存下来了，没有消亡。假如我们遵从它里面的话，它就会拯救我们。我们将安全地渡过忘川河，我们的灵魂将不受玷污。所以，我提议，考虑到灵魂是不朽的，能承受各种善恶，我们应该永远坚持走上天的路，永远追随正义和美德。这样一来，我们将彼此相爱地活着，并且得到神的爱，不管活着还是死去都能得到我们应得的奖赏，就好像比赛中的获胜者一样环绕赛场接受馈赠。不管在今生还是在我们刚才描述的千年之旅中，这个故事都会让我们获益。

---

① 忘川：希腊神话中冥界的一条河。